RESEARCH ON
CULTURE AND COMMUNICATION
(2017)

文化与传播研究

（2017年卷）

湖北大学新闻传播学院／编

廖声武／主编

黄月琴　路俊卫／执行主编

社会科学文献出版社
SOCIAL SCIENCES ACADEMIC PRESS (CHINA)

《文化与传播研究》编委会名单

《文化与传播研究》发刊词

由湖北大学新闻传播学院主办的《文化与传播研究》（2017 年卷）经过一段时间的酝酿和筹备，现在与大家见面了。

当前，中国的新闻传播业正经历着前所未有的大变局。由于经济转型升级和媒体融合发展的大环境，一向与经济发展唇齿相依、在既有传播轨道上运行的传统媒体正在调整其发展路径；网络媒体借着传播技术的快速发展，将自己的触角深入普通百姓日常生活之中，正发挥着无法预知的潜力。新闻传播业态已在互联网的作用下展现出前所未有的崭新面貌。

传统媒体由于其从业者的专业素养，在新闻信息的传播方面，无论是选题策划、采集发布，还是议题设置功能和信息的权威可靠上，都有着无可比拟的巨大优势。但是随着智能手机和移动终端的出现与普及，信息传播已完全打破了传统媒体对新闻的垄断，使得任何一个拥有智能手机和移动终端的个人都成了信息的传播者。"人人都有麦克风"的时代，新闻信息的把关人已然消失。

信息的传播必然与意识形态相关联。新闻信息在与受众发生关联的时候，它的内容就与某种价值观念联系起来，这种价值观毫无疑问将影响信息的接收者。我们知道，传统媒体的传播，需要经过把关人的筛选和过滤，然后再通过传播媒介到达受众。网络使新闻信息传播不再如过去那样，而是直接地将多种价值理念的混杂体原生态地呈现在了受众面前。主流价值观的洪流中夹杂着各种思潮，社会价值观念在没有把关人的状态下呈现多元的生态。

在这样一种新闻传播环境下，作为学界研究者，应该感到身逢其时，套用一句流行的话语，我们赶上了这样一个最好的时代，拥有丰富的研究样本；同时我们也应该自觉地担当起我们的责任，身处这样一个大变局之中，我们应该主动地观察它、审视它、研究它，并将我们的观察与思考和同行交流切磋。

我们不仅关注新闻传播领域本体和技术的变化与发展，而且也将研究视角投射于传播带来的文化变迁上，而后者恰恰是新闻传播研究中容易被忽视的部分。我们希望通过不断的努力，为学科研究开辟一个百花盛开的园地，为媒体发展提供我们的智力支撑，为社会进步贡献我们的智慧成果，这就是我们主办这份刊物的初衷。

湖北大学新闻传播学院开办新闻传播专业已有 30 年的历史。1987 年，几位在湖北大学任教的原《长江日报》的编辑、记者开办了新闻学专业。1997 年成立新闻传播系，设有新闻和广告两个专业。2013 年，学校成立新闻传播学院，一路走来，筚路蓝缕，历尽艰辛。今天的新闻传播学院拥有新闻学、广告学、广播电视学、传播学和播音与主持艺术共 5 个专业，在校本科生达 1000 人，研究生近 100 人。教学研究平台与设施不断完善。教职员工已有近 40 人，教师中拥有高级职称者达 60%，博士率超 60%，这些构成了我们广泛的研究领域和强大的研究阵容。我们相信，在国内外专家、学者的支持与帮助下，《文化与传播研究》刊物会越办越好。

本期《文化与传播研究》共刊载了 17 篇文章，下设 5 个栏目和 1 篇特稿。这些稿件来自海内外 20 多位学者。特别值得一提的是，香港城市大学的李金铨教授将一篇有关他的学术观点的英文专访文章授权本刊翻译发表，复旦大学周葆华教授；清华大学梁君健博士；中国传媒大学周艳教授、刘珊老师；中南民族大学陶喜红教授；上海外国语大学吴瑛副教授；华中农业大学乔同舟老师；武汉体育学院汪蓓老师；腾讯大楚网的副总编谈海亮以及本院杨翠芳教授、黄月琴博士等 8 位教师对本刊的创办给予了大力支持，惠赐他们的新作。值此《文化与传播研究》创刊之际，向他们表示衷心的感谢。

廖声武

2017. 3. 16

◇ **本 期 特 稿** ◇

◇ **传 播 学 研 究** ◇

◇ **传 媒 文 化 研 究** ◇

◇ 新 闻 实 务 研 究 ◇

◇ 媒 介 经 营 与 广 告 ◇

◇ 媒 介 教 育 交 流 ◇

本 期 特 稿

传播学和反思的艺术*

——《亚洲传媒》对李金铨教授的访谈

李金铨是香港城市大学媒体与传播学系讲座教授及传播研究中心主任，国际中华传播学会创始会长，香港人文学院院士。任教于美国明尼苏达大学新闻与大众传播学院二十多年，现为荣誉教授。曾任香港中文大学讲座教授、台湾政治大学客座讲座教授以及中研院客座教授。学术兴趣包括国际传播、媒介政治经济学、社会理论与新闻史。

几十年以来，美国主导传播学研究领域，亚洲学者对此搓手而着急。许多学者完全服膺这种西方主导范式，有的却退居边缘。李金铨认为这两个极端都不可取。在他的职业生涯中，不断努力与西方学者平等对话，但又保留东亚学者的声音。李金铨是国际中华传播学会创始会长，被视为国际传播领域的先驱。2014年5月，他荣获国际传播学会的 B. 奥布里费舍尔导师奖。他接受《亚洲传媒》杂志编辑 Cherian George 的采访，分享了他对全球视野的洞见，同时呼吁亚洲学者应当反思本土，以发挥作用。

Cherian George（CG）：

您的新书《国际传播的国际化》，书名很吸引人，可否解释背后的含义？

李金铨：

人们误以为国际传播必定非常国际化，其实不然。国际传播是在特定

---

* 本文原载于《亚洲传媒》杂志英文版。感谢李金铨教授授权本刊翻译发表。本刊对个别语句做了删节。

的美国语境下发展起来的，国际传播成为国内传播在概念上的延伸和经验上的应用。我们在西方受教育，获益良多。但多年后，我们开始抛弃某些在西方学的东西，去芜存菁，甚至开始和西方共同重新学习——如果我们拿得出学术业绩，就可以在平等的基础上与他们展开有益的对话。

CG：

所以，直到最近国际传播实际上是"非美国"传播？

李金铨：

是的，国际传播常顺理成章地被视为"非美国"传播，正如美国棒球年终大赛号称"世界杯"，直情以为美国就是世界。这种想法很普遍。国际传播兴起于第二次世界大战结束和冷战开始，以美国麻省理工学院为中心，特别是以勒纳（Daniel Lerner）、白鲁恂（Lucian Pye）、普尔（Ithiel de Sola Pool）等政治社会学家为代表。

CG：

聚焦于美国超级强国的需要来理解世界，为它的利益？

李金铨：

是的。麻省理工的学者与斯坦福大学的威尔伯·施拉姆结盟，以促进第三世界的现代化为目标。这些前辈学者的用意也许是好的，但这种视野也是美国在第二次世界大战后外交政策的一部分，他们认为传播在世界现代化进程中至关重要。

勒纳的《传统社会的消逝》是国际传播研究的奠基之作，影响深远。此书的材料来自冷战时期在中东所做的调查，以评估美苏宣传战谁胜谁负。奇怪的是此书在社会学现代化理论界的地位却相当边缘，并未被列入他们阅读的书单；但对国际传播的学生而言，它可能是最经典的著作，随后罗杰斯又把它融入《创新扩散》的体系。《创新扩散》在国外做的实证研究可能比任何研究都多，但也都只是复制了美国的预设。罗杰斯采用相同的问卷、不同的译本，在不同的国家做调查，不啻假设了国家与文化差异是无关宏旨的。

这种"美国中心"的心态在查尔斯·伯格（Charles Berger）和史蒂夫·查菲（Steve Chaffee）的《传播科学手册》（1987 年出版，2010 年的第二版由伯格、迈克尔·罗洛夫、戴维·罗斯克斯·艾沃德森主编）中表现无遗。在这两版中，各只拨出一章讨论跨文化传播或比较研究，没有处理任何国际传播的实质问题——他们把传播学称为"科学"，而科学追求的是普适性，那么任何与美国主流范式不同的都是"例外"，而"例外"对他们是无足轻重的。

比较 1973 年普尔（Ithiel de Sola Pool）和施拉姆（Wilbur Schramm）主编的《传播手册》，这是一本 1000 多页的厚书，其中有 20% 涉及国际传播，由麻省理工的政治学家执笔。尽管他们以美国重大利益为视角，主题包括国际宣传、现代化、共产主义传媒体系等，带有全球景观，但是，这些国际场景在第二代学者编辑的《传播科学手册》中完全消失了，对他们来说，国际只是美国的延伸。

CG：

这很可能不是有意的，而是为了推动了传播学成为一门科学。

李金铨：

当然。所以，我们更得思考实证主义的优点和缺点，这是很重要的。

CG：

谈谈您个人的学术道路吧。您在美国读研究所，您是当时就意识到这种失衡和民族中心主义，还是后来才察觉呢？

李金铨：

有点模糊的意识。那时候传播是新生事物，在亚洲根本不存在。我到美国念书，因为接触到勒纳、施拉姆和罗杰斯的著作而对传播感兴趣。罗杰斯提出的理论"通则"号称总结了在美国和海外的实证研究发现，言简意赅，貌似科学，把我引进了国际传播的领域。

一段时间过后，我才意识到这些"通则"是有文化偏见的，未必适用于其他地区。我求学时选的课有些喜欢，但有些课我没有听老师的话去选，因为我总认为他们的世界观把一切东西化约为"认知的实证主义"，但这不是我看世界的方法。

CG：

因为这种世界观与你的文化不能产生共鸣？

李金铨：

这个问题一直存在，只是当时不明显。但遇到具体情况时，我就觉得不习惯这样看世界。我去了密歇根大学读博士，该校是全国选举研究的重镇，我接受了严格的定量和实证训练。我的导师问我要做什么样的论文，我说可能结合主流传播理论，用选举数据做第二手分析。他不是一个国际主义者，却有很好的直觉：他说，你做那种研究，就丧失了独特性。我要的正是这句话。我说，好，从此我走自己的路。我的论文题目为"传播帝国主义再商榷"，毕业后随即出版，它对我的生涯很重要。至今这个核心问题都还是我所关注的。

CG：

您说过，反对美国中心的传播视角，不等于赞成亚洲中心的传播视角，它们不是一镜之两面，而是应该发展一种真正具有世界精神性的取径。您的意思是什么？

李金铨：

我们向西方学习，天经地义，但学习以后也要丢掉一点——丢掉一部分，而不是全盘。这是"正"与"反"的过程，最后才得有所"合"，即与西方学者共同再学习。有人说需要建立亚洲传播理论，如果为了"反"，那么我理解这种心理反应。但是从认识论的角度，这不是应走之道，我们必须在更高的抽象层次上综合分析，吸收各种不同的文化经验到更高的理论层面。

我写了一篇《在地经验，全球视野：国际传播研究的文化性》的文章，主张从分疏具体在地经验的内在理论开始，在抽象阶梯上拾级而上，然后接引更大的文献，也因此与更大的国际知识社群成员对话。我们要看重在地经验，但也要把它放到更大的脉络下考察，这样才能融合本土经验和全球视野。

我要强调，在地经验是首要的，再上升到更具全球视野，而不是假设某些理论是真理，放诸全球而皆准，然后为它寻找一个本土的例证。那是不行的。

CG：

但是不需要发展一些专属亚洲的传播理论。

李金铨：

没有什么本质化的亚洲传播理论。亚洲文化不是冻结不变的，其内在差异很大。不谈亚洲，光谈中国；甚至不谈中国，只谈儒家。儒家文化已经够复杂的了，有官方钦定的儒家，也有深入民间的世俗化儒家；经过两千多年的实践，各地不同，怎么能够"统而言之"呢？

即使儒家思想，在不同时期也有显著差异。要是我们假设儒家文化是一成不变的，假设儒家只有一种解读；再假设儒家思想和道家思想太接近了，以至于其间差异可以忽略；更假设存在一个所谓的"儒家文化区"——这种种"假设"都必须一环一环地进行细致分析，不能被视为当然。如果我们一味假设亚洲文化都一样，那不过是西方霸权的水中倒影罢了。

有人说我们可以把亚洲中心主义、美国中心主义和非洲中心主义等都综合起来，就是国际视野了。这种"大杂烩"在形而上学上也许有趣，但实际上根本做不到。哪位智者可以站在高地，居高临下做这种综合呢？这几乎必须假设有通人，从知识的制高点对各种"中心主义"了然于心，从中提炼出"放诸全球而皆准"的东西了。世界上没有这种人。

我采取的路径其实是韦伯－舒尔茨（Weberian-Schulz）式的现象学。现象学认为，文化的理解取决于"互为主观"（Intersubjectivity），允许不同的诠释社群建构多重现实，求同存异。如果文化是重要的——我坚信中华文明能够绵延数千年，必有独特的价值；但同时要记住，文化有很多内部矛盾和冲突，也有很多共同性——我们就得反思在地经验的内在理论，逐步上升，与别国经验接触，以形成一个足以观照文化差异的全球性理论。

现象学假设不同的诠释社群可以建构多重现实，文化是非常重要的诠释社群，现象学为国际传播的"国际化"提供了强有力的认识论基础。我甚至可以说，国际传播的"国际化"也就是传播研究"国际化"的契机。此外，我服膺米尔斯的《社会学的想象力》，他呼吁所有重大问题都必须被置于时间（历史视角）和空间（全球视角）的坐标中检视，这也为国际传播的"国际化"提供了坚实的基础。

CG：

您是说重点必须转移到文化研究，而远离定量社会科学研究吗？为避免误解，请解释。

李金铨：

我支持经验研究，但未必喜欢极端的实证研究。经验研究的基础是你可以感受到的、看到的或可以与他人谈论的——感官经验及其延伸，犹如佛教说的"眼耳鼻舌身意"，"眼耳鼻舌身"是感官经验，"意"是感官经验的延伸。实证研究则是把复杂的社会现实化约为少数变量，建立其间的因果关系，这是经验研究的一部分，但是不能画等号。

我们寻找经验规律，但希望不化约人类文化和社会的意义结构。我接受过实证训练，它可以使思维更缜密。一旦你接受了严格的训练，就可以开始把"因果"预设放宽，向"意义"转向。我反对的是极端实证主义，这在美国是最有支配性的学派和方法范式，我看不出有何力量可以挑战这种趋势。

毕竟实证主义出自自然科学，我们想模仿自然科学。但我们逐渐了解到了其中的局限性，因为人类社会并不是物理世界。人类社会是有意义的，而意义必须阐明。我们从物理科学中学如何寻找规律。因果与意义的结合是现象学的核心假设。我现在的立场就是这样。

CG：

您认为在亚洲这种新的意识普遍存在吗？

李金铨：

下一代学者也许接受过更规范的学术训练，但视野也可能更窄，实在需要培养文化意识。少数人觉醒了，大多数人不能摆脱学术官僚架构的运作，或由于认识论上的盲目，还是与西方亦步亦趋。更有甚者，他们学一样东西，只会做那种东西，别的不会了，而且不以为忤。

然而亚洲思想最活跃的学者，似乎隐约有一种自觉，不是有组织的运动，而是来自各方不约而同形成的一种意识。我们需要与西方学者有更多的对话，也需要南南对话，这是非常缺乏的。

CG：

对话不应该仅限于亚洲学者之间，还应该包括南半球地区，比如拉美学者与亚洲学者之间的对话。

李金铨：

是的，我们很少想到这点。

CG：

目前，每一地区都是通过西方学界来展开这类对话的。

李金铨：

就像殖民结构，不是吗？从一个非洲国家的首都飞到隔壁国家的首都，最简单的往往是在伦敦或巴黎转机。

CG：

知识上也这样吗？

李金铨：

是，这是一个中心与边缘的关系。

CG：

这让我想到了另外一个问题，年轻的亚洲学者应该在哪里深造。当年你别无选择，只能去美国。现在，亚洲的大学也有不错的传播学课程。是否应该留下聪明的年轻学者在亚洲学习，或者到西方国家还是最好的选择呢？

李金铨：

尽管美国有种种偏见，但美国无疑还是机会最多的。没有人可以取代这个优势。

CG：

那么，如果年轻学者在好的美国大学攻读博士学位，您会怎么建议他规划他的生涯呢？您谈到导师曾建议您不要忘本，不要让自己文化的独特性被美国主流文化所淹没。

李金铨：

很遗憾，许多学生从美国回来，只是复制他们老师的世界观，成为学术推销员。他们在文化上、认识论上或方法论上都缺乏反思。当然，大部分亚洲大学也是如此。亚洲的大学要是不能反思它们的文化根源，那是很可悲的。

CG：

所以地理位置并不具有决定性，对吗？同样的问题也出现在亚洲的大学：他们可以克隆美国高校。

李金铨：

当然不是。亚洲的大学可以成为帝国中心的前哨，并以此洋洋自得。这种情况正在眼前上演。所以，我们需要进行很多反思，个人应当培养反思能力。但是我们要发展一种促进反思的文化。

CG：

您的意思是学术文化吗？

李金铨：

是的，一种文化运动：学者都来参与，变成一种实践。是实践，不是终点：向前走，更多对话，找到自己。找到我们的抱负和局限，继续前行。我认为这是重要的，但目前还不在关注的议程上。

CG：

教导是很重要的一面。今年，您荣获了 ICA 颁发的导师奖。问题是年轻学者的竞争极为激烈，日子很难过。坦白说，您的日子就简单多了。即使我十多年读完博士，也比今天的年轻博士面临的挑战容易多了。他们要爬过去的杠杠愈提愈高，要发表文章，要出席会议，竞争压力还会与日俱增。在这种环境下，您会给这些活在无情市场竞争中的年轻学者什么建议？各校以复制美国模式为价值取向，因此，学者们只敢简单的复制，不敢冒险去做不同的东西。

李金铨：

很难。我只能给些老派的建议，却也是我深信不疑的。我从来不想把学生改造成我的翻版，我的工作是激发他们的学术热情，发展研究兴趣，培养理论观点，建立良好的工作习惯，如此而已。年轻学者在跟学术官僚体制的各种规定周旋之余，还是不要放弃长远的抱负。所有的学校都看重排名，只看短期。你必须满足要求，否则就要失掉饭碗。但就算是那样，内心深处还要不断问自己最关心什么问题。

CG：

一个长期研究的问题。

李金铨：

是的。有些时刻在心中燃烧的问题，你的研究都会试图回答这个问题的一部分。在过程中，人们不明白你要做什么。但总有一日，你所做的都会明确指向一个目标，也就是长期关注的恒久性问题。所有的研究都在呈现这些恒久性的关怀，一点一滴解答问题。你不可能解决所有的问题。

恒久性的问题往往是最基本的问题，包括自由、平等、种族、贫穷、阶级等。我很幸运，求学时接触到米尔斯的《社会学的想象》，这本书成为启发我学术道路的源泉，它开阔了我的视野，使我不断联系个人的关怀到公共的问题上，让我知道要成为什么样的学者。我开始任教时，每年都重温此书，以不忘初衷。我还算是多产的，但愿我的论著也是有说服力的。

CG：

所以您的建议是年轻学者既要懂得如何和高校的游戏规则周旋，又要坚定地致力于长期的学术研究？

李金铨：

是的。你要建立一套整体性的方向，一篇一篇发论文，不要有什么机会抓住什么机会。研究方向要明确，这样你会发展出来很多研究项目，所有的研究都互相联系，共同回答你的学术关怀，最后它们都走在一道了。

原文来源：

George Cherian（2014）. "Lee Chin – Chuan: Communication Science and the Art of Reflexivity. " Interview with Lee Chin – Chuan, *Media Asia* 41（3）: pp. 199 – 207.

翻译校对：张帆 黄月琴

传播学研究

媒体使用、人际交往与阶层意识[*]

——以上海为例的实证研究

周葆华[**]

摘 要： 阶层意识是指社会成员对社会阶层分化及其自身所处位置的主观意识和感受，本文将之分为阶层分化感知、自我阶层认同以及阶层报道评价三个维度，并阐释和探索其与媒体使用和人际交往的关系。通过对上海城市居民问卷调查数据（n = 1421）的分析，研究发现：传统媒体新闻的使用和新媒介技术的采纳，均在一定程度上影响阶层意识；异质化的人际交往对阶层意识有显著影响；而在控制上述变量的前提下，阶层意识的三个维度之间的相互影响依旧显著。这些发现表明：媒体和交往不仅受制于社会结构，而且可以重塑阶级或阶层。

关键词： 媒体使用 人际交往 阶层意识 阶层分化感知 自我阶层认同 阶层报道评价

当代中国社会作为一个分层社会已经得到诸多社会学家（如陆学艺，2002；李强，2002；孙立平，2004；李春玲，2005a）的强调，传播学者亦开始关注传媒与社会分层之间的互动关联。例如，关注社会分层与分化背

---

[*] 本文为教育部人文社会科学重点研究基地重大项目"新技术环境下的媒介使用与受众分化研究"（项目编号：2007JJD860213）、"新媒体技术环境下的传播形态及效果"（项目编号：2008JJD860221）、211 工程第三期项目"中国当代社会变迁和大众传媒"（项目编号：211XK03）的成果之一。文中所使用的调查数据来源于潘忠党、陆晔、周葆华、楚亚杰、於红梅及"上海市城市居民与媒体使用调查"项目组编《上海市城市居民与媒体使用调查 2009》，复旦大学新闻学院、复旦大学信息与传播研究中心，2009。

[**] 周葆华，复旦大学台湾研究中心研究员，南京大学中国南海研究协同创新中心研究员，复旦大学新闻学院教授、院长助理。电子邮件：zhoubaohua@ yeah. net。

景之下传媒使用的"碎片化"特征（黄升民、杨雪睿，2007），从"创新扩散"（Diffusion of Innovation）和"数码沟"（Digital Divide）等理论出发实证检验新媒体资源分布的不平等（如 Zhu & He，2002；Giese，2003；王锡苓等，2006；Zhao, et al.，2006），从社会分层机制解释媒体分层的动因（孙玮，2002），以及探讨社会分层与媒体分层背景下普通公众和弱势社群的权利保障问题（段京肃，2004）等。

但上述研究并没有涉及媒体与阶层分化的另一个重要的问题：媒体使用以及构成社会个体信息环境的人际交往与公众主观的阶层意识之间有何关联？传媒和交往是否以及如何影响着普通公众对当代中国社会阶层分化的感知、对自身社会位置的感知以及对媒体阶层报道的评价？只有从理论和经验层面回应这一问题，才能丰富和完善我们对于媒体、交往和阶层分化之整体图景的认识，也才能更好地理解：当代中国媒体生态的变化，包括新媒体的变化，如何影响和重构着普通民众的微观认知和信仰系统（Belief Systems）？如何重塑阶级或阶层？

另外，目前社会学家对于阶层意识的研究（如李培林、张翼、赵延东、梁栋，2005；刘欣，2001，2002）均没有包含媒体和交往因素，因此忽略了媒体对阶层和阶级的呈现以及人们在这样的象征环境中想象其社会阶层认同这个媒体与社会分层的重要相面。本文试图聚焦这个相面，在中国阶层结构变动和新媒体技术迅速发展的背景下，在以往分析（周葆华，2010）的基础上，更系统地探讨媒体使用、人际交往对城市公众主观阶层意识的影响。这样的研究不仅有助于传播研究，而且也有助于从传播这一独特的相面丰富对有关阶层意识及其生产机制的总体理解。

一　文献综述与研究思路

（一）阶层意识的重要性及其三个维度

阶层意识（Strata Consciousness）是指社会成员对社会阶层分化及其自身在社会结构中所处位置的主观意识和感受（Jackman & Jackman，1973；刘欣，2001）。也就是说，它着重考察的不是社会成员客观所拥有的社会资源及其阶层地位，而是考察个体自身是如何看待社会分化，并想象其社会位置的。阶层意识之所以重要，是因为其具有独立的影响社会行动的能力。虽然"阶层意识"的概念与马克思（1965/1847：196）所强调的阶级之间的利益冲突、形成阶级集体行动的"阶级意识"这个概念不同，但马克思的思想启迪了社会学家对阶层意识的思考，尤其是启迪他们认识到，阶层意识可能是影响阶层行动的重要来源。事实上，李培林等人（2005）的实证研究已经证实：公众的主观阶层认同（如自我评价为下层）在解释社会冲突意识和行动意向（如集体上访）时，相对于客观阶层归属（如实际贫困程度）更具解释力。因此，阶层意识作为公众的一种主观认知和对社会转型的想象，极富研究意义。

刘欣（2001）在借鉴前人研究的基础上，曾提出阶层意识的三个维度。第一，人们是否有阶层认知，也就是是否意识到自己所处的社会存在不平等结构。第二，如果有阶层认知的话，那么人们观念中划分阶层地位高低的主要依据是什么。第三，人们是否把自己归属于不同的社会阶层。他分析1996年在武汉市进行的一项抽样调查数据发现：当时的武汉市民已经有超过3/4的人感知到自己身处一个不平等的社会，认为决定社会分层的主要因素是收入、财富和教育，在自身阶层认同上则发现了经济和权力地位认同的普遍"向下"偏移倾向和声望地位认同的"向上攀附"现象。李培林带领的中国社科院"当代中国人民内部矛盾研究"课题组（李培林等，2005）则将阶层意识聚焦在两个维度——主观阶层认同和社会冲突意识上，并通过2002年在全国进行的随机抽样调查发现：在阶层认同上，中国公众自认为处于社会"中层"的比例（46.9%），相比其他国家明显偏低，而自认为处于"下层"的比例（14.6%），则明显高于其他国家，即存在明显的向下"偏移"特点；同时，社会冲突感日趋显化——95.3%的人认为各个阶层之间不同程度地存在冲突，其中认为冲突较为严重的比例已经高达32.5%。

因此，我们认为对社会阶层分化状况的感知和对自身所处阶层地位的认同是阶层意识中两个核心的维度。但以往的研究都忽视了阶层意识中包含的媒体与传播因素——作为有关社会阶层结构想象的一部分，媒体如何呈现阶层结构，尤其媒体是否如实反映和代表社会各阶层的声音与利益，在"媒介化社会"（Mediated Society）中理应成为公众阶层意识的一部分。因此，本文提出一个三维的"阶层意识"框架，如图 1 所示。

图 1　阶层意识的三个维度

这三个维度是相互勾连的。首先，阶层分化感知是阶层意识的基础，也是形成自我阶层认同和阶层报道评价的前提。如果公众不认为社会存在着不平等，那么也就不存在自身处于哪一层的问题，也不可能对媒体如何报道阶层进行评价。其次，根据刘欣（2001）和李培林等（2005）的研究，基于"相对剥夺地位"机制（下文将再做阐述），当人们越感知到社会存在严重的不平等，就越倾向于认为自己处于较低的社会地位。最后，当人们越认为社会的阶层分化程度严重，而媒体报道的资源有限，因此有理由推测他们越容易对媒体的阶层报道给予较低的评价。不过，自我阶层认同与阶层报道评价之间是何关系，可能存在两种路径：其一，由于自我阶层认同较高的人通常头脑更为复杂、批判能力更强，因此可能对媒体的阶层报道给予负面评价；其二，那些自我阶层认同偏低的人，由于感觉自身没有得到媒体重视，从而对媒体的阶层报道评价趋低。

如上所述，目前社会学界同仁对阶层意识进行的有代表性的实证调查完成于 2002 年，因此在市场经济进一步发展和新媒体技术突飞猛进的时代背景下，我们有必要首先描述上海居民阶层意识的基本状况。

研究问题 1：目前上海居民的阶层意识（包括阶层分化感知、自我阶层认同、阶层报道评价）呈现什么样的分布形态？

同时，根据上述讨论，我们就阶层意识三维度之间的关系提出如下假设与问题。

研究假设 1：阶层分化感知与自我阶层认同以及阶层报道评价之间均存在显著的负相关关系，即公众越是感觉社会的分化，就越会认为自己处于社会较低的位置，同时也越倾向于对媒体的阶层报道给予负面评价；反之亦然。

研究问题 2：自我阶层认同与阶层报道评价之间是何关系？

（二）阶层意识与媒体使用、人际交往的关系

阶层意识从何而来？目前对阶层意识形成机制的解释大体可分为两种取向——结构主义和建构主义，并且前者占主流。结构主义取向又可分为静态模型与动态模型。所谓"静态"模型强调阶层意识由客观经济地位决定并受其制约，比如职业、教育、收入等变量对阶层认同和冲突意识具有显著影响（Jackman & Jackman，1973；李培林等，2005）。而"动态"模型则从社会流动和生活机遇相对变化的角度解释阶层意识的形成，并认为这可在相当程度上弥补"静态"模型所发现的客观阶层与主观认同之间的不一致现象。刘欣（2002）提出的"阶层认知的相对剥夺"命题就属此类。他通过实证研究证实：当人们与社会环境中的其他成员相比正在沦为"相对剥夺地位"（Relatively Deprived Situation）（即所占有的经济、权力、文化等资源相对少）时，他们将倾向于做出社会不平等的判断，从而更可能认为社会是一个分层社会。李培林等（2005）进一步提出并证实处于相对剥夺地位者倾向于认为自己处于较低的社会地位。

建构主义取向则强调阶层认同的形成受到知识分子定义和媒体建构的影响（刘欣，2002）。虽然社会学家总体上对此采取了忽视（根本没有包括媒体使用相关变量）或轻视（如刘欣在 2002 年的研究以教育变量代表"媒体接触"）态度，但也有少量研究从侧面涉及媒体建构的可能影响。例如，李培林等（2005）的研究引入基于"相对剥夺地位"上的两个"相对剥夺感"变量（"近年来生活变化情况"和"对社会公平程度的判断"），发现它们均对阶层认同具有显著影响。他们在解释西部地区民众更容易产生较低的阶层认同时指出，随着信息新技术的迅猛发展，人们在选择"参

照群体"（Reference Group，即借以评价和确定自身社会位置的真实或想象的社会群体，参见 Merton，1957）时，不再像传统社会那样以身边人为主，而会根据他们通过媒体了解到的理想社会群体及其生活方式来评价自己的社会地位。李春玲（2005a：526）也认为，阶层意识的形成除取决于实际的社会经济差异外，也可能受自意识形态因素影响，特别是强化群体之间社会经济差异或者利益冲突的政治与文化思潮，以及引导阶层意识的运动。

因此，在目前缺乏对媒体使用、人际交往与阶层意识关系的系统理论阐释与经验研究的情况下，我们基于上述结构主义与建构主义取向加以探索。

首先，从阶层意识的建构主义解释取向出发，我们可以将媒体使用和人际交往理解为获取社会分化和阶层结构这一外部社会现实的认知来源。在传播研究中，从 Lippmann（1922）在《公众舆论》中所提出的"虚拟现实"和"两个环境"概念到 20 世纪 60 年代 Berger & Luckmann（1966）所提出的"现实的社会建构论"，从议程设置（McCombs & Reynold，2002）到电视使用的"涵化效果"（Shrum，2002），都揭示和证实了媒体，特别是新闻在建构社会成员有关外部世界想象方面所扮演的重要角色。因此，媒体如何建构社会阶层分化的图景，对阶层结构给予怎样的描绘，应当可以影响社会成员的阶层意识。不过，由于目前缺乏对于媒体阶层报道的系统内容分析，其影响路径可能比较复杂。一方面，由于政治控制的存在，中国内地的主流新闻媒体对阶层分化议题可能采取压抑策略，趋向于淡化或掩盖群体之间的社会经济差异（李春玲，2005a：526），避免过度呈现和渲染中上阶层生活，相反却较多报道弱势群体的生活，并表现党和政府对他们的关心，倡导阶层和谐。如果这一框架属实，那么受众就可能受此影响，对阶层分化给予不那么严重的判断，同时会更容易以中下阶层为"参照群体"，从而感知自己处于更高的阶层，并对阶层报道给予较高的评价。但另一方面，受市场经济和媒体商业化的影响，新闻报道和影视剧中也可能充斥越来越多有关高阶层生活、消费的内容，深度报道中国社会的阶层分化，从而使受众产生较强的阶层分化观念和自我阶层认同的向下偏移，并认为媒体没有代表社会各阶层的利益。因此对传统媒体与阶层意识之间的关系，我们只能提出如下研究问题。

　　研究问题3：传统媒体使用（包括报纸、广播和电视新闻以及电视剧）与阶层意识之间是何关系？特别地，两个竞争性的假设——媒体使用导致更低（高）的阶层分化感知、更高（低）的自我阶层认同以及更高（低）的阶层报道评价，哪一个更得到经验数据的支持？

　　在媒介建构"拟态环境"的同时，人际交往也在建构着"亲身环境"，它与媒体一起构成社会成员感知阶层分化、判断阶层位置以及评判阶层报道的来源。刘精明、李路路的一项研究（2005）发现，在中国的城镇社会，社会交往的阶层化已成为主要趋势，但他们的研究并没有回答交往形态如何影响阶层意识的问题。本文认为，与阶层意识关系最为密切的交往形态因素是交往的异质程度——朋友圈子在多大程度上包含了来自不同阶层和群体的成员。如果一个人的朋友圈子异质程度较高，意味着他可以接触到处在社会结构不同位置上的"三教九流"，那么有理由推断他会更容易感知到社会阶层的分化。不过，我们却不能由此推断他会因此对自己的阶层位置给予怎样的估计——既可能因与高阶层朋友的互动产生"相对剥夺感"，也可能因与低阶层朋友的交流产生"相对优越感"。同样地，人际交往的异质性对阶层报道评价将产生怎样的影响，也有待经验的考察。基于此，本文提出如下假设与问题。

　　研究假设2：人际交往的异质程度对阶层分化感知有显著的正向影响。
　　研究问题4：人际交往的异质程度分别对自我阶层认同、阶层报道评价影响如何？

　　其次，从结构主义的视角来看，新媒体可以被视为社会成员所拥有的文化与符号资源，从而影响和强化其阶层意识。一方面，作为媒体使用的物质基础，媒体资源（包括设备和连接）的拥有与否代表了社会成员在经济上的客观能力（经济资本）大小，相对于较为普及和廉价的大众媒体

（如报纸、广播、电视等），新媒体产品（如电脑和手机）及其使用，在总体普及率尚处于较低水平的当代中国社会仍然具有象征经济地位和文化品位的区隔能力，正如罗杰斯（Rogers，1995）在讨论创新扩散时所指出的：高阶层的社会成员会将新媒体采纳作为身份地位的象征。新媒体的采纳与更高的创新精神和更为时尚的生活方式（Lifestyle）具有显著关系，已经得到以互联网和手机为分析对象的若干实证研究的证实（如金兼斌，2002；Wei，2006）。如果借用布尔迪厄的资本概念（Bourdieu，1977；1984；1986；1989）新媒体的采纳不仅反映着经济资本，而且也体现为一种与消费、时尚和品味相连的文化资本和符号资本（周葆华，2010）。因此，互联网与手机的使用有可能导致更高的自我阶层认同。

　　研究假设3：新媒体（互联网和手机）的使用对自我阶层认同具有显著的正向影响。

　　但另一方面，由于新媒体（包括互联网和手机）空间中可能包含比传统媒体更丰富、更具体、更真实的阶层报道，因此其可能使得用户对社会阶层分化产生更强烈的感知。与此同时，新媒体对阶层分化的现实相对更完整地呈现，也可能导致人们对传统媒体阶层报道有较低评价。但由于缺少经验研究的基础，本文在此提出如下研究问题。

　　研究问题5：新媒体（互联网和手机）的使用分别对自我阶层认同、阶层报道评价影响如何？

　　最后，本文在上述理论探讨中已经指出：构成阶层意识的三个维度是一个相互关联的有机整体，那么，在引入媒体使用和人际交往的情况下，阶层意识的不同维度之间是否仍然具有独立的相互影响能力呢？这成为本研究试图回答的最后一个研究问题。

　　研究问题6：研究假设1和研究问题1所发现的阶层意识三维度之间的相互关系，在引入媒体使用和人际交往的情况下是否仍然成立？

二 数据与测量

（一）数据、抽样与执行

本文的数据来自《上海城市居民与媒体使用调查》（2009）项目。调查的对象群体是在上海市除崇明县外的18个行政区（项目执行开始后正遇浦东与南汇两区合并，现为17个行政区）常住的成年人（根据《2009年上海统计年鉴》，这些行政区的常住人口总和为1814万，其中18周岁或以上的户籍人口总数为1181万）。我们采取了多级分层随机抽样的方法。第一步，在所涵盖的行政区的5044个居委会（根据上海市民政局2008年的资料）当中，利用各居委会人口数在18个行政区的人口总数中所占的比例，对每个居委会被抽中的概率加权，然后随机抽取了200个居委会；第二步，在每个被抽中的居委会中，抽样员以居委会的住户登记名录作为抽样框（在没有可用的住户登记名录的居委会，将抽样员绘制的各住户的地理分布平面图作为抽样框），用等距抽样的操作方法，随机抽取了18个住户；第三步，在每一个被抽中的住户当中，访员从其家庭常住（定义为在该住址居住了三个月或以上的人）成年人口当中，运用Kish随机数码表，抽选一位被访者。

访员在各户当中间隔使用A、B两个不同版本的问卷完成入户访问。到调查结束时，有2910份经审核、复查确认合格的问卷，其中包括A卷1478份（占50.8%），B卷1432份（占49.2%）。以3600为基数，成功率为80.86%。总的来说，与上海市居民的整体人口比较，访问成功的总样本中女性所占比例偏高，年龄偏大，非户籍常住人口偏低。为此，根据《2009年上海统计年鉴》，我们计算了18岁或以上常住成年人口的构成，运用年龄、性别、户籍、所在行政区这四个变量，计算了样本的加权系数，并将该系数常态化为均值等于1，使得加权后的样本总量不变。加权后的样本中采用A卷的被访者有1488人，采用B卷的被访者有1421人。加权后的样本平均年龄为47.78岁，其中有1460位女性，占50.2%，无户籍被访者有 755 人，占 25.3%。

由于本研究的主要因变量——阶层意识的测量主要包含在 B 卷中，因此本文的分析包含了 B 卷所有被访者（n = 1421）。

（二）测量

1. 阶层意识

针对阶层分化状况，问卷中请被访者回答有关中国社会三个方面问题的严重程度（1 = 基本没有，10 = 非常严重）——贫富差距、阶层分化以及阶层之间的利益冲突。我们将三个题项以取均值的方式合并为"阶层分化感知"（信度系数 Cronbach's alpha = 0.86）。

自我阶层认同由有关阶层认同九个方面的问题组成，包括经济收入、权力地位、工作职业、社会声望、交往圈子、文化程度、消费水平、文化品位和生活格调，每个条目均采用从 1 到 7 的量表测量（1 = 最底层，7 = 最高层）（信度系数 Cronbach's alpha = 0.92）。

阶层报道评价由两个采用 5 点量表测量（1 = 非常不同意，5 = 非常同意）的题项组成——"媒体的报道全面反映了社会各阶层的声音"和"媒体的报道如实反映了社会各个阶层的利益"（信度系数 Cronbach's alpha = 0.74）。

2. 传统媒体使用

针对电视、报纸和广播，被访者分别回答了收看/阅读/收听国际、国内和上海本地新闻的频率（1 = 极少，5 = 经常）。在每一媒体内，我们将三个新闻接触的题项以取均值的方式合并为电视新闻、报纸新闻和广播新闻接触的频率（信度系数 Cronbach's alpha 分别为 0.74，0.71 和 0.81）。电视剧使用采用单一题项直接测量（1 = 极少，5 = 经常）。

3. 新媒体使用

本研究将互联网的采纳根据对"每周上网天数"的回答来区分，我们将"从不上网"的人编码为"非网民"，每周上网至少一天的为"网民"，加权后的样本中有 46.4% 的网民。手机的采纳则采取直接询问的方式（"您本人是否拥有手机"），加权后的样本中有 78.7% 的手机用户。

4. 人际交往的异质程度

人际交往的异质程度，由三个题项组成——"我的朋友圈子里面有来自各个社会阶层的人"、"我的朋友圈子里有从事各种不同职业的人"以及"我结交的朋友们和我在业余生活方面的喜好有很大差异"（1 = 非常不符合，5 = 非常符合；信度系数 Cronbach's alpha = 0.56）。

5. 人口和社会结构地位变量

根据社会学研究中影响阶层意识的研究，本文运用的人口学变量包括年龄、性别、婚姻状况（编码为是否单身、是否在婚两个二分变量）、教育程度（综合了正式在校年数和最高学历两个测量，并转换为在校年数的量表）、当前是否有工作、职业声望的社会经济指标（SEI，参考李春玲，2005a 编制）、个人月收入、全家月收入[①]（均经过以 10 为基数的对数转换）、是否为党员、是否干部、是否拥有本市户口、家庭住房面积等。

（三）统计分析

下文首先报告上海市民阶层意识的基本状况，然后采取 OLS 回归分析方法检验和回答媒体使用、人际交往对阶层意识三个维度的影响，以及阶层意识维度之间的相互影响。

三　研究发现

（一）上海市民阶层意识的基本状况及其相互关系

表 1 呈现了上海市民阶层意识各维度的基本状况。结果显示：第一，目前上海市民普遍认为我国社会阶层分化的问题比较严重（$M = 7.86$，$SD = 2.03$），单样本 t 检验显示该均值显著高于 10 点量表的中值 5.5（$p < .001$）；第二，上海市民对自身在社会上所处地位的总体评价呈现明显的向下偏移倾向（李培林等，2005），单样本 t 检验显示主观阶层认同的均值（$M = 2.93$，$SD = 1.02$）远低于 7 点量表的中值 4（$p < .001$）；第三，市民认为当前媒体对社会阶层声音和利益的报道总体处于一般水平，均值（3.51）虽显著高于 5 点量表的中值 3（$p < .001$），但远低于象征较理想评

---

① 所有缺省值均按照由其他个人变量所建立的回归方程所得的预测值进行了替代。

价水平的 4（p <.001）。

表 1　上海市民阶层意识的基本状况

项目	阶层分化感知	自我阶层认同	阶层报道评价
均值（M）	7.86	2.93	3.51
标准差（SD）	2.03	1.02	1.09
有效样本（N）	1251	1212	1317

在控制了 12 项人口变量后，结果显示：阶层意识三个维度之间存在显著的相关关系。如图 2 所示：阶层分化感知与自我阶层认同之间存在显著的负相关关系（净相关系数 r = –.150，p <.001），同时与阶层报道评价之间亦呈现显著的负相关关系（r = –.190，p <.001）。这说明，公众越是觉得社会分化严重，就越会觉得自己处在较低的社会位置上，也越是对媒体的阶层报道给予负面评价，假设 1 完全得到证明。而自我阶层认同与阶层报道评价同样表现为显著的负相关关系（r = –.060，p <.05），即自我阶层地位评价越高的人，其对媒体阶层报道的评价越低。阶层意识三维度之间的相互勾连非常明显。

图 2　阶层意识三维度之间的相关关系

注：N = 1058。控制变量包括：性别、年龄、教育、职业、个人月收入、家庭月收入、是否单身、是否工作、是否党员、是否干部、是否有户口、住房面积。
*p <.05；** p <.01；*** p <.001。

（二）媒体使用、人际交往对阶层意识的影响

接下来，我们分析媒体使用和人际交往对阶层意识的影响，以检验媒体使用和人际交往对阶层意识是否具有独立效应。在此之前，我们简单看一下人口学变量（客观阶层地位）对阶层意识的影响，结果显示：性别对

阶层意识的三维度均具有显著影响（男性比女性阶层具备更强的分化感知、更低的阶层认同以及更低的媒体评价）；年龄、教育、职业 SEI、个人月收入、全家月收入、单身、有工作、干部身份等对主观阶层认同具有显著的正向影响；教育程度越高、收入越低以及非党员的市民，越倾向于认为阶层分化程度严重；有户口的市民比没有户口的市民对媒体阶层报道的评价更高，似乎预示着城市新移民（"新上海人"）认为媒体未能全面真实地反映各阶层的声音与利益。

对媒体使用、人际交往对阶层意识各维度的影响，我们均采用了包含阶层意识相关变量之前和之后的两个模型。结果发现：在控制人口变量后，但在未引入阶层意识其他维度之前，报纸新闻和广播新闻的使用对阶层分化的感知产生了显著的负向影响（报纸 $\beta = -.086$，$p < .01$；广播 $\beta = -.067$，$p < .05$）；而在引入阶层意识变量后，广播新闻的影响不再显著，但报纸新闻仍然具有独立的负向影响（$\beta = -.073$，$p < .05$），传统媒体使用将对阶层分化感知的解释力提高了 1.3 个百分点，说明媒体的确在建构阶层图像方面产生了独立的效果。不过，除广播新闻具有轻微的影响力外，传统媒体变量对自我阶层认同没有显著的影响。而报纸新闻和电视新闻的使用与更高的阶层报道评价相连，即便在引入阶层意识变量后，电视新闻使用对阶层报道评价仍然具有显著的正向影响力（$\beta = .069$，$p < .05$）。总体上，我们对研究问题 3 可以给出初步的回答：在两个竞争性的假设——媒体使用导致更低（高）的阶层分化感知、更高（低）的自我阶层认同以及更高（低）的阶层报道评价中，前一个更得到经验数据的支持。也就是说，目前的数据分析似乎较倾向于支持主流媒体新闻"趋向于淡化或掩盖阶层差异"假说，越接触报纸和电视新闻的人，对阶层分化的感知越不严重，对阶层报道的评价则越高。不过，它们基本没有影响自我阶层认同，或者正如我们在前面的理论探讨部分所谈到的，其影响路径甚为复杂，有待深入探究。

在新媒体方面，研究发现：手机的采纳与使用对阶层分化感知和自我阶层认同具有显著的正向影响，但在控制人口学变量和其他变量后，互联网的采纳与使用对自我阶层认同无显著影响，因此研究假设 3 部分得到证明。这一结果可能与新媒体使用的不同测量方式有关——由于手机采用"是否拥有"的测量，更具象征财产和文化资本的意义；而互联网则采用"是否上网"测量，与资本拥有之间的连接性减弱，这一发现提醒将来的研究要对新媒体财产和使用本身做进一步区分。尽管网络未能影响阶层分化感知和自我阶层认同，它却在未引入阶层意识变量的情况下对阶层报道评价产生了显著的负向影响，说明了其"挑战"传统媒体阶层报道的一定能力。

研究发现：人际交往的异质性确实对阶层分化感知产生了显著的正向影响（$\beta = .116$，$p < .001$）。这意味着研究假设 2 得到证实。同时，异质化的人际交往似乎更容易产生"相对优越感"而非"相对剥夺感"（"比上不足比下有余"?），其对自我阶层认同具有显著的正向影响（$\beta = .127$，$p < .001$）。不仅如此，它与阶层报道评价之间亦呈现显著的正向关系（$\beta = .212$，$p < .001$）。总体上，作为构建阶层想象的重要来源，人际交往对阶层意识具有显著的影响力。

最后，在控制人口变量和引入媒体使用与人际交往变量的情况下，阶层意识的三个维度之间仍然具有显著的独立影响能力。越是觉得社会不平等，就越是觉得自己处在较低的社会位置；越是觉得媒体没有尽职反映各阶层利益，又越会觉得社会不平等；而那些觉得自己阶层位置相对较高的人们，更容易对媒体的阶层报道给予负面评价。

表 2　OLS 回归：阶层意识的影响因素分析

影响因素	阶层分化感知	自我阶层认同	阶层报道评价
人口学变量	—	—	—
性别（女）	- .087 **	.128 ***	.100 **
年龄	- .073	.137 **	.043
教育	.094 *	.206 ***	- .058
职业声望 SEI	- .043	.160 ***	.001
个人月收入	.061	.150 ***	- .126
全家月收入	- .083 *	.143 ***	.000
是否单身（是）	- .060	.132 ***	- .049
是否有工作（是）	.012	.070 *	.010
是不是党员（是）	- .073 *	- .011	- .008
是不是干部（是）	- .034	.070 *	.055

续表

影响因素	阶层分化感知		自我阶层认同		阶层报道评价	
是否有户口（是）	.032		.014		.066*	
住房面积	-.046		.025		-.052	
R^2（%）	4.0***		27.5***		6.3***	
媒体使用						
报纸新闻	-.086**	-.073*	.038	.017	.080*	.062
广播新闻	-.067*	-.043	.073**	.051	.054	.044
电视新闻	.054	.050	-.017	-.035	.065*	.069*
电视剧	.023	.039	.007	.017	.030	.034
增加的 R^2（%）	1.3**		0.5		2.1***	
新媒体使用						
网民（是）	.023	-.002	.003	-.010	-.084*	-.045
手机用户（是）	.052	.073*	.077*	.091**	-.014	-.015
增加的 R^2（%）	0.3		0.7*		0.2	
人际交往						
异质程度	.075*	.116***	.119***	.127***	.122***	.212***
增加的 R^2（%）	0.3		1.0***		3.5***	
阶层意识						
阶层分化感知	—	–	—	-.177***	—	-.188***
自我阶层认同	—	-.230***	—	–	—	-.079*
阶层报道评价	—	-.194***	-.063*	—	—	–
增加的 R^2（%）	6.8***		2.9***		3.3***	
所有的 R^2（%）	12.7***		32.8***		15.3***	
有效样本（N）	1027					

注：此栏往下的数字为控制了人口变量后的标准化回归系数，其中每一个因变量的第一列为未控制阶层意识相关维度之前的标准化回归系数，第二列为引入阶层意识相关变量后的回归系数。

* $p < .05$；** $p < .01$；*** $p < .001$。

四 结论与讨论

本研究在国内首次利用大规模随机抽样调查数据，探索媒体使用、人际交往与主观阶层意识之间的关联。研究发现：即使在控制了人口学变量后，媒体使用和人际交往仍然可以对阶层意识产生独立的贡献。具体来说，报纸新闻的接触对阶层分化感知具有显著的负向影响，电视新闻接触对阶层报道评价具有显著的正向影响；作为新媒体资源，手机的采纳与使用可以正向影响阶层分化感知与自我阶层认同；而人际交往的异质化程度则对阶层分化感知、自我阶层认同以及阶层报道评价产生显著的正向影响。不仅如此，研究还表明：对阶层意识各维度影响最强的还是阶层意识的其他相关维度——在控制其他变量的情况下，它们相互之间的影响力均达到显著程度。

这一发现提醒我们重视阶层意识的系统性问题，阶层意识作为社会成员有关社会结构和不平等状况的整体想象，具有高度关联的一致性。社会个体想象自己的社会位置与其对社会整体不平等状况的想象有关，而有关社会不平等的想象又与媒体密不可分——本研究最富价值的发现也许不仅在于传统媒体和新媒体具有的对阶层意识的独立影响能力，而且在于媒体如何报道阶层、是否全面如实地反映各个阶层的利益、为不同群体的百姓代言，这样的媒体形象感知与社会不平等的整体图景紧密相连，并相互嵌入。可以说，媒体如何报道阶层，不仅影响着社会不平等的感知，而且已经成为这幅不平等图景本身的一部分。正是在这个意义上，我们特别需要强调当代中国社会的阶层分化已经在相当程度上成了社会各阶层人群的共识（均值高达 7.86，1 = 不严重，10 = 非常严重），因此媒体如何呈现这幅图景，是否能够超越政治与经济的控制，实现对阶层客观、公正、公平、负责任的报道，将在很大程度上影响着社会公众对社会公平的判断与否与信心大小。由于阶层分化的感知不仅影响着个体自我的阶层认知，而且影响着社会冲突意识与行动意向（李培林等，2005），因此媒体对阶层议题的报道与建构，将在相当程度上影响着中国社会的未来走向。

本研究的一些发现也开启了未来深入研究的方向：第一，我们的经验数据似乎支持了传统媒体"趋向于淡化或掩盖阶层差异"假说，那么这就需要通过对媒体内容的系统分析，以及引入对媒体类型（如党报与市场化报纸）的区分加以进一步的考察；第二，对新媒体如何影响阶层意识的机制，需要进一步考察新媒体使用的具体模式、内容与认知；第三，作为共同构建阶层认知图景的两个维度——媒体使用与人际交往，在影响阶层意识过程中是否存在交互效应，有待进一步分析；第四，阶层意识的形成与强化，是一个复杂的过程，因此在量化研究之外，也需要进行更深入的质化考察，从而丰富与完善我们对于媒体使用、人际交往与阶层意识之间互动关系的整体理解。

参考文献

［1］段京肃：《社会的阶层分化与媒介的控制权和使用权》，《厦门大学学报》（哲学社会科学版）2004 年第 1 期。

［2］黄升民、杨雪睿：《在多元分化过程中重新聚合》，《国际新闻界》2007 年第 9 期。

［3］金兼斌：《我国城市家庭的上网意向研究》，浙江大学出版社，2002。

［4］李春玲：《断裂与碎片——当代中国社会阶层分化趋势的实证分析》，社会科学文献出版社，2005a。

［5］李春玲：《当代中国社会的声望分层：职业声望与社会经济地位指数测量》，《社会学研究》2005 年第 2 期。

［6］李培林、张翼、赵延东、梁栋：《社会冲突与阶级意识》，社会科学文献出版社，2005。

［7］李强：《转型时期的中国社会分层结构》，黑龙江人民出版社，2002。

［8］刘精明、李路路：《阶层化：居住空间、生活方式、社会交往与阶层认同——我国城镇社会阶层化问题的实证研究》，《社会学研究》2005 年第 3 期。

［9］刘欣：《转型期中国大陆城市居民的阶层意识》，《社会学研究》2001 年第 3 期。

［10］刘欣：《相对剥夺地位与阶层认知》，《社会学研究》2002 年第 1 期。

［11］陆学艺编《当代中国社会阶层研究报告》，社会科学文献出版社，2002。

［12］马克思：《哲学的贫困》，载《马克思恩格斯全集》第 4 卷，人民出版社，1965/1847。

［13］孙立平：《转型与断裂：改革以来中国社会结构的变迁》，清华大学出版社，2004。

［14］孙玮：《多重视角中的媒介分层现象》，《新闻大学》2002 年第 3 期。

［15］王锡苓、李慧民、段京肃：《互联网在西北农村的两种应用模式》，《二十一世纪》2005 年第 10 期。

［16］周葆华：《新媒体使用与主观阶层认同：理论阐释与实证检验》，《新闻大学》2010 年第 2 期。

［17］Baer, L., Eitzen, D. S., Duprey, C., Thompson, N. J., & Cole, C. (1976). The Consequences of Objective and Subjective Status Inconsistency. The Sociological Quarterly, 17 (3), pp. 389 – 400.

［18］Berger, P. L., & Luckmann, T. (1966). The Social Construction of Reality: A Treatise in the Sociology of Knowledge. Garden City, NY: Anchor Books.

［19］Blocker, T. J. & Riedesel, P. L. (1978). The Nonconsequences of Objective and Subjective Status Inconsistency: Requiem for a Moribund Concept. The Sociological

Quarterly, 19 (2), pp. 332 – 339.

[20] Bourdieu, P. (1977). Outline of a Theory of Practice. Cambridge: Cambridge University Press.

[21] Bourdieu, P. (1984). Distinction: A Social Critique of the Judgment of Taste (R. Nice, Trans.). London: Routledge Kegan Paul.

[22] Bourdieu, P. (1986). The Forms of Capital. In J. G. Richardson (Ed.). Handbook of Theory and Research for the Sociology of Education. New York: Greenwood.

[23] Bourdieu, P. (1989). Social Space and Symbolic Power. Sociological Theory, 7 (1), pp. 14 – 25.

[24] Giese, K. (2003). Internet Growth and the Digital Divide. In C. R. Highes & G. Wacker (Eds.), China and Internet (pp. 30 – 57). London: Routledge Curzon.

[25] Jackman, M. R., & Jackman, R. (1973). An Interpretation of the Relationship between Objective and Subjective Social Status. American Sociology Review. 38, pp. 569 – 582.

[26] Kluegel, J. R., Singleton, Jr., R., & Starnes, C. E. (1977). Subjective Class Identification: A Multiple Indicator Approach. American Sociology Review, 42, pp. 599 – 611.

[27] Lippmann, W. (1922). Public Opinion. New York: The Free Press.

[28] Merton, R. (1957). Social Theory and Social Structure. New York: Free Press.

[29] Mcombs, M., & Reynold, A. (2002). News Influence on Our Pictures of the World. In J. Bryant & D. Zillmann (Eds.). Media Effects: Advances in Theory and Research. Mahwah, New Jersey: Lawrence Erlbaum.

[30] Rogers, E. M. (1995). Diffusion of innovations, 4th edition. New York: Free Press.

[31] Shrum, L. (2002). Media Consumption and Perceptions of Social Reality: Effects and Underlying Process. In J. Bryant & D. Zillmann (Eds.). Media Effects: Advances in Theory and Research. Mahwah, New Jersey: Lawrence Erlbaum.

[32] Wei, R. (2006). Lifestyle and New Media: Adoption and Use of Wireless Communication Technologies in China. New Media and Society, 8 (6), pp. 991 – 1008.

[33] Zhao, J. Q., et al., (2006). The Diffusion of the Internet and Rural Development. Convergence, 12 (3), pp. 293 – 305.

[34] Zhu, J. J., & He, Z. (2002). Perceived Characteristics, Perceived Needs, and Perceived Popularity: Adoption and Use of Internet in China. Communication Research, 29 (4), pp. 466 – 495.

决定新媒体采用的影响因素争辩*

——基于创新扩散和权衡需求的理论进路与范式融合

芦何秋　刘朝阳**

摘　要：伴随着新媒体技术的高速发展，不仅传统媒体与新媒体之间，而且新媒体与新媒体之间都形成了用户的竞逐和迁徙。进入 21 世纪以来，受众采用不同媒介的竞争机制受到创新扩散理论和权衡需求理论两大范式的影响，形成了互有批驳、互有补充的理论对话。本文批判性地回顾了新媒体采用的研究中两大理论范式的进路，分析了包括人口因素、对新媒体的认知特征、认知流行及认知需求、生活方式等变量的解释力及预测力，并基于范式的融合得出了考察微博和微信采纳竞争关系的若干理论假设，为进一步的数据采集和实证研究提供了思路。

关键词：新媒体采用　创新扩散　权衡需求

自媒体平台已成为网民活动的主要平台，2014 年微博（新浪）和微信的用户数量已分别达到 2.49 亿和 4.38 亿。微博和微信为何拥有如此庞大的使用者群体？何种因素决定了人们对这两者的采纳和使用？以往的研究是怎么回答类似问题的，又形成了哪些理论上的阐释和进路？本文通过批判性地回顾过往文献，发现决定新媒体采用的影响因素研究中长期存在争

---

* 本文是博士后第 55 批面上资助项目"公共事件中微博意见领袖社会责任的实证研究"（项目编号：2014M552026）、湖北大学青年基金项目"社交媒体意见领袖社会责任的实证评估与治理对策研究"阶段性成果。

** 芦何秋，湖北大学新闻传播学院副教授；刘朝阳，解放军南京政治学院军事新闻传播系 2013 级研究生。

辩，创新扩散和权衡需求两种理论范式的融合有助于我们考察微博和微信采用的影响因素及两者采用的竞争关系。

一　何者影响微博和微信采用

微博采用研究方面，有的研究以配额制的问卷调查为基础，考察了上海大学生社交网站和微博的使用及动机（张咏华、聂晶，2013）。研究结果表明，上海大学生使用社交网站和微博的动机主要为"认知需求"与"情感需求"，而非显示身份或单纯的释放压力；其所学专业对社交网站和微博的使用行为与动机有显著影响，文科或商科大学生更为活跃，对于社交网站和微博的四项需求更强烈。这一研究采用的是"使用与满足"（Uses and Gratifications，简称 U&G 理论）理论框架，其调查中备选的受众使用媒介的需求变量从卡茨 1973 年提出的受众使用媒介的 5 类需求出发，结合前人研究和预调查再将其细分为 23 个潜在社交网站使用动机因子，来考察受调查者对此的态度。尽管发现了大学生使用社交网站和微博的具体动机因素，但受众采用社交网站和微博的行为触发机制并没有得到深入解释。是不是有了这些需求就必然导致社交网站和微博的采用？有学者指出，U&G 理论本身并没有解释采用新媒体过程的第一步，即"社会及心理需求"是如何产生的。因而不难发现在以往大量的使用与满足研究中，绝大多数都仅仅以论证需求本身为目的，而非深入探究使用需求产生的根源。由此，U&G 理论也就停留在对受众动机做分类和描述的水平上（祝建华，2004）。

首先，微博依赖则是一种重度的微博使用。研究者认为社交媒体依赖背后反映了某种受众媒介需求，体现了受众媒介关系的新形态。微博依赖者在"情绪释放""形成习惯"两项潜在媒介需求上明显超过平均水平，即对于依赖者，微博已然成了稀释和转移现实生活压力的重要媒介，更强的习惯性依赖，使"刷微博"成为一种生活方式（刘振声，2013）。这种"习惯性媒介消费"恰恰也是传统 U&G 理论所忽视的，已有的研究（如对电视收视的动机分析）已经表明，媒介消费行为不都必须是目标导向或者动机驱动的（陆亨，2011）。在微信采用研究方面，两种理论范式的视角具有代表性。一种是创新扩散理论（Diffusion of Innovation）的适用，该理论的创始人 Rogers 认为，包括创新物的主观认知、使用者的个人特征、所处的社会系统等在内的因素会对创新扩散产生影响。把这一理论引入对微信扩散和使用的影响因子分析中可以发现，在"使用微信时间长短"方面的主要影响因子是传播渠道、社会环境和相容性，在"使用微信频率"方面主要的影响因子是个人创新性、可观察性和易用性，在"是否会继续使用微信"方面影响较大的是易用性和社会环境，而"是否会推荐他人使用微信"方面关联比较大的因素则是微信的相对优越性和易用性（田甜，2014）。另一种理论取向则依然是使用与满足（U&G）理论，在考察受众对微信媒体功能（公众号订阅）的使用行为、接触动机和满足情况时，研究发现受众对微信媒体功能的使用动机可以被归纳为信息获取、社会交往和功能性体验三个取向。除此之外，新闻与评论的阅读偏好对总体满足程度有显著正面贡献，而生活服务信息的阅读偏好则发挥负面显著影响，从而体现微信用户对微信媒体功能的使用有"内容依赖"的特征（韩晓宁、王军、张晗，2014）。

从对相关文献的回顾中可以发现，创新扩散理论被应用到微博和微信的采用过程研究中，依然显示了自有的解释力，Rogers 提出的那几类影响因素仍然可能被证实能够继续影响受众采用微博和微信，只是具体类别下的个别影响因素可能会有差异，从社会科学的可重复性出发应当继续给予不同条件下的验证。

其次，使用与满足理论范式的大量运用发掘了不同的受众需求或动机，这些需求或动机都正向影响了受众对微博或微信的采用，但这些需求动机的解释既不具有唯一性，也似乎不存在互斥性，它们作为自变量之间的关系并没有得到厘清，也因而无法解释新媒体采用过程中的必然性。就像 U&G 理论越来越趋向于"标签化的理论"一样（陆亨，2011），各种需求动机的解释也给微博或微信的采用贴上了各种"万能标签"，而没能很好地解释整个过程。事实上，有学者提出并验证了"新媒体权衡需求"（Weighted and Calculated Needs for New media，简称 WCN）作为影响新媒体采用的独立变量，是互联网采纳和使用的充分条件（Jonathan J. h. Zhu & He Zhou，2002a），只是这一理论迄今未有应用于微博和微信的相关研究。

最后，惯习作为一种新的变量被引入对新媒体采用的解释（林日璇，2014），使得诸如 U&G 理论强调明确需求动机的功能主义取向面临挑战和质疑，围绕社会和文化的结构性因素被纳入考量。除惯习以外，"生活方式"（Lifestyle）这种消费者一般心理特性也被证实在预测新媒体采用中作用显著（韦路、李贞芳，2007）。

上述文献体现了两大理论范式对新媒体使用研究的重要性，一种是创新扩散理论，它从更加宏观的视角解读了新媒体作为一种创新物扩散的条件，这些条件同样有可能成为受众采用创新物的必要因素；另一种则是使用与满足取向的微观理论，在当今社会，新媒体权衡需求理论（WCN）通过更加科学地测量个体对新媒体的主观需求，为个体心理因素中的"权衡原则"和"竞争原则"对新媒体采用的作用机制提供了更好的解释力。后续将主要就这两种理论范式进行历时性的考察，从而为我们的研究提供假设依据。

二 创新扩散理论：更好地解释采纳而非使用

创新扩散理论的实证研究向我们至少提供了两类影响创新物被社会接受的因素。一是创新物被社会接受的程度与速度往往不是由其"客观特性"（如技术性能）决定的，而是由受众对其特征的"主观认识"决定的（祝建华、何舟，2002）。Rogers 本人对这些主观认识有"相对优势"（Relative Advantage）、"兼容性"（Compatibility）、"复杂性"（Complexity）、"可试性"（Trialability）和"可观察性"（Observability）五类划分（Rogers, E. M., 1995）。二是当接受创新物的人数逐渐增多而跨越了"扩散临界点"（Critical Mass，一般为人口的 10% ~15%）时，人们会因受到越来越多的使用人群的压力而追逐新潮的创新物（Jonathan, J. h. Zhu & He Zhou, 2002a），群体压力或者更直接地说创新物的流行认知成为促使采用创新物的一个重要因素。这两类因素应用到互联网的扩散和采用研究中被具体定义为"网络特征的主观认知"（Perceived Characteristics of Internet，简称 PCI）和"网络流行度的主观认知"（Perceived Popularity of Internet，简称 PPI）加以测量（Jonathan J. h. Zhu & He Zhou, 2002b）。

在对互联网在中国大陆的扩散研究中，有学者首先指出了人口因素对网络采用的影响，特别是经济能力和文化程度上的起码要求是网络采用的前提条件（金兼斌，2001）。在互联网采用的初期即没有跨越"扩散临界点"的时期，上述人口因素对网络采用起到了至关重要的作用。但随着网络技术和服务的不断改进，网络使用的费用也在降低，使用界面也在改善，网络最终为越来越多的人所使用。在对香港地区网络的扩散与采用研究中，两位学者首先区分了"采纳"（Adoption）和"使用"（Use）的区别，表现在测量上就是，"采纳"包括是否接入网络服务的状态（Adoption Status）和接入网络服务至今的时长（Adoption History）；"使用"则是指在线时间的时长和在线活动的多样性（Amount and Diversity of Online Time）。研究发现，影响网络采纳的因素除了个体的人口特征外，对网络"兼容性"（网络与受众的生活方式兼容的程度）认知越强的人越有可能采纳网络，而那些认为采纳网络可以提高他们社会地位（即"可观察性"认知越强）的人却越有可能更晚采纳互联网。作者建立的这个自变量模型通过回归分析对"采纳"这一因变量的两个维度分别解释了 36.5% 和 19.6% 的因变量变化（Jonathan, J. h. Zhu & He Zhou, 2002b）。而在对网络使用的影响因素研究中，包括采纳网络时长、人口因素和网络特征主观认知在内的模型则显得解释力不足：首先，网络采纳与网络使用之间并没有假设中的那种联系，即可以认为早期网络采纳者和晚期网络采纳者在网络使用上花费近乎一样的时间；其次，尽管人们的社会经济地位和对网络"兼容性"的认知在统计上显著影响人们的在线时长和在线活动多样性，但模型能够解释的因变量变化分别是 5% ~15% 和 22%，特别是对于人们在线时长的解释效度过低，很明显有其他影响网络使用的原因或因素没有被纳入考量。一种可能的解释是，无论怎样花费，"采纳"网络毕竟只是一种一次性的投资，而"使用"网络则需要持续不断地投入精力和时间，因此只是经济条件够好、文化程度够高、对网络认知（PCI）较多仍不足以支持个体加重"使用"网络。

对澳门地区的网络采用研究也同样证实了人口因素的影响，采纳者中男性、年轻人、教育程度高的人、家庭月收入高的人更多，而对互联网的认知因素中只有"有效性"（effective）对网络使用有积极影响，但也不够强烈（r = . 107，p < .05）（Weng Hin Cheong，2002）。而在韩国的互联网采用研究和 2000 年中国京、穗、港的互联网扩散比较研究中，以家中网民数为测量手段的"家庭支持"（Family Support）相比于其他因素的影响更大，这俨然是以家庭为代表的社会群体压力作用，即 PPI 的作用。例如，家中网民数这一变量对"是否用过互联网""（网民）是否继续上网""（非网民）是否可能上网"三个行为层面，同时在京、穗、港三地起作用，其中对后两个行为层面，其还是唯一在三地有影响的变量（祝建华、何舟，2002）。对此一种可能的解释是，家庭在社会结构中所处的地位不同，是影响网络采用程度不同的根源，例如，在中国某些城市，已经证实了在新媒体知识的学习方面，存在子女对父母的反哺显著多于父母对子女的哺育的"文化反哺"现象（周裕琼，2014）。因此研究者也主张在中西方不同家庭文化的地域开展深入研究，同时引入同龄人群、熟人圈等其他"社会支持"（Social Support）变量考察 PPI 对新媒体采用的影响（Kyung Yong Rhee & Wang-Bae Kim，2004）。

对其他新媒体采用的研究也不断验证、补充并挑战着互联网研究的结论。通过对台湾地区电子报纸采纳的研究发现，不仅人口变量、个人创新性（个人愿意尝试创新物的意愿）等个人特质因素对采纳电子报纸的行为有显著影响，而且采纳其他具有信息获取、娱乐、人际交往功能的媒介技术及使用大众媒介的情况都会显著影响电子报纸的采纳（Shu – Chu Sarrina Li，2003）。如果说前一结论是验证和补充了互联网研究结论的话，那么后一结论则对其他地区新媒体采用的研究结论提出了挑战。在先前提及的澳门地区网络采用的研究中，作者明确得出"大众媒介的使用情况不能显著影响网络采用"的结论（Weng Hin Cheong，2002），这无疑与台湾地区电子报纸的研究结论相悖。

在中国农村居民的创新传播科技采纳研究中，作者研究发现："人口因素对农村居民的创新传播科技采纳的影响力最大，农村居民的大众媒介内容偏好、受访者的家庭收入和教育程度是影响其创新传播科技采纳的最主要变量。"（张明新、韦路，2005）这也是一个既有验证补充又有挑战质疑的结论。而在对播客采用的研究中，研究者们的结论显然更为深入，并且揭示了跨越新媒体采用的不同阶段呈现的规律性变化：对技术特征和优势的认知（即相当于 PCI）在新媒体采用的过程中呈现一种式微的影响，而对内容信息（在这里指播客的视频内容）的认知和评价在播客后续使用愿望上的影响要更强烈（Li Xigen & Lilly Zeng，2009），即呈现一种"内容依赖"的特征。

可以发现，针对不同媒介、不同地区的研究结论存在显著差异，需要对各种研究视角及其结论进行实证检验才能建构适用于中国互联网实际的理论认知框架。上述研究提供了如下视角来考察微博和微信的采用研究：人口因素、对新媒体的特征认知、对新媒体的流行程度认知、其他媒介使用行为等。基于上述理论推演我们提出以下亟待检验的理论假设。

H1. 人口因素对微博和微信的采用有显著影响。

H2. 微博和微信的特征认知对微博和微信的采用有显著影响。

H3. 微博和微信的流行度认知对微博和微信的采用有显著影响。

H4. 其他媒介使用行为对微博和微信的采用有显著影响。

为了考察微博和微信的采用竞争关系，可对上述假设进一步加以细分。

H1-1~H1-4. 人口因素分别对 S1（高频率采用微博、高频率采用微信）、S2（高频率采用微博、低频率采用微信）、S3（低频率采用微博、高频率采用微信）、S4（低频率采用微博、低频率采用微信）有显著影响。

H2-1~H2-4. 微博和微信的特征认知分别对 S1（高频率采用微博、高频率采用微信）、S2（高频率采用微博、低频率采用微信）、S3（低频率采用微博、高频率采用微信）、S4（低频率采用微博、低频率采用微信）有显著影响。

H3-1~H3-4. 微博和微信的流行度认知分别对 S1（高频率采用微博、高频率采用微信）、S2（高频率采用微博、低频率采用微信）、S3（低频率采用微博、高频率采用微信）、S4（低频率采用微博、低频率采用微信）有显著影响。

H4-1~H4-4. 其他媒介使用行为分别对 S1（高频率采用微博、高频率采用微信）、S2（高频率采用微博、低频率采用微信）、S3（低频率采用微博、高频率采用微信）、S4（低频率采用微博、低频率采用微信）有显著影响。

三 权衡需求理论：更好地解释使用而非采纳

权衡需求理论（WCN）是建立在使用与满足理论（U&G）发展基础上的，该理论的提出者祝建华对 U&G 研究中的一个重要变量"认知需求"（Perceived Need）进行了进一步的操作化处理，使得"传统媒体与新媒体之间的竞争以及个人不同需求之间的竞争同时并举，以此为据描述了一个动态的、多维的新媒体采纳及使用过程"（祝建华，2004）。

U&G 理论的提出者 Katz 认为，传播学研究不应当仅关注"媒体对人们做了什么"，还应当仔细地研究"人们对媒体做了什么"（Katz, E., 1959）。这一受众本位理论被应用到新媒体的采用中就表现为"积极的受众"主动寻求媒介满足的过程，与宏观的、影响受众规模和组成的结构性因素不同，研究者把 U&G 代表的这一理论取向放在个人选择的层面，认为"社会和心理起源引起需求，需求激发对大众媒体和其他来源的期望，期望造成了不同类型的媒介接触，最终导致了需求的满足和其他非企及性结果"（陆亨，2011）。这一模型中的某些关键要素受到质疑，如关于是不是社会和心理起源引起需求的问题，有学者就提出了"U&G2.0"的概念，挑战了所有满足都是缘起内在的心理需求这一传统观点，认为媒介技术本身会促成用户新的需求，从而带来新的、与众不同的满足感。正如 TWitter 联合创始人 Biz Stone 说的那样："直到有了短信服务之前，我们都不知道我们真正需要它"（S. Shyam Sundar & Anthony M. Limperos，2013）。

已有的研究也注意到了 U&G 范式对媒介使用解释的不足，学者们通过将来自 U&G 的变量"认知需求"（Perceived Need）和发展自创新扩散理论的两个变量"认知特性"（Perceived Characteristics）和"认知流行度"（Perceived Popularity）合并起来对媒介使用做了解释和预测。尽管这些研究通过引入其他变量来弥补 U&G 的解释力，但就 U&G 本身而言（这里主要指"认知需求"），这些研究都回避了"认知需求"是如何导致媒介使用行为的这一微妙过程，而在 U&G 理论模型的总结中，恰恰是这一过程缺少实证检验，从而可能让人质疑从个体需求到媒介使用的因果联系。这些研究的共同做法是，对使用需求（或动机）这一变量做类型上的划分，然后用量表测量媒介使用时不同需求的强弱程度，再将其纳入回归分析（与其他因素一起），考察需求对媒介使用行为的解释程度（Byeng-Hee Chang, Seung-Eun Lee & Byoung-Sun Kim，2006；Roger Cooper & Tang Tang，2009）。这样的测量方法将面临以下两个问题的困境：当需求被证实对媒介使用行为有显著影响时，为什么是某些需求有影响而不是另一些需求？具体到新媒体的采用行为，为什么这些需求会影响人们去采用某些媒介而不是另一些媒介？说到底，不同需求之间、不同媒介之间存在的竞争关系是潜藏在新媒体采用过程中的两个作用机制。

权衡需求这一概念整合了新媒体采纳与使用过程中的这两个潜在机制，即传统媒体与新媒体之间的对比以及受众对媒体的各种需求之间的权衡。权衡需求的理论观点认为："当且仅当受众发觉其生活中某一重要需求已经无法被传统媒体满足，并且认为新媒体能够满足该需求时，他们才会开始采纳并持续使用这一新媒体。"（祝建华，2004）权衡需求的这一概念被使用至"认知需求"变量的操作化中，对新媒体的认知需求（PN-NM）用以下公式表达：

$$PNNM_i = \sum_{i=1}^{n} \sum_{j=1}^{k} (SN_{ij} - SO_{ij}) I_{ij} \tag{1}$$

公式中，$PNNM_i$ 表示个体 i 对新媒体的认知需求的总值，SN_{ij} 表示该个体认为新媒体在满足其需求 j 方面的满足期望值，SO_{ij} 表示该个体认为传统媒体在满足其需求 j 方面的满足实得值，以及 I_{ij} 表示该个体对于其需求 j 主观重要性（相对于其他需求）的评估（Jonathan, J. h. Zhu & He Zhou，2002a）。当"认知需求"被"权衡需求"取代并操作化后，我们可以看到个体对新媒体的认知需求由个体对新老媒体满足其需求的不同评估和差异比较与个体对该需求的主观重要性的权衡两部分组成，也由此从理论上回答了上述两个问题：之所以是某些需求而不是另一些需求对新媒体采用行为产生显著影响，是因为这些需求对个体而言可能更为重要；之所以这些需求会影响到采用某些媒介而不是另一些，是因为采用的这些媒介相比另一些媒介在个体看来更能满足其需求。权衡需求理论至少为从个体需求到媒介采用的因果联系提供了一种可能的解释。

也是在上文中，通过对北京和广州两地的互联网采用情况开展的一项大规模抽样调查，祝建华和何舟从中获取了为权衡需求概念的效度及其解释力和预测力提供有力验证的实证数据。他们惊讶地发现，中国两地的互联网采纳情况主要受对网络的特征认知（PCI）和流行认知（PPI）影响，由权衡需求所测算的对网络的需求认知（PNI）虽然有影响，但相比 PCI 和 PPI，其影响要小；而两地的互联网使用情况却几乎只受 PNI 的影响，即 PNI 是决定互联网使用频率的唯一变量。祝建华和何舟的研究不仅发现了个体的权衡需求对新媒体采用的巨大影响，而且由此推断出 PCI 和 PPI 是网络采用的必要条件，而 PNI 则是网络采用的充分条件。

这一研究结论颇有些革命性的意味，因为对新媒体的权衡需求一旦被广泛证实是决定新媒体采用的充分条件，这无疑使 U&G 的理论取向成为一种“强效果论”，为受众本位的传播研究提供强有力的动力，对长期以来的“媒介效果论”也是一种补位。作为一项中国研究，这一发现也有必要通过审视类似的中国研究来加以检验。

2005 年深圳数码电视采纳研究发现，在控制了个人和家庭特征之后，权衡需求程度对采纳意愿的影响仍然是显著和正面的（祝建华、王晓华，2006）。尽管如此，其他学者的研究结论或多或少出现了相左：有学者对深圳和香港两地大学生手机短信的采纳与使用进行方便取样研究后发现，在已经采纳短信的学生当中，对短信需求越大则使用短信越频繁，但在采纳与否的问题上，对短信需求越大越有可能是非采纳者（周裕琼，2014）；有学者通过 CATI 电话调查研究了上海网民的 Web2.0 知情与表达（即网民通过电子论坛和博客阅读新闻和发表意见的行为），发现新媒介权衡需求可以显著影响使用，但无法影响采纳（周葆华，2008）；而 2005 年深圳的一项大规模路访调查显示，权衡需求在解释新媒体（此处指网络）采用时不是独立的自变量，而是受个体差异影响的中间变量（王晓华、严丽娜，2007）。以上种种研究都质疑了“权衡需求是新媒体采用的充分条件”这一结论，至多证实权衡需求是新媒体采用的必要条件而非充分条件。

权衡需求理论的发现和检验结果显示，对新媒体的权衡需求（认知需求，PNNM）很有可能对新媒体的采用行为有显著影响。据此，我们对微博和微信的采用竞争关系提出以下研究假设。

H5. 微博和微信的权衡需求对微博和微信的采用有显著影响。

该假设可以进一步细分为以下方面。

H5 – 1 ~ H5 – 4. 微博和微信的权衡需求分别对 S1（高频率采用微博、高频率采用微信）、S2（高频率采用微博、低频率采用微信）、S3（低频率采用微博、高频率采用微信）、S4（低频率采用微博、低频率采用微信）有显著影响。

四　生活方式：影响新媒体采用的另一因素溯源

在检验权衡需求效度的实证过程中，祝建华等同样试图发现权衡需求这一变量的前因，即什么因素可能影响权衡需求。他们的研究显示 8 项个人特征无一显示出对权衡需求的显著影响（Jonathan，J. h. Zhu & He Zhou，2002a）。而王晓华的研究显示年龄和文化程度对新媒体的权衡需求有显著影响（王晓华、严丽娜，2007），算是一种对权衡需求前因的解释。除此之外，内地研究者对数字电视在中国大陆的采用研究证实，"生活方式"（Lifestyle）这种消费者一般心理特性不仅对数字电视采用具有直接影响，而且也通过感知流行和权衡需求这两个中间变量对其产生间接影响（韦路、李贞芳，2007）。

"生活方式"作为影响新媒体采用的另一因素也被广泛证明：不同的生活方式对中国大陆的无线通信技术采用、中国台湾地区的网络技术采用和六种信息或娱乐技术采用、在线新闻的采用都具有显著影响（Wei，R.，2006；Shu-Chu Sarrina Li，2014；Joey Ka-Ching Chan & Louis Leung，2005）。由此可见，生活方式也是影响新媒体采用的另一因素。

一种对此的解释是，新媒介技术也是一种产品，由于每一种产品都有其对应的象征意义，消费者可以根据这些产品意义来选择跟他们自身的社会身份相符的产品，而生活方式则是他们社会身份的一种体现。因此，代表消费者社会身份的生活方式可以预测具有象征意义的新媒介技术产品消费（即采用）（韦路、李贞芳，2007）。而有关生活方式的测量标准，在各个研究中则不尽相同，从研究实际出发，我们认为可以从一些生活习惯入手，考察某些生活方式对新媒体采用的影响。

从考察微博微信的采用竞争关系角度，可以提出以下假设。

H6. 生活方式对微博和微信的采用有显著影响。

进而将其细分为以下方面。

H6 - 1 ~ H6 - 4. 生活方式分别对 S1（高频率采用微博、高频率采用微信）、S2（高频率采用微博、低频率采用微信）、S3（低频率采用微博、高频率采用微信）、S4（低频率采用微博、低频率采用微信）有显著影响。

五　结论与讨论

无论是创新扩散理论还是权衡需求理论，都已经被证实无法提供预测新媒体采用的独立变量，而生活方式尽管也被证明对新媒体采用有显著影响，但也未有足够的证据证实其为预测新媒体采用的充分条件。因此，理论范式的融合与互补对于解释新媒体采用必不可少。

通过回顾过往文献，我们将可能影响新媒体采用的变量归纳为以下几类：一是人口因素，包括性别、年龄、教育程度、收入状况等；二是由创新扩散理论发展而来的对新媒体特征的认知（PCNM）和对新媒体流行度的认知（PPNM），它们的某些属性已经被证实对网络、电子报纸、播客等新媒体的采纳行为有显著影响；三是权衡需求理论所深化的对新媒体的认知需求（PNNM），尽管后续研究对权衡需求这一变量的解释力及预测力做出了严格的纠偏，但不可否认 PNNM 对采纳新媒体后的使用行为具有显著的正向影响，甚至可以说是新媒体使用的必要条件；四是生活方式作为额外的变量影响新媒体采用。尽管目前缺少统一的理论框架对这些变量间的关系做出通则式的解释，但以这些变量的合力解释新媒体采用行为应属必然。

不同媒介、不同地区的研究结论差异揭示了新媒体采用过程的复杂、动态与特殊性，但这并不一定意味着新媒体的采用研究是无理论的。相反，它提示了我们建立一个立足于本土调查的实证理论是多么必要。从这个角度出发，微博和微信都是发轫于我国本土的社交媒体，具有与他国社交媒体大不相同的传播环境和社会规约，所面对的受众也具有与西方民众

截然不同的文化基因，因而任何在西方社会经受检验的理论假设都有必要
重新考量它们的适用性与发展潜力。同时，对两种同为 Web2.0 技术的媒
介而言，它们的采纳与竞争很可能是一个不同以往的范式，比如微博和微
信对"采纳"（adoption）和"使用"（use）行为的模糊，可能使得以往发
现的 PCNM、PPNM 及 PNNM 的影响力界限面临被打破和挑战的境况，各
个潜在影响因素的竞争机制也有待被重新考量。

参考文献

［1］韩晓宁、王军、张晗：《内容依赖：作为媒体的微信使用与满足研究》，《国际新闻
　　界》2014 年第 4 期。

［2］金兼斌：《互联网在中国大陆的扩散》，中华传播学会年会论文，香港，2001。

［3］林日璇：《社交媒体 VS. 线上游戏：台湾成人网路使用、媒介惯习与人际互动》，
　　《中华传播学刊》（台湾）2014 年第 1 期。

［4］刘振声：《社交媒体依赖与媒介需求研究——以大学生微博依赖为例》，《新闻大
　　学》2013 年第 1 期。

［5］陆亨：《使用与满足：一个标签化的理论》，《国际新闻界》2011 年第 2 期。

［6］田甜：《创新扩散理论下的微信扩散和使用影响因子分析》，未出版硕士学位论文，
　　安徽大学，2014。

［7］王晓华、严丽娜：《决定受众选择互联网的因素研究——对权衡需求理论的再检
　　验》，《国际新闻界》2007 年第 3 期。

［8］韦路、李贞芳：《数字电视在中国大陆的采用：一个结构方程模型》，《新闻与传播
　　研究》2007 年第 2 期。

［9］张明新、韦路：《我国农村居民的创新传播科技采纳研究：人口及行为因素的影
　　响》，《中国传媒报告》（香港）2005 年第 4 期。

［10］张咏华、聂晶：《"专业"对大学生社交媒体使用及动机的影响——以上海大学生
　　为例》，《国际新闻界》2013 年第 12 期。

［11］周葆华：《Web2.0 知情与表达：以上海网民为例的研究》，《新闻与传播研究》
　　2008 年第 4 期。

［12］周裕琼：《数字代沟与文化反哺：对家庭内"静悄悄的革命"的量化考察》，《现
　　代传播》2014 年第 2 期。

［13］祝建华：《不同渠道—不同选择的竞争机制：新媒体权衡需求理论》，《中国传媒
　　报告》（香港）2004 年第 2 期。

［14］祝建华、何舟：《互联网在中国的扩散现状与前景：2000 年京、穗、港比较研
　　究》，《新闻大学》2002 年第 2 期。

［15］祝建华、王晓华：《权衡需求理论与数码电视的市场前景》，中国传播学会成立大会暨第九次全国传播学研讨会，保定，2006。

［16］Byeng-Hee Chang, Seung-Eun Lee & Byoung-Sun Kim（2006）. Exploring factors affecting the adoption and continuance of online games among college students in South Korea：Integrating uses and gratification and diffusion of innovation approaches. New Media & Society, 8（2）, pp. 295 – 319.

［17］Joey Ka-Ching Chan & Louis Leung（2005）. Lifestyles, reliance on traditional news media and online news adoption. New media & society, 7（3）, pp. 357 – 381.

［18］Jonathan, J. h. Zhu & He Zhou（2002a）. Perceived Characteristics, Perceived Needs, and Perceived Popularity：Adoption and Use of the Internet in China. Communication Research, 29（4）, pp. 466 – 495.

［19］Jonathan, J. h. Zhu & He Zhou（2002b）. Diffusion, Use and Impact of the Internet in Hong Kong：A Chain Process Model. Journal of Computer-Mediated Communication, 7（2）.

［20］Katz, E.（1959）. Mass Communication Research and the Study of Popular Culture：An Editorial Note on a Possible Future for This Journal. Studies in Public Communication, 2（1）, pp. 1 – 6.

［21］Kyung Yong Rhee & Wang-Bae Kim（2004）. The Adoption and Use of the Internet in South Korea. Journal of Computer-Mediated Communication, 9（4）.

［22］Li Xigen & Lilly Zeng（2009）. Technology Attributes, Perceived Value and Quality of Information, and Socail Utility as Predictors of Podcast Adoption and Use. The 59th Annual Conference of The International Communication Association, Chicago.

［23］Roger Cooper & Tang Tang（2009）. Predicting Audience Exposure to Television in Today's Media Environment：An Empirical Integration of Active-Audience and Structural Theories. Journal of Broadcasting & Electronic Media, 53（3）, pp. 400 – 418.

［24］Rogers, E. M.（1995）. Diffusion of innovations, 4th edition, New York：Free Press.

［25］S. Shyam Sundar & Anthony M. Limperos（2013）. Uses and Grats 2. 0：New Gratifications for New Media. Journal of Broadcasting & Electronic Media, 57（4）, pp. 504 – 525.

［26］Shu-Chu Sarrina Li（2003）. Electronic newspaper and its adopters：examining the factors influencing the adoption of electronic newspapers in Taiwan. Telematics and Informatics, 20, pp. 35 – 49.

［27］Shu-Chu Sarrina Li（2014）. Lifestyles and the adoption of information versus entertainment technologies：An examination on the adoption of six new technologies in Taiwan. New media & society, 16（2）, pp. 1 – 19.

［28］Wei, R.（2006）. Lifestyles and new media：adoption and use of wireless communication technologies in China. New media & society, 8（6）, pp. 991 – 1008.

［29］Weng Hin Cheong（2002）. Internet Adoption in Macao. Journal of Computer-Mediated Communication, 7（2）.

新闻发言人制度与中国外交话语的构建

吴　瑛[*]

摘　要： 新闻发言人制度是中国外交话语构建的重要组成部分。本文以外交部新闻发言人为例，通过分析5个西方国家20家主流媒体引用外交部新闻发言人的情况，来评估中国外交话语的传播效果。总体而言，新闻发言人在西方媒体中的传播效果不容乐观，中性和负面引用占绝大部分，新闻发言人在西方媒体中常处于尴尬和自我矛盾的角色，而西方不同区域、不同国家媒体引用新闻发言人的差异较大，西方媒体并非话语共同体。在此基础上，本文进一步探讨了如何将当前中国外交话语发布的"模糊效果模式"改进为"多阶段分类效果模式"，提出通过议程设置、解构框架、跟踪监测与网络化传播来实现中国外交话语的重构。

关键词： 新闻发言人制度　外交话语　传播效果

当前中国的话语权诉求正在改变。随着中国对国际事务由"一般参与者"到"重点建设者"再到"负责任大国"的角色转换（王逸舟，2008），中国声音也经历了从"失语"到"话语稀缺"再到"谋求话语权"的变化。中国外交不仅作为"实践"已引起了各国政府的广泛关注，而且作为"话语"正日益通过国际舆论引起国际公众的关注，并最终影响到各国政府的外交实践。外交部新闻发言人制度作为中国外交形象的代表和向国际社会传递信息的窗口，已成为中国外交话语的重要组成部分。

---

* 吴瑛，上海外国语大学新闻传播学院副教授，中国国际舆情研究中心副主任。

一 新闻发言人制度的缘起与发展

政府新闻发言人制度起源于美国。美国三权分立的政治制度和高度发达的大众媒体促使政府通过发言人向媒体公布最新信息，并借助媒体的沟通协调以控制社会舆论，树立良好的政府形象。美国的新闻发言人制度由总统聘用的私人新闻秘书发展而来。新闻秘书由总统聘用，不隶属于政府，他们针对有关总统的新闻事务和信息工作进行处理，也帮助总统化解由突发事件引起的公众信任危机，提升总统形象。最早聘用私人新闻秘书的是第 17 届美国总统安德鲁·杰克逊（Andrew Johnson），其在 1865 年到 1869 年的任期内聘用了阿莫斯·肯德尔（Amos Kendall）负责他的宣传事务（骆正林，2006）。继杰克逊总统之后，许多总统都采用了这种私人聘用新闻秘书的方式，但并未将这种方式制度化。直到 20 世纪 50 年代，随着美国民选政治对总统形象和公关策略要求的提高，以及美国大众媒体作为“第四种权力”的扩张，白宫开始设立新闻办公室和新闻发言人，以制度化的形式定时召开记者招待会。

与此同时，美国法律对新闻发言人制度的保护也非常完备。最早与此有关的法律是 1791 年颁布的《宪法第一修正案》，其对言论自由的保护是未来所有相关法律的基础。此外，美国国会还通过颁布的两部法案使公众的知情权在法律上得到保证。1966 年美国国会通过《信息自由法》（Freedom of Information Act），由先前以保密为原则的政府信息管理转变为以公开为原则，以保密为例外。该法颁布之后，国会还通过了一项修正案，对某些需要公开的信息进行列举，允许公众查阅政府掌握的有关其个人的信息。作为美国历史上最早的信息公开法案，它为将来的相关法律确立了两条原则：其一，政府信息公开是原则，不公开是例外；其二，政府信息面前人人平等。另一项法案是美国国会于 1976 年制定的《阳光下的政府法》（Government in the Sunshine Act）。这项法案规定合议制行政机关的会议必须公开，公众可以旁听会议、取得会议的信息。根据这项法案，普通公众和媒体都可以出席、观看美国参众两院的会议，这不仅为美国而且为世界各国政府会议的公开提供了准则。

正是在民主政治需要、大众媒体发达、法律保障完备等多重因素的作用下，美国的新闻发言人制度覆盖了从白宫、国会，到各部委和各州。虽然新闻发言人的地位不高，但其参与政府会议的级别不低于部长或总统助理，在同级别的官员中更受社会关注。在美国建立新闻发言人制度之后，加拿大、英国、日本、韩国等国也纷纷建立了新闻发言人制度，以沟通政府与媒体和公众的关系。

我国新闻发言人制度始于 20 世纪 80 年代。在此之前，陈毅在 1962 年 9 月 29 日举行的中外记者招待会是我国新闻发言人制度的雏形。时任国务院副总理兼外交部部长的陈毅在国庆节之前，受毛泽东和周恩来之托，打破了先前不召开此类招待会的先例，就中外记者提出的对越南战争的态度、中国使用原子弹等问题回答了记者的提问。此次记者招待会被英国的《泰晤士报》，日本的《朝日新闻》《读卖新闻》《东京新闻》等媒体广泛报道。1983 年 2 月，中宣部、中央对外宣传领导小组共同下发了《关于实施〈设立新闻发言人制度〉和加强对外国记者工作的意见》。同年 3 月 26 日，时任新闻司司长的钱其琛第一次以新闻发言人的身份向中外记者发布新闻，七八十位中外记者受邀出席，会场担任翻译的是李肇星。钱其琛根据邓小平的指示，抓住苏联入侵阿富汗后与美国关系日趋紧张，进而开始在中苏关系上调整战略的契机，发表了三句话的简短声明："我们注意到了 3 月 24 日苏联勃列日涅夫主席在塔什干发表的关于中苏关系的讲话。我们坚决拒绝讲话中对中国的攻击。在中苏两国关系和国际事务中，我们重视的是苏联的实际行动。"声明念完后，没有提问，也不回答问题（钱其琛，2003）。这次简短的发布会为我国的新闻发布会制度开了先河。同年 4 月 30 日，中国记协首次向中外记者介绍国务院各部委和人民团体的新闻发言人，正式宣布我国建立新闻发言人制度（李红，2007）。

虽然我国的新闻发布会制度建立至今已走过了 30 年，但是上至国务院各部委，下至地方各级政府，长期以来，都认为对外宣传是宣传部门的事，许多政府机构和官员出于各种因素的考虑，不愿意接受媒体尤其是西方媒体的采访，在公开发言中不敢越雷池半步。在 2003 年"非典"发生之前，除了外交部，仅有国家统计局、国务院台办等个别部委建立了新闻发言人制度。"非典"期间，因信息封锁而带来的负面国家形象、负面政府形象引起了高层的关注。新闻发言人制度真正在各部委和全国各地被推广开来是在 2004 年。2004 年 6 月，我国《政府信息公开条例》起草完成，并于 2008 年 5 月 1 日开始实施。这一条例的出台是我国法制史上的一个里程碑，对于保障公民言论自由及其知情权的获得具有重要意义。也是从 2004 年开始，我国开始设立覆盖国务院新闻办公室、中央各部委、省级人民政府三个层次的新闻发言人制度。新闻发言人制度的蓬勃发展开始于 2005 年，新闻发布会数量大增，质量显著提高，普及面大幅拓展，国务院有近 70 个部门设立了 80 多位新闻发言人，全国有 27 个省（自治区、直辖市）建立了新闻发言人制度（薛凯，2006）。

长期以来，对于突发事件的信息调控是外宣部门的重要工作，一些信息由于瞒报、漏报错过了最佳的公布时机，进而影响了政府形象，在《政府信息公开条例》保障公众知情权的基础上，对突发事件的管理也被提到了政府议程上来。2007 年 6 月，全国人大常委会二审通过的《突发事件应对法草案》删除了一审稿中的第 45 条："履行统一领导职责或者组织处置社会安全事件的人民政府应当按照有关规定统一、准确、及时发布有关突发事件应急处置工作的情况和事态发展的信息，并对新闻媒体的相关报道进行管理。"该草案还删除了第 57 条："新闻媒体违反规定擅自发布有关突发事件处置工作的情况和事态发展的信息或者报道虚假情况，情节严重或者造成严重后果的，由所在地履行统一领导职责的人民政府处 5 万元以上 10 万元以下的罚款。"这两项条款的删除解除了长期以来束缚媒体的"紧箍咒"，为新闻发言人及时、准确发布突发事件信息扫清了障碍。

原国务院新闻办公室主任赵启正曾多次指出，"新闻发言人不是人，而是一种制度"，这一制度的设立需要一系列政府资源的配合，从决策到传递再到发布，通过设定政策议程来影响传媒议程，进而引导公众议程。

外交部是最早建立新闻发言人制度的政府部门，继钱其琛之后，齐怀远是外交部首任正式新闻发言人，也是我国第一位正式新闻发言人，之后历任新闻发言人的有：俞志忠、王振宇、马毓真、李肇星、李金华、金桂华、段津、吴建民、范慧娟、李建英、陈建、沈国放、崔天凯、唐国强、朱邦造、孙玉玺、章启月、孔泉、刘建超、秦刚、姜瑜、马朝旭、刘为民、洪磊、华春莹。从 1983 年至今，已有 27 名外交官面对各国记者发出了中国声音。

要提升中国话语权，首先需要研究"我们的声音如何能进入他人的世界"。研究这些外交部新闻发言人的话语，以及他们的话语如何被西方媒体引用，对此进行实证统计和文本分析，将有利于我们评估中国外交话语在国际社会的角色，并进一步为中国外交话语的构建做出努力。

二 研究方法

本文旨在对中国外交话语进行分析，切入点是以西方媒体对我国外交部新闻发言人话语的引用，即"引语"为例。外交部新闻发言人的话语是中国外交话语的重要组成部分，西方媒体的引用则代表西方媒体对中国外交话语的态度，也是中国外交话语影响国际舆论的效果，对此进行探索将有利于中国外交话语构建的研究。

本文选取西方国家中与中国外交话语博弈最为激烈的国家，对美国、英国、法国、德国、日本这5国的20家主流报纸进行分析，这20家报纸如下所示。

美国：USA Today，The Washington Post，The New York Times，The Wall Street Journal。

英国：The Daily Telegraph，The Guardian，The Times，The Independent。

法国：Le Figaro，Ouest-France，Libération，Le Monde。

德国：Frankfurter Rundschau，Der Tagesspiegel，Die Welt，Berliner Zeitung。

日本：The Daily Yomiuri，The Japan Times，The Nikkei Weekly，Japanese World。

资料库为 LexisNexis 数据库中的新闻数据库①，选择这个数据库中的

---

① LexisNexis 新闻数据库是全球最完备的新闻数据库之一，拥有十几个语种，600 余家报纸近 30 年的新闻全文，且具有丰富的自动搜索和数据统计功能。该库储存新闻量之大，其中《纽约时报》可以回溯至 1980 年，《华盛顿邮报》可以回溯至 1977 年。

20 家报纸进行分析。选择这些报纸的标准，一是出于报纸本身作为主流媒体的地位，二是其在数据库中的可得性。样本时间选取 2005 年 1 月 1 日 ~ 2012 年 10 月 31 日，2005 年以后，中国日益融入世界体系并承担起负责任大国的责任，分析 2005 年到 2012 年的中国外交话语有利于探索当前中国外交话语的现状和在国际社会的角色。

经过搜索，这 20 家主流媒体中引用外交部新闻发言人的有效新闻共计 1021 条。由于发言人的姓名翻译在以上 20 家报纸中都是以中文拼音的形式出现的，因此搜索发言人被引用的情况只需搜索他们的姓名，在编码时再将少数同名同姓的无关新闻删除即可。在个案分析时，可以多加入其他关键词缩小搜索范围。

以内容分析方法进行统计，研究分析了 20 个量化指标。编码员由上海外国语大学 8 位多语种的硕士研究生组成，他们分别对 20 家报纸引用发言人话语的新闻文本进行了编码。每个样本个体都由两名编码员轮流编码，编码员之间的信度值的各项指标上在 0.70 以上。统计时将编码后的数值输到 EpiDate3.1 输入软件中，对双录入后的结果进行一致性检验并修正，然后导出到 SPSS 中进行统计分析。

三　新闻发言人话语在西方媒体中的传播效果

本文通过对外交部新闻发言人被西方媒体引用了哪些话语，又是怎么引用这些话语的研究分析发言人话语在国际社会的传播效果。

在年份指标上，如图 1 所示，2008 年因奥运会其关注度最高。在西方媒体引用外交部新闻发言人的总计 1021 条样本个体中，我们按年份进行了统计，发现大部分年份的新闻数量在 100 条上下波动，2005 年稍多些为 134 条，而 2008 年则出现了一个飞跃，达到 273 条，这是由于 2008 年是我国重大事件高发的年份，从西藏"3·14 事件"，到汶川 5·12 地震，再到奥运会的召开，外交部新闻发言人就这几个重大事件，以及与这些重大事件相关的民族问题、维稳、救援、筹办、安保等议题发布了大量的答记者问，西方媒体也较多地引用了发言人的话语。

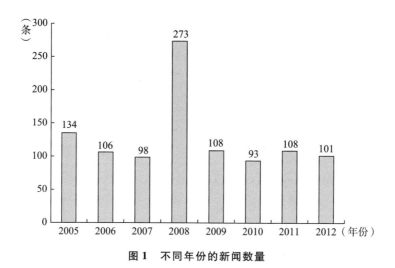

图1　不同年份的新闻数量

在国家指标上，美国媒体引用量居首位。美国媒体引用新闻发言人话语的新闻共计445条，其次是法国206条、英国201条、德国138条、日本31条。美国媒体新闻远超其他国家的现象说明，美国作为传媒业的领头羊，对中国外交话语的关注也是远超其他国家的，正是在引用中国新闻发言人话语的过程中，美国媒体也嵌入了自身的话语立场和逻辑。

在议题内容指标上，西方媒体的"选择性"非常显著。虽然我们的发言人从本国立场和外交目标出发，围绕各个阶段的议题回答了许多外国记者的提问，发出了中国声音，但是这并不代表西方媒体会对此"照单全收"，事实上，西方媒体对发言人议题内容的选择是非常显著的。从过去几年发言人话语的议题来看，访问信息是占比例最高的，这主要包括我国领导人出访以及我国领导人接见外国领导人的信息，但是西方媒体对访问信息的引用是非常少的，这中间大量的信息被西方媒体忽略了。本文对西方媒体引用外交部发言人的议题设置了22个选项，如图2所示，从被引用频数来看，"外交政策与对外关系"是被引最多的，为159条，其次是"民族宗教"，为142条，接着是"国家安全与军事部署"和"文化体育与社会"，都是106条，"人权问题"紧随其后，是98条。这说明，除外交和国家安全以及军事方面的信息外，民族、宗教、人权问题仍是西方媒体最为关注的领域，事实上，西方在引用外交部新闻发言人话语时，对中国批判最激烈的也往往在这几个议题上。而中国的"文化体育与社会"议题近年来也被日益关注，尤其 2008 年奥运会前后外交部新闻发言人回答了西方记者许多相关提问。

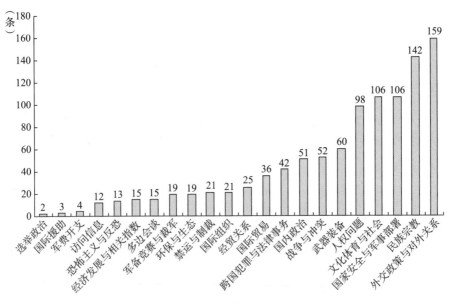

图 2　议题内容的频数

在涉及国家和地区指标上，中国常"尴尬的"和某些国家一起被提及。如图 3 所示，被发言人提及的国家和地区中，排名居前的有中国、美国、日本、朝鲜、法国、伊朗、苏丹、英国、缅甸、印度。从这些国家或地区中可以看出，西方媒体选择性引用中国新闻发言人话语时，常将中国与朝鲜、伊朗、苏丹、缅甸这四个国家并列，这些国家长期以来与中国建立了紧密的双边关系，但在乔舒娅·基廷看来，正是这几个国家，"已成为让中国尴尬的盟友"，因为它们在国际上"声名狼藉"。[①] 当然，对这些国家的高频率引用并不代表外交部新闻发言人主动选择发布与这些国家有关的信息，事实上大部分是在被西方记者提问的情况下回答的。除了这四个国家，对这些新闻进行阅读分析后发现，发言人反对法国前总统萨科齐

---

① 〔美〕乔舒娅·基廷：《最让中国尴尬的五个盟友》，《外交政策》，2010。该文中的这五个国家分别是朝鲜、伊朗、苏丹、缅甸和津巴布韦，http://bbs.hsw.cn/simple/?t 2278674.html。

会见达赖喇嘛，反对巴黎市授予达赖喇嘛"荣誉市民"称号的抗议成为西方媒体引用中多次出现法国的重要原因，这使得涉及法国的引文数量增加，只是数量的增加并不代表对发言人话语赞同度的提高。外交部新闻发言人代表了中国的外交话语乃至政府形象，如何平衡国家利益、信息公开以及话语策略之间的关系，这是我国新闻发布制度需要认真探讨的问题。

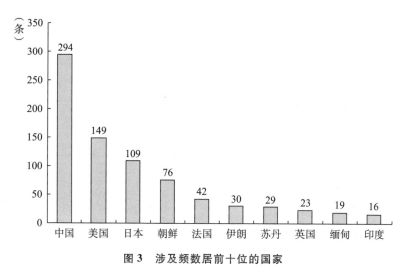

图3 涉及频数居前十位的国家

在涉及对象指标中，国内"敏感人物"被频繁引用反映了中国所处的国际舆论环境日趋严峻。本文对发言人话语中主要涉及的对象进行了分类，表1显示，"他国政府""本国政府""国内个人"的被引用比例居前三位。其中，关于国内外政府的高引用率与发言人作为政府话语发布窗口的角色密不可分，而"国内个人"也在日益受到西方媒体的关注。在被西方媒体引用的104次"国内个人"中，虽然出现了像毛泽东这样的政治领袖和政治人物，像张艺谋这样的艺术界人士，以及像被朝鲜劫持的中国渔民这样的普通个人，引用的倾向也存在正面或中性的情况，但更多的是在提及腐败官员和异见人士时，用相对负面的倾向进行引用和解读。有些媒体甚至在敏感事件发生后，连续几天连篇累牍地发表关于敏感人物的报道，而外交部新闻发言人的"否认"和"澄清"则会被作为反面材料"点缀"其中。

表1　涉及对象的频数/百分比

单位：次，%

对象	频数	百分比
他国政府	466	45.6
本国政府	195	19.1
国外企业	19	1.9
本国企业	11	1.1
国外或国际组织	75	7.3
本国组织	11	1.1
国外个人	62	6.1
国内个人	104	10.2
国外社会	39	3.8
国内社会	39	3.8
总计	1021	100.0

如图4所示，包括"敏感人物"在内的"国内个人"被引用频率在显著增长。从数量上看，被引的"国内个人"频数居第三位，而从时间上看，2005年到2012年，中间虽偶有下降，但总体上还在显著增长。在本文统计的前几年，"国内个人"被引用的比例占所有被引对象的6%左右，这个比例是比较低的，尤其在2007年甚至没有出现一条，但是这种现象在最近几年发生了很大变化，在2010年为14.0%，2011年为24.1%，2012年上升到28.7%，而且这些"个人"往往不是政治人物，更多的是专业人士或者普通人。这说明，相比于中国政府以及相关组织、企业，西方媒体在报道方面日益关注中国人，尤其在驻华西方记者仍然缺乏有效的信息获取渠道，与中国民间社会相对"疏离"的情况下，外交部新闻发言人仅仅以回避加否定的态度来回答有关"敏感人物"的提问是远远不够的，因为没有"官方"版本，西方媒体就更有可能求助于"偏激"的新闻源，或者索性依赖臆测与主观判断。

在发言立场指标上，发言人常以尴尬和自我矛盾的姿态出现在西方媒体中。如图5所示，在本文所列的10种立场选项中，发言人以"陈述""反对""抗议"立场发表的话语被引用率居前三位，"陈述"占44%，"反对"占21%，"抗议"占10%，这说明在西方媒体的新闻文本中，发

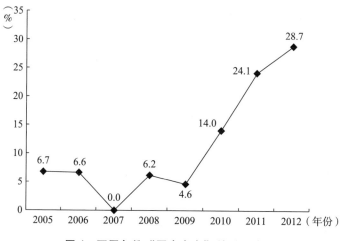

图4 不同年份"国内个人"被引用情况

言人发出对立的声音是比较多的，这与西方媒体所采写的涉华内容有很大一部分带有负面倾向有关，发言人在新闻报道中常被安排以对立姿态与前后文的新闻源相矛盾，西方专家、学者所表达的内容往往会驳斥发言人的"反对"立场，有时西方媒体甚至会拿发言人的话语与对立的中国现实共同发布。这种发言人被置于对立状态的情况说明，针对西方媒体记者"不留情面"的提问，发言人以反对立场回答的比例较高，且常因西方媒体的

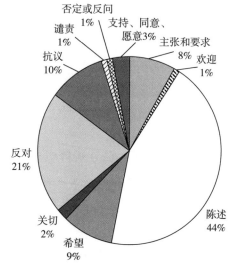

图5 发言立场所占百分比

引用而登上主流媒体版面的显著位置，新闻发言人在西方媒体中常处于尴尬和自我矛盾的角色中。

在话语清晰度指标上，发言人基本能够明确答复外国记者。这一点较之以前推崇的外交辞令使用"模糊语言"的状况更令人信服。如图 6 所示，统计发现，西方媒体引文中的外交部新闻发言人话语有 87% 的回答是明确的，"模糊表述"仅占 11%，且主要体现为发言人就朝鲜、达尔富尔、叙利亚、伊朗等国相关事务的表态，这是综合了国际舆论环境与本国外交立场之后采取的态度。另外还有 2% 是"拒绝答复或未答复"，这主要发生在某些发言人不愿意回答或者了解的情况中，这种情况通常会以"正在讨论""中国太大，我不可能知道每一个人""没有相关信息可以提供"等表述答复。

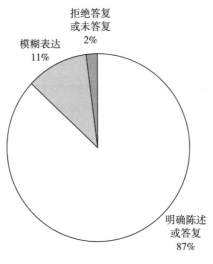

图 6　话语清晰度

在发言长度指标上，表 2 表明，西方媒体引用发言人话语的句子很短，主要在 50 字以下。虽然外交部新闻发言人就一个记者提问的答复一般在 100～300 字，但是西方媒体对此的引用以 50 字以下为主，占 64.8%，而在 300 字以上的不到 3.0%。这里，西方媒体会"根据需要"选择、删改发言人的话语，从某种程度上说，发言人话语仅仅是"内嵌"在西方媒体话语之中的"素材"，对于素材的选择自然是围绕着报道主题展开的，尤其在当前西方媒体主导国际舆论，引导国际事务议程的现状下，中国外交话语要想在西方媒体的"转述"中发出"中国声音"仍是一个严峻的挑战。

表 2　被引用的发言长度

单位：次，%

发言长度	频数	百分比
50 字以下	662	64.8
50 字以上，100 字以下	142	13.9
100～300 字	187	18.3
300 字以上，500 字以下	29	2.8
500 字及以上	1	0.1
总计	1021	100.0

在版面位置指标上，发言人话语通常出现在新闻版面的非显著位置。如图 7 所示，"第 3 段以后"占绝大部分，为 65%，而标题、"第 1 段"、"第 2 段"与"第 3 段"这样的显著位置通常不会或很少出现中国的外交部新闻发言人。这与发言人话语被引用字数通常少于 50 字相对应，表明西方媒体通常不会将中国外交部新闻发言人作为重要消息源在显著位置引用，很多时候会将其作为"点缀"或者"反面"信息源来使用。

图 7　被引用的版面位置

在引用倾向指标上，"中性"引用占大部分，之后是"负面"和"非常负面"引用。① 如图8所示，西方媒体引用新闻发言人的倾向性以"中性"为主，占53.3%，其次是"负面"，再次是"非常负面"，而正面角度的引用仅占非常小的比例。这说明，外交部新闻发言人的话语角色情况在当前的国际舆论环境中仍然非常严峻。

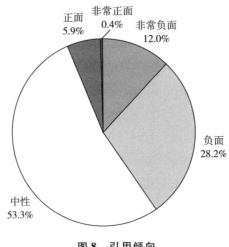

图8　引用倾向

倾向性在不同年度没有趋势性的改变。本文还对引用倾向进行了分年度比较，发现从2005年到2012年，整体上以中性引用为主，负面报道占有较大比例，正面报道比例较小的状况几乎没有变化，虽然自2010~2012年来，西方媒体对发言人的引用量在大幅增加，但是负面引用的比例并没有趋势性的改变。总体而言，新闻发言人在西方媒体中的传播效果不容乐观。

四　西方媒体并非话语共同体

西方媒体对外交部新闻发言人的引用总体上呈现比较负面的倾向，那么这些西方媒体之间是不是一个话语共同体呢？

---

① 这里的分析方法采用前后对比以及记者是否直接表达价值判断的标准执行，如果西方媒体引用时前后文直接对发言人的事实陈述表达出认可或赞同，则将其设为"非常正面"，如果前后文由其他消息源对引用表达出认可或赞同，则将其设为"正面"；如果仅对发言人的话语进行客观引用，前后文没有带倾向性的评价，或者即使又提供反面事实也不带主观判断，则将其设为"中性"，如果引用时前后文直接对发言人的事实陈述表达出否定或不赞同，则将其设为"非常负面"，如果前后文由其他消息源对引用表达出否定或不赞同，则将其设为"负面"。

在当前的对外传播领域中，许多专家凡遇冲突性事件，言必称"西方媒体"，在由报纸杂志、学术论文、研究课题组成的话语体系中，似乎欧洲媒体与美国媒体之间，同处欧洲的英国、法国、德国之间是没有时间和空间差异的。这种以一元思维"西方化西方"的现象与萨义德在《东方学》中所指出的"东方是一种谋生之道"①并无本质的差别。西方的"东方学者们"通过想象建构出了一个适合西方人消费的东方世界，而中国的"西方学者们"也在以刻板化、定势化的思维批判西方国家和西方媒体。基于这种现状，本文试图从不同区域、不同国家这两个层面来剖析西方媒体，呈现西方世界内部的差异化因素。

（一）不同区域的差异

本文重点分析美国和欧洲媒体对中国新闻发言人话语引用的差异。这里对美国媒体引用过中国新闻发言人话语的新闻（N=445）和欧洲媒体引用过中国新闻发言人话语的新闻（N=545）分别进行了倾向性均值统计，得出美国媒体新闻的倾向性均值为 -0.41，欧洲媒体新闻的倾向性均值为 -0.55，美欧媒体之间的差异是非常显著的，在本文所统计的 8 年中，欧洲媒体引用中国新闻发言人话语的倾向比美国媒体更为负面。

在整体引用倾向差异的基础上，我们进一步细化了不同类别内容的倾向性比较。使用 SPSS 中的 Crosstab 项，对总共 23 项议题内容与倾向性频数进行了交叉分析，发现在"外交政策与对外关系""国家安全与军事部署""人权问题""民族宗教""文化体育与社会"这 5 项议题上，欧洲媒体比美国媒体表现出了显著的负面性。

表3 美欧媒体不同议题引用倾向频数比较

单位：次

议题内容/倾向频数	非常负面		负面		中性		正面		非常正面	
	美国	欧洲	美国	欧洲	美国	欧洲	美国	欧洲	美国	欧洲
外交政策与对外关系	2	6	14	12	29	68	5	8	0	0

① 这是萨义德在《东方学》一书中对本杰明·迪斯累里的引用。参见〔美〕萨义德《东方学》，王宇根译，生活·读书·新知三联书店出版社，1999，第1页。

续表

议题内容/倾向频数	非常负面		负面		中性		正面		非常正面	
	美国	欧洲	美国	欧洲	美国	欧洲	美国	欧洲	美国	欧洲
国家安全与军事部署	3	5	16	15	33	27	2	0	1	0
人权问题	6	13	36	21	8	11	1	1	1	0
民族宗教	7	28	15	29	22	34	4	2	0	0
文化体育与社会	3	13	18	19	9	29	5	5	0	1

在这5项议题中，欧洲媒体在"民族宗教""人权问题"上的负面报道尤其多，这两项议题也是我国被西方媒体长期诟病的领域，西方媒体的报道具有稳定性。"文化体育与社会"一项出现差异的原因在于，本文在编码阶段统一将有关北京奥运会的新闻编入了"文化体育与社会"，此项负面报道涉及的频数主要集中在北京奥运会前后，而欧洲媒体对此的报道更为激进。

虽然在除此以外的议题内容中，欧洲媒体与美国媒体在倾向性上的差异并不像这5项议题那么显著，但是在日常的报道中，如在"国内政治"一项上，欧洲媒体在某些时间段上的报道也较美国媒体更为负面，尤其是在2008、2009这两年内，欧洲媒体对华报道友好度更是大幅度滑坡。欧洲媒体和美国媒体为什么会出现这种差异呢？

从"黄祸论"，到"中国威胁论"，中国在西方社会中的形象一直是被隔离在文明世界之外的。但在横亘于东西方的宏观樊篱下，相对微观的媒体操作哲学、一种新闻理念也在深刻影响着媒体运作。客观性理念是"美国新闻编辑部内的主导哲学"（Everette, E. Dennis & John, C. Merrill, 2002：125），是"新闻业之于这个国家（美国）的核心"（Michael Schudson, 1978：10），虽然它已影响到欧洲乃至全世界，但其发轫地在美国，被内化为思维模式和操作规范最深的区域也在美国，其次是英国，但其他欧洲国家则不尽然。这是涉华报道中美国媒体比欧洲媒体更为客观中立的重要原因。

中欧矛盾的升级使得欧洲媒体对华报道友好度大幅滑坡，美国和欧洲媒体的差异更加凸显。从1997年中国对欧贸易顺差以来，中欧摩擦不断升级，而欧盟欲谋求世界最大的经济体地位，加上在非洲、西藏事务等问题上中欧间存在的矛盾走向尖锐，使得本已紧张的中欧关系更趋恶化。此外，中欧矛盾的升级还体现在民意变化上。2008年哈里斯民调机构与《金融时报》的联合调查显示，欧盟民众中认为中国是欧洲最大威胁的人数比例有较大幅度上升。与 2007 年的同一调查相比，法国从 22% 上升到 36%，德国从 18% 上升为 35%，英国从 16% 上升到 27% [①]。在美国皮尤研究中心的民调中，欧洲有超过 70% 的人认为中国人忽视了他们的利益。[②] 这些都在推动欧洲媒体加大对中国的负面报道以迎合民意。

因此，在欧洲和美国本来就存在新闻理念差异的基础上，加上中欧双边关系的变化，仍然以"西方"来指称欧美，将欧洲和美国媒体看作一个话语共同体，显然已不合时宜。

（二）不同国家的差异

美国和欧洲媒体的差异是一种区域性的差异，那么即使在同一区域内，或者不同区域的国家之间它们是否存在显著的差异呢，又是哪些因素造成了这种差异？

在中国新闻发言人话语被引用的新闻中，如图 9 所示，从数量上看，美国媒体引用中国新闻发言人话语的次数最多，为 445 条，美国媒体在世界范围内的高覆盖率和高影响力使其对中国新闻发言人话语的引用被国际

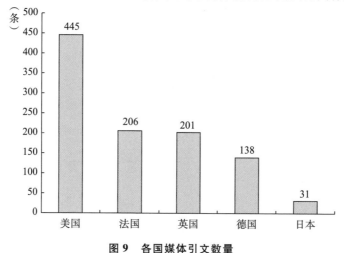

图 9 各国媒体引文数量

① 引自 http://ccga. pku. cn/html/ziliao/20080417/162. html，2016 年 3 月 20 日。

② 引自 http://ccga. pku. cn/html/ziliao/20080417/162. html，2016 年 3 月 20 日。

舆论普遍接受。随后是法国、英国、德国，最后是日本媒体。

在这 1021 条引用过中国新闻发言人话语的新闻中，不同国家有没有引用倾向性的显著差异呢？本文对"国家"和"倾向性"这两个变量进行了卡方检验，结果显示，p = .000（p < .01），因此，不同国家的新闻媒体引用中国新闻发言人话语的立场是具有显著差异的。

具体倾向性的差异程度有多大？在"非常负面"引用中国外交部新闻发言人话语的新闻中，如图 10 所示，统计发现，常被中国主流话语批判为"妖魔化中国"的英美媒体，其"非常负面"倾向所占的比例是比较少的，美国最少为 7.4%，英国为 8.5%，而日本、法国"非常负面"引用中国外交部新闻发言人话语的比例却比较高，日本为 19.4%，法国更是高达25.7%。在西方媒体总体上以怀疑思维报道新闻的传统之下，英美媒体较之其他欧洲和日本媒体更为理性一些。这与英美媒体的"客观主义"新闻理念密不可分，而欧洲媒体却崇尚思辨与批判，日本的负面引用与中日关系的历史与现状有关。

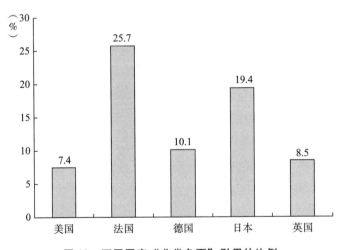

图 10　不同国家"非常负面"引用的比例

我们首先来比较欧盟国家内部的差异。总体上说，随着中国软实力与硬实力的增强，欧盟媒体对中国新闻发言人话语的引用态度正在随着中西关系的变化而变化。细化来看，统计发现，同属欧盟国家，老牌传媒业发达国家英国对中国外交部新闻发言人话语引用的新闻数量要落后于法国和德国，而法国不仅在引用数量上领先于英国，而且其引用的倾向性也非常负面。这一现象在近年来的发展趋势日益明显，尤其在 2008 年北京奥运会、西藏"3·14事件"以及新疆"7·15事件"期间，法国媒体对中国的负面报道量比以前有明显的上升趋势，而英国媒体对中国负面报道的关注度稍逊，媒体集中轰炸的篇幅较法国弱许多。

我们再对法国按年份进行分解。法国媒体的倾向性相对最为负面，其倾向性均值为 -0.72。然后我们进一步将近 8 年来法国媒体引文的倾向性进行分步统计，结果如图 11 所示。2006 年引文倾向性均值最高为 -0.33，随后日渐下移，到 2009 年为 -0.86，有意思的是，2010 年的新闻负面倾向性又不那么显著，为 -0.25，但是 2011 年又上升至 -1.05，2012 年为 -0.94。这说明，从 2006 年起，法国媒体对华报道的友好度在急骤滑坡，除 2010 年以外，大部分年份法国媒体负面引用的趋势是非常显著的。而 2011 年之所以法国媒体的负面引用量少，一方面在于当年欧债危机再次加剧和蔓延，导致法国人自顾不暇，引用中国新闻发言人话语的新闻数量很少，仅 16 条；另一方面在于法国媒体抱着复杂的心态希望中国出手拯救欧洲，因此这一段时间的倾向性得到缓和。与此相对的是，在 2008 年北京奥运会、西藏事件以及法国领导人会见达赖喇嘛等新闻的传播中，法国媒体对中国政府新闻发言人话语的引用非常负面，而且这种走向在法国人希望中国援助的幻想破灭后，一直持续到 2011 年和 2012 年。

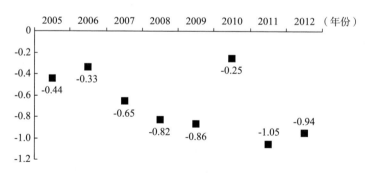

图 11 法国媒体倾向性走势

在对西藏的描述中，有学者曾专门就法国《世界报》近 20 年来对西藏的报道做过研究，认为该报囿于传统的刻板模式，过分关注西藏少数政治人物的行踪，而忽视西藏普通民众的发展；热衷于给藏文化添加神圣意义，却淡漠文化承载者的历史与现实状况；纠缠于孤立、虚构的历史，却置西藏改革与发展的成就而不顾。西方主流媒体在对西藏文化特色进行转述和定位时，渗入了更加丰富的义理，也删减了应予表达的藏文化主体的呼声，这势必给本来就扑朔迷离的藏文化更增添一层神秘的纱幕。由于话语的权力掌握在媒体手中，于是这就造成了西方所谓的"藏族文化"（刘颖 2006）。法国《世界报》是近年来法国媒体反华倾向最为显著的报纸之一，是法国媒体也是法国公众对华态度的一个缩影。

为什么法国媒体表现出如此负面的报道倾向？这与国家利益的复杂性、多元利益共同推动法国媒体转变有关。法国是西方第一个与我国建交的国家，建交近 50 年中，中法关系在竞争与合作中良性发展。但 2007 年萨科齐当选总统以来，在对华关系上受到国内两股势力的影响，一股是希望中国融入国际体系，借此增进与中国的全面战略伙伴关系；另一股仍固守意识形态思维和狭隘战略利益考虑，希望通过多边体制约束中国。法国与中国外交话语的斗争不仅代表法国，而且在法国接任欧盟轮值主席国之后，代表了欧盟与中国的利益之争；萨科齐发动媒体与中国展开话语权之争也是他寻求个人利益的方法。萨科齐在是否出席奥运开幕式等问题上吸引了全球媒体的目光，并将西藏问题作为缓解民意不满的政治筹码，希望扫除因金融危机和就业率低迷带来的信任危机。正是在多元利益的协同作用下，相比其他欧洲国家，法国媒体对中国外交话语的引用显示出了极端的负面倾向。

除了欧盟内部国家的差异，欧盟国家与同时拥有西方价值观的日本媒体之间也存在差异。虽然地处亚洲，但按照亨廷顿的文明形态论，日本同时受到东方儒家文明和西方基督教文明的熏染，自明治维新以来，日本实行的脱亚入欧政策吸收了西方价值观和文化形式，由此形成独特的日本文明。

与法国相比，日本媒体虽然长期以来对华报道也比较负面，但是近年来其报道不仅没有法国媒体那么极端，而且也没有中国媒体报道涉日民族问题、历史问题那么集中。与以前日本媒体极为负面的对华报道倾向相比，本文统计的日本 4 家报纸对中国外交部新闻发言人话语的引用虽然负面倾向也较为显著，但并不是最负面的，其引用中国新闻发言人话语的新闻数量有限，在 5 个国家中居末位，而且从版面空间上看，涉华新闻一般不发表在版面的显著位置，对华报道的负面倾向有缓解的趋势。

在西藏"3·14 事件"发生后，本文检索了日本 4 家媒体的报道，发现没有一篇报道该事件的新闻，这与欧洲媒体大密度的报道量形成了反差，东海共同开发问题等经济领域的事件成为占据版面的主要选题。而在 5·12 汶川地震发生以后，日本救援队是第一批来到中国的救援队伍，这成为日本媒体报道的热点。《中国向日本救援队脱帽致敬，北京接受东京帮助的含义超越了地震救援本身》（*The Daily Yomiuri*，2008）、《救援队欲提供帮助而受挫》（*The Daily Yomiuri*，2008）等新闻成为地震前后日本媒体涉华报道的主要内容。

当然，中日之间长期存在的钓鱼岛、教科书、慰安妇、劳工赔偿等问题仍然是日本媒体报道的重要选题，这也导致在总体上，日本媒体还无法走出负面报道中国的格局。

因此，区域和国家层面的差异显示出，随着中国国际地位的提升，中国与不同国家体现出日益复杂的互利和竞争关系，导致西方媒体对华报道不再一刀切地受"中国威胁论"和对华"刻板印象"主导，逐渐体现出舆论分化现象。正是在这种复杂的国际关系变化进程中，如果中国政府和中国媒体一味以"他者"思维看待西方媒体，将对抗立场作为舆论互动的前提，那么其将陷入认知和行为上的双重困境，对缓解中国在国际舆论场中的被动局面是无益的。

五 中国外交话语的构建

新闻发言人作为政府形象的代言人，是沟通政府、媒体、公众的桥梁，是中国外交话语进行国际传播的重要渠道，其日常的信息发布不仅是向世界说明中国的窗口，而且由于其直接面对西方媒体，发言人的话语受西方媒体关注度更高，发言人与西方媒体的互动成为中西外交话语博弈的一道风景。

2000 年以后，为寻求中国话语权的提升，从中央到地方，我国各级政府机构开始设立新闻发言人，推进政务公开。仅党中央的部门当中已经有中央纪委、中央组织部、中央统战部、中央对外联络部、中央党史研究室、中央文献研究室、中央台办、中央档案馆等部门建立了新闻发言人制度（谢柯凌，2009）。国务院各部委和机构中，除了外交部新闻发言人，比较有影响的还有国务院新闻办公室的新闻发言人广受社会关注，教育部的新闻发言人也因教育事务关系到每个家庭而被社会广泛认知。

虽然各级新闻发言人在各自的岗位上向国内外媒体和公众发布了最新信息，但是从本文对西方媒体引用中国外交部新闻发言人话语的分析来看，中国外交话语并不能很好地引导国际舆论，外交部新闻发言人的话语和西方媒体引用的话语之间存在着显著的差异。

中国的外交话语在某些内容议程上可以为西方媒体设置议程，但在另一些议程上与西方媒体的引用存在着较大的差距；而在发言人的发布态度上，中国外交话语常常被呈现为"抗议""反对"的对立立场或"自我矛盾"的尴尬处境，无法为西方媒体设置议程，这就对中国外交话语的传播立场、传播方式和传播技巧提出了严峻的挑战。从西方媒体负面引用中国外交话语，以及这些被引用话语所编织成的不容乐观的中国形象来看，中国外交话语的传播效果还十分模糊。如何将当前中国外交话语发布的"模糊效果模式"改进为"多阶段分类效果模式"，有针对性地提高议程设置效果，这是构建中国外交话语的重要课题。

（一）为西方媒体分类设置议程

议程设置环节是我国政府将决策付诸信息发布，以影响国际社会，实现中国话语权的第一步。这里的议程又可以被细分为内容议程和态度议程两个层面。

总体上看，现有的中国外交话语在内容议程上可以为西方媒体设置议程，但具体到不同的议题上中西话语之间仍有一定的差异，"多阶段分类效果模式"强调对不同议题进行分类，提出中国外交话语要根据不同议题内容安排对西方媒体的议程设置。

在话语内容上，"访问信息"是我国外交部新闻发言人发布量最大的内容，但可惜的是，西方媒体对此的引用量非常少，几乎可以忽略，这说明我国在此议题上的内容设置对西方媒体没有影响，诸多没有深意的访问信息的公布如果占用了大篇幅的话语空间，尤其这些信息往往还是我国主动发布，而不是应对西方媒体做出的回应，那么这种话语资源浪费的现象值得引起关注和进行必要的改革。本文认为，对"访问信息"可以有选择地进行发布，一些重要性强、出访人物级别高的议题需要主动发布，而对访问的相关信息，尤其是涉及比较敏感的出访议程，也尽可能抢在西方媒体之前发布，以免相关议程被西方媒体抢先报道，使得我国比较被动。

"人权问题""环保生态"也是中国外交话语无法为西方媒体设置议程的领域，西方媒体对此议题的关注度远高于中国外交话语的传播力度，统计表明，中国外交话语对这两个议题的主动发布频率比较低。与其让西方媒体对中国人权、环保问题进行西方式的叙事，倒不如主动增强中国外交话语对该议题的议程设置力度，以增强对西方媒体的引导力。

中国外交话语在"民族宗教""国家安全与军事部署""武器装备"等项上对西方媒体的内容议程设置能力比较强，也就是说，中国外交话语中涉及这三方面的信息容易被西方媒体引用。西方媒体在"国家安全与军事部署""武器装备""军费开支""军备竞赛与裁军"等项上对中国特别关注，对这四项内容的引用共同构成了"军事威胁论"的话语体系，比他们对中国"经济威胁论"的声调要高许多。

在话语立场上，西方媒体往往以"抗议""否定和反问"立场来引用中国外交部新闻发言人话语，对这些话语的选择体现出了其新闻选择上的倾向性。本文认为，中国外交话语在处理"抗议""否定和反问"式议题时，可以加强对那些敏感事件的分解，通过详细阐明事件来龙去脉、中国立场和态度、中西方对此事件的分歧所在，让西方人了解中西历史以及在敏感事件上思维方式的差异，同时克服表达上的跨文化沟通障碍，通过避免过于生硬的严词抗议，来避免矛盾的激化。同时增强"希望""愿意"立场的陈述，也可以适时地对西方国家的某些行为进行"支持"，而要增强这些友好立场的表达，则需要增加中国外交话语主动发布信息的机会，而不是仅仅接受西方媒体的提问。

此外，统计还发现，西方媒体对中国外交话语的引用主要被置于新闻的不显要位置，集中在"第3段以后"的段落，而少有将其置于标题和导语中进行处理，很大一部分的引用还被作为其他新闻源的对立、矛盾材料出现，这种新闻的处理方式不利于中国外交话语的突出显现，因此，中国外交话语需要加强对重要、热点议题的引导能力，通过抢占新闻标题、新闻导语等重要版面空间，以吸引西方公众的眼球，进而实现外交话语的重构。

（二）解构西方媒体的解读框架

议程设置是对话题的确立，是外交话语构建的第一个环节。一旦话语被确立下来，话语的结构和对其的呈现则更多地体现了解说者的认知规律和价值取向，进而形成相对固定的"框架"。西方媒体通过议题、结构、叙述，在新闻标题、文本组织和遣词造句中对中国外交话语进行符合西方立场的解读，形成了"东方主义框架"和"负责任大国框架"协同作用的效果，进而生产出新的话语意义。

要构建中国的外交话语，就要解构西方媒体的"东方主义框架"，引导其对当前中国新景象进行关注。

西方媒体以"东方主义框架"将中国看成一个落后、愚昧、封闭和专制的国度。中国外交话语可以加强对当前中国社会中的新事物、新现象的发布力度，突出对中国快速发展的经贸、文化现象的传播，鼓励民间社会的发展，尽可能地向西方展示一个文明、先进、自由、开放、充满生机的21 世纪的中国形象。通过文化和民间信息的传播加强与西方社会的沟通，缓解某些西方媒体与中国政府的对立情绪。在现有的重大事件、重大活动基础上，加强日常的中国外交话语传播力度，逐渐改变西方公众眼中的"东方主义"中国。

中国外交话语要解构西方媒体中的"负责任大国框架"，避免西方事事以"责任"为说辞来套住中国。

西方媒体使用"负责任大国框架"要求中国承担国际责任。气候问题是一个典型的被西方媒体政治化的议题，让中国节能减排以对气候负责是发达国家向中国施压的一种手段。到目前为止，科学界对全球气候是否变暖尚未形成定论，但是随着气候问题日益成为国际政治的热点，其被上升到国家战略层面，西方媒体在对中国进行质疑的过程中，以"负责任大国框架"要求中国履行国际责任，几乎将气候议题升级为类似价值观的道德话语，使得有关气候问题的中国外交话语显得非常窘迫。要改变我国在气候问题上的被动局面，不仅需要从中国立场出发主动设置有关气候的议题，而且对西方媒体，要厘清其如何借气候来设置政治话语，有针对性地对其进行分解和应对。西方媒体还以"军事威胁论"质疑中国的和平发展和国际义务，对中国军力的增强、军费开支的扩大极其关注，通过智库、专家学者话语代表西方立场对中国外交话语进行解构，向西方公众编织了一幅"中国军力威胁论"的全景图，

西方媒体正是这样对我国外交话语采取负面、对抗立场进行解读，对"东方主义框架"和"负责任大国框架"交叉使用。在"东方主义框架下"的中国，是一个愚昧、落后、专制的国家；而"负责任大国框架下"的中国，则是一个需要向国际社会承担责任的利益攸关方。虽然这两种框架具有意义上的冲突性，但是西方媒体仍然在不同的时空环境下，对这两种框架进行选择，生产出了符合西方立场的新的话语意义。

西方媒体的解读视角迎合了西方公众的认知心理。由于欧美大部分媒体尤其是纸媒以私营为主，追求利润是其经营的主要目的。新闻框架的意义在于以一种定式化的思维和语言将复杂的意义简单化呈现，便于唤起受众对人物和事件的记忆以引发共鸣。客观地说，大部分西方记者并不是抱着妖魔化中国的动机报道中国的，而是由于西方社会和受众的思维定式，媒体编辑更倾向于选择符合受众思维定式、表现"东方主义"中国、挑战和平发展的中国形象的稿件，如果记者希望写作带有较强正面倾向的新闻，那么他们的稿件被采用的机会就少了许多，即使发表，也无法受到普遍的社会认同。当然，除迎合受众之外，西方媒体把反常作为新闻价值的判断标准，其监督社会的新闻理念也是形成现有的涉华报道框架的重要原因。

因此，要提升中国话语权，解构西方媒体对中国外交话语的框架化解读，还需要从改变西方公众的认知心理入手，中国外交话语在表达官方立场、加大传播中国民间声音时，在与西方国家政府对话时，也可以增强与西方公众、民间社会、西方个人的对话；同时，中国外交话语的传播也要避免以对立立场发言，尽可能地争取西方公众对中国的认识和理解。

（三）跟踪监测与网络化传播

除了议程设置和解构框架两个环节，中国外交话语的构建还有赖于对

西方媒体及时的监测和反馈。

中国外交话语在对外传播过程中，要改变被动提问和模糊效果的议程设置模式，及时跟踪西方媒体对中国外交话语的反应。在当前西方媒体垄断国际舆论场的现状下，对西方媒体尤其是主流国家媒体如何引用中国外交话语进行研究，通过定量分析和定性解读，可以全面、深入地了解西方媒体中的中国外交话语，并在此基础上及时调整中国外交话语的发布内容、发布态度和发布时间。

对于西方媒体如何引用中国外交话语的研究，我们首先需要界定，哪些话语可以代表中国的外交立场？本文对外交部新闻发言人的研究只是中国外交话语研究的一小部分，此外，政府公报、声明和相关文件，国家领导人、国防部新闻发言人、国务院各部委的发言人以及专家学者和公众人物与外交有关的话语都可以成为中国外交话语。对于这些人物的话语被西方媒体引用的研究需要针对他们各自的身份和传播规律，制定具体的监测和跟踪方法。

跟踪监测的程序可以采取软件加人工相结合的方法。决策部门根据需求，可以将某一类或者某几类中国外交话语的主体设置为研究对象，将框定的西方媒体的文本作为研究样本，通过设计软件自动抓取关键词的程序，实时抓取西方媒体引用中国外交话语对象的新闻，并按照预先设计的指标体系对其进行自动统计分析。在这个领域中，上海外国语大学中国国际舆情研究中心已建立了较为成型的英语监测系统，目前正在投入建设多语种的舆情监测平台。在软件自动抓取的基础上，人工环节的深入必不可少，西方媒体对中国外交话语如何引用的指标性量化统计可以通过软件分析出来，但西方媒体具体如何解读这些外交话语，体现出了什么样的倾向，这样的解读又与国际国内政治环境和重要事件有何种关系，这些都需要专业研究人员进行定性分析。

在跟踪监测之外，中国外交话语的对外传播还要从渐进改变西方公众的对华认知心理出发，促进传播网络的建设。随着中国成为世界第二大经济体，一方面，西方公众日益认识到中国在国际社会的重要角色；另一方面，西方公众体会到的中国经济发展压力还将扩大，"媒体放大镜"仍将继续"放大"西方公众对华的负面取向，并利用其覆盖全球的传播网络向世界扩散，使得国际事务、国际公共资源向取得舆论优势的西方国家倾斜，同时促使西方政府对华外交进行调整。在这种严峻的形势下，更需要实现中国外交话语的突围。

研究发现，在西方媒体转引我国外交话语的文本中，很少有转引自中国媒体的。即使在近年来西方媒体财务状况窘迫，大量削减驻华机构和驻华记者的情况下，他们也宁可选择互相转载，甚至发布无可靠信息源的新闻，也要避开中国媒体。除了西方媒体，印度、新加坡等国媒体也很少使用中国官方渠道的消息，仅有的引用也以负面引用为主。要改变这种被动局面，只有不断扩大中国媒体的海外覆盖率，推进中国媒体"走出去"，发出中国声音，而且"要影响有影响力的人群，主要是全球的高端受众；影响有影响力的媒体，主要是各主流媒体相互转载"（王庚年，2010）。目前新华社继英文文字和图片报道之后，已通过卫星、互联网向全球播发自己的电视新闻，《环球时报》英文版创刊，《中国日报》推出美国版，中央电视台已开设英语、法语、西班牙语、阿拉伯语、俄语等外语频道，中国国际广播电台使用61种语言向70多个国家和地区传播。虽然外语媒体已具有一定的规模，但传播效果还较差，无法打入西方媒体市场并影响国际舆论（郭可，2002），提升外语媒体的传播效果已成为构建中国外交话语战略的重要课题。此外，网络新媒体正在成为一种不可忽视的舆论力量，在国际社会的外交话语博弈中也将发挥重要的作用。比如人民网有一个叫"什锦八宝 fans"的网页，为胡锦涛、温家宝的粉丝提供了交流的平台；近来新浪微博上也出现了一个叫"学习粉丝团"的用户，成为热爱、支持习近平的平台，像这种定位于内宣的新媒体思维也完全可以用于外宣和外交领域，成为构建中国外交话语的有益尝试。

参考文献

[1] 郭可：《中国英语媒体传播效果研究》，《国际新闻界》2002 年第 4 期。

[2] 李红：《新闻发言人的制度意义》，《青年记者》2007 年第 5 期。

[3] 刘颖：《法国媒体报道中的西藏印象——以法国〈世界报〉为例》，《中国藏学》

2006 年第 4 期。

［4］骆正林：《美国新闻发言人制度的起源与特征》，《今传媒》2006 年第 1 期。

［5］钱其琛：《外交十记》，世界知识出版社，2003。

［6］〔美〕萨义德：《东方学》，王宇根译，生活·读书·新知三联书店出版社，1999。

［7］王庚年：《发挥主力军作用不断提升国际传播力》，《中国记者》2010 年第 8 期。

［8］王逸舟：《中国外交十特色》，《世界经济与政治》2008 年第 5 期。

［9］谢柯凌：《改革开放以来我国新闻发言人制度的回顾与思考》，《广东行政学院学
报》2009 年第 6 期。

［10］薛凯：《"国新办"新闻发布会背后的新闻》，《半月谈》2006 年第 1 期。

［11］Everette, E. Dennis & John, C. Merrill, Media Debates（2002）. Great Issues for the
Digital Age, Wadsworth Group Publishing, p. 125.

［12］Michael Schudson（1978）. Discovering the News：A Social History of American News-
papers, Basic Books, Inc., Publishers, p. 10.

［13］Rescue teams' offers of help frustrated by China, The Daily Yomiuri, May 14, 2008.

传媒文化研究

《文化与传播研究》2017 年卷

抗日战争的媒介记忆偏向

——表现及成因

黄月琴　王文岳[*]

　　摘　要： 在当代中国关于抗日战争的记忆结构中，对创伤记忆的强调超过抵抗记忆。本文借助集体记忆理论，运用内容分析方法，以当代媒介对 1938 年武汉会战历史的回溯报道为例，探析抗战历史的媒介记忆结构。研究发现，与创伤记忆相比，抗日战争的抵抗性媒介记忆比较薄弱，具体表现为媒介书写的地方化、零散化和过度精英化，媒介记忆进程受制于新闻生产规律以及场馆、仪式等记忆"通道"建设的薄弱等。媒介对抗日战争的偏向性记忆，遮蔽和弱化了军民团结浴血奋战的历史，不利于我国作为第二次世界大战战胜国的国际战略定位。

　　关键词： 媒介记忆　抗日战争　创伤记忆　抵抗记忆

　　抗日战争是中国近代以来取得完全胜利的战争，它捍卫了国家主权和领土完整，催生了独立的民族国家，实现中华民族命运的转变。战争的历史虽然远去，但记忆的"书写"在延续。抗日战争的胜利来之不易，源于中国军民的顽强抵抗和浴血奋战，但在社会公众的记忆版图中，"南京大屠杀"等创伤记忆刻骨铭心，而关于"抵抗"的记忆逐渐模糊化、零散化和抽象化了。随着代际的更迭，公众对具体的抗战过程、人物和细节不甚了解，即使是对一些重大的转折性的抗战战役也一知半解。记住"创伤"

---

　　* 黄月琴，湖北大学新闻传播学院副教授，湖北省协同创新研究中心副研究员，研究兴趣为新闻分析、政治传播及媒介文化；王文岳，湖北大学新闻传播学院 2013 级硕士研究生。

史固然重要，但也不该遗忘"抵抗"史，正是"抵抗"史中蕴含着中华民族不屈不挠、团结奋进的精神，牢记"抵抗－胜利"的历史有助于我们建构健全的民族精神、提升民族自信心和国家认同。2015 年是抗日战争胜利 70 周年，这一时期应该是"关键性纪念时刻"，抗日战争的集体记忆结构值得我们重视和研究。

长期以来，在关于抗日战争的记忆建构中，记忆焦点曾发生多次变化。"在改革开放年代，随着中日关系的变迁和民族主义的凸显，关于战争的记忆焦点从'胜利者'转为更加强调作为'受害者'的历史"（李红涛、黄顺铭，2014），这一进程将战争的创伤历史不断凸显，而有关抵抗的历史记忆反而遭到弱化。记忆特别是集体记忆的建构是塑造社会认同的重要力量，在凝聚社会共同体、维护权力和秩序的合法性上也扮演重要角色（周海燕，2014）。在现代社会中，大众传媒是建构公众记忆的重要机制。对那些没有亲身经历的人来说，有关历史和重大事件的集体记忆大多来自大众媒介的报道和记叙，媒介不仅是历史记忆的平台和载体，而且也是历史的记录者和传承者，在集体记忆的建构中扮演着重要角色。媒介通过再现、强化、遮蔽、凸显等"书写"方式，使历史事实得以记忆、还原和建构与再建构，并塑造整个社会关于历史的记忆框架，以影响人们的思想和行动。研究抗日战争的集体记忆，检视大众媒介对抗战历史的建构和报道是一条重要的研究路径。媒介报道即记忆书写，本文通过对新闻报道的内容和公众网络搜索状况进行描述和分析，探析抗日战争的集体记忆结构是否存在主次之分，其中，"抵抗"记忆是如何被大众媒介建构并地方化、边缘化的，存在的主要问题是什么等。

一 "创伤"记忆与"抵抗"记忆：
媒介呈现数量的不平衡

抗日战争既是一部"侵略－受难"历史，也是一部"抵抗－胜利"的历史。关于抗日战争的宏大叙事，可以分为"抵抗"和"创伤"两个主旋律。抵抗叙事和抵抗记忆是记录战争中中国军民抗击侵略者、保家卫国的战役或抗战活动，展示危难中的国与民为胜利所做的努力，可以发挥砥砺自我、激励民族精神的作用。创伤记忆是将战争中的一些屈辱、受难的事件作为民族的伤痛和耻辱保留下来，用真实惨痛的历史过往，教育和警醒后人。

本文选取抗日战争中七个具有代表性的事件为研究对象，对它们在媒体报道和网络搜索中被提及和聚焦的相关数据进行对比，探析不同类型的事件在媒介记忆中是否存在偏向和主次的问题。其中"创伤"记忆选取九一八事变、卢沟桥事变、南京大屠杀三个典型事件；"抵抗"记忆选取徐州会战、淞沪会战、武汉会战、百团大战四个大型战役为例。通过数据检索①，结果见表1。

表1　抗日战争七次重大事件的检索数据对比

单位：篇

新闻与搜索数据	主题	《人民日报》十年报道	读秀报纸新闻数据库	百度新闻搜索	百度网页搜索	百度视频搜索
"创伤记忆"	九一八事变	386	24607	63700	2050000	7063
	卢沟桥事变	138	12712	18600	1620000	3095
	南京大屠杀	452	57099	146000	3790000	35059
总量	7828911	976	94418	228300	7460000	45217
"抵抗记忆"	徐州会战	15	1222	413	791000	153
	淞沪会战	31	3882	2820	648000	1648
	武汉会战	17	2282	1190	793000	381
	百团大战	233	10714	24000	911000	3192
总量	3195193	296	18100	28423	3143000	5374

结果显示，媒介（包括传统媒介和网络媒介）和公众对抗日战争中以"创伤"为主题的报道和搜索数量远远多于对以"抵抗"为主题的四大战役的报道和搜索数量。在总量上，前者是后者的2倍多。《人民日报》作为党报的最高权威，关于抗战的"创伤"主题的报道数量是"抵抗"主题的3倍多。全国总体报纸报道数量之间的差别更大，"创伤"主题几乎是"抵抗"主题的9倍。基于大众媒介传播效果和社会教育功能，媒体记忆

① 表1是从新闻报道、网络检索、学术研究三个部分对六个事件进行对比。表中全部数据来自2015年3月19日的网站或数据库实时检索，除第一项《人民日报》的数据来自读秀报纸数据库2005～2015十年的报道数外，其余数据均为检索总数。

的偏向和社会公众的记忆偏向息息相关，公众在互联网上的自主搜索结果
也显示，对"创伤"主题的搜索量要远远高于于对"抵抗"主题的搜索
量。报道、叙事和搜索的偏向必然导致集体记忆结构的失衡和偏向。

　　研究还发现，无论是创伤记忆还是抵抗记忆，七个不同事件之间也有
主次记忆之分。其中，"南京大屠杀"和"百团大战"分别是创伤叙事和
抵抗叙事类型中最突出和最具主导地位的事件。"南京大屠杀"又在所有
数据中的处于最突出的地位，是象征抗日战争最重要的符号，其各项数据
都接近总数的一半。在抵抗性叙事中，中国共产党领导的"百团大战"的
媒介记忆数据也远多于其他战役。

　　如果将七个事件按照"创伤"和"抵抗"主题进行分类，将搜索结果
以百分比形式呈现，则对其数量差异的直观对比如图 1 所示。

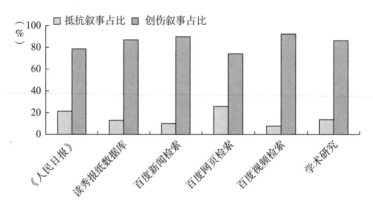

图 1　创伤叙事与抵抗叙事占总数的百分比分布

　　从图 1 中可以更直观地看出，在当代关于抗日战争的媒介呈现和公众
搜索上，"创伤"主题和"抵抗"主题的数据差距非常大。抵抗叙事除
"《人民日报》十年报道"和"百度网页检索"两项占到总数据的 20%以
上外，其他数据均在 15%上下浮动。总体来看，在抗日战争的叙事中，抵
抗叙事的传播远远落后于创伤叙事。抵抗主题的媒介数据不及创伤主题的
四分之一，全国报纸的抗战报道率较低。

　　徐州会战、淞沪会战、武汉会战、百团大战都是中国抗日战场中非常
重要的战役，在阻挡日军的侵略步伐、打破其侵略计划、扭转战争走向等
方面，具有转折性的战略意义，但其在当下纪念抗日战争的公共话语空间

和社会记忆框架中没有得到应有的重视，在国内有关抗日战争的叙事框架下，民族抵抗的历史呈现太少，在比例和强度上无法与受侵略的创伤历史相匹配。在公众的记忆和认知中，缺乏过程和细节的抗战历史是抽象化的，因而也是空洞的，抗战过程中所蕴含的民族精神资源和宝贵政治遗产无法被充分呈现和挖掘，这不仅导致抗战记忆的偏颇和不健全，而且还会导致历史认知偏差和民族自信心、民族精神的缺失。

二 抵抗性记忆的地方化：以对武汉会战的报道为例

武汉会战是中国抗战以来战线最长、规模最大、持续时间最长的一次会战。战争的时间跨度从 1938 年 6 月 11 日至 10 月 25 日，历时约四个半月；在兵力上，中国参战的部队达到 110 万人，超过抗战中的任何一次战役使用的兵力。在战争规模上，武汉会战大小战斗数百次，海陆空三栖作战，具有重要的战略意义和历史地位，它有效阻止了日军侵略步伐，打破了敌人"速战速决"灭亡中国的狂妄计划，成为抗日战争由战略防御向战略相持的转折点。有学者认为，"把它纳入第二次世界大战的大范围考察，武汉会战在一定程度上可与斯大林格勒会战、柏林战役相媲美，是第二次世界大战中最大的战役之一"（李忠东、马晓丽，1995）。在检视了抗日战争的媒介记忆偏向以后，本文拟以武汉会战的当代媒介报道为案例，探析抵抗性记忆在媒介报道中的呈现状况。

关于武汉会战报道研究的资料选择，本文选取六份报纸进行样本分析，分别是全国性党报《人民日报》《光明日报》，地方党报《湖北日报》《长江日报》，都市综合类报纸《楚天都市报》《武汉晚报》。这六份报纸都是全国或地方发行量和影响力较大的，关于武汉会战的报道相对较多，还方便进行全国与地方、地方机关报与地方都市报的对比分析，研究不同背景下的媒体关注重点和报道内容的差异。研究资料搜索的时间范围设定在 2005 年 1 月 1 日到 2014 年 12 月 31 日，通过读秀报纸数据库检索并筛选出相关报道 260 篇。

在报道数量方面，媒体有关武汉会战的报道分布很不均匀，一方面各类媒体的报道数量、关注程度有差异，全国性媒介、异地媒介关注少，只有本地媒介报道较多；另一方面，不同年份报道的数量差别很大，媒介报道缺乏总体性和持续性，如图 2 所示。

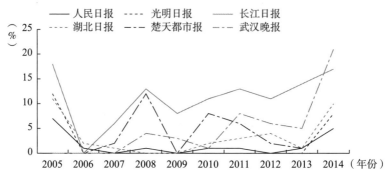

图2 六份报纸的会战报道数量变化及对比

图 2 显示，地方性媒体是报道的主力军，其中，地方党报报道数量最多，占报道总数的一半以上。全国性媒体对武汉会战的报道最少，仅占 15%。《人民日报》和《光明日报》的会战报道数量几乎没有差别，在图 2 中它们的线条几乎完全重合在一起，只在 2012～2013 年才稍有不同。六家报纸中以《长江日报》对武汉会战关注最多、报道也最有持续性，其报道总数占样本总数的 41.1%，每年都有 5 篇以上的报道。而地方都市报到 2008 年以后对武汉会战的报道才日渐丰富。

从报道内容上看，全国性报纸关注抗日战争的整体，武汉会战只出现在一些抗战纪念的文章中，作为印证报道主题的例子或背景出现。湖北以外的媒体涉及武汉会战的报道大多转自新华社，重复率高。这再次印证了武汉会战是作为地方性历史事件出现在媒体框架中的，其整体战略地位和历史意义没有得到高层媒介以及国家的充分重视。

武汉会战主要通过湖北地区媒体进行传播，全国及其他地方的媒体很少关注；湖北地区的媒体对武汉会战历史的报道是周期出现的报道常规，历年累计下来，报道展现了战争中前线战争场面、中国共产党的抗战动员、平民"献金运动"等战场前后方的历史场景，呈现了全民抗战、保卫大武汉的抗战画卷。这些报道为受众了解武汉会战时期的历史，建构"武汉全民抗战"记忆提供素材，具有重要意义。但是，地方媒介建构抗战抵抗史，容易出现地方主义和实用主义思维倾向，即将报道重点聚焦于历史和当代事件的关联上，侧重于"借古喻今"，展示地方活动和建设成就，往往将抗战精神与城市建设、地区发展紧密联系起来。它的风险是容易剪裁和遮蔽历史的真实再现。

三　抵抗记忆的媒介书写受制于新闻生产常规

大众媒介对抗日战争的书写和记忆是受新闻内容的生产规律影响和制约的。这种新闻生产规律表现为编辑部对事实选择和内容呈现的判断是依据新闻价值来确定的，即根据社会事实（包括历史事实）的显著性、重要性、新鲜性以及与现实关联性等标准来筛选新闻。抗日战争过去了 70 余年，历史主题要进入新闻媒介的报道议程，必须具备新闻属性，而历史的新闻属性必然表现在历史与现实之间的关联性、重要性和显著性上。

（一）抗战记忆需要借助新闻由头的出现才能进入媒介议程

在本文对六家报纸的研究和统计中，抗日战争的报道数量始终处于不断波动的状态，有明显的报道峰值。从 2005 年到 2015 年 10 年之内共出现过 5 个记忆峰值，分别是 2005 年、2008 年、2010 年、2011 年、2014 年，分别对应不同的纪念性、仪式性事件或者新闻性事件。2005 年和 2010 年出现峰值与抗日战争胜利周年纪念相关（分别是抗战胜利 60 周年和 65 周年），这期间各报纸推出大量纪念抗日战争胜利的报道，涉及武汉会战的历史报道显著增多；2008 年和 2011 年出现峰值与新闻性事件有关，2008 年武汉会战重要文物——中山舰被移至金口中山舰博物馆，2011 年中山舰旅游区建成并对外开放，对相关历史和景区情况的报道增加，2008 年也是武汉会战 70 周年纪念；第 5 个峰值出现在 2014 年，2014 年是中国人民抗日战争胜利纪念日和南京大屠杀死难者国家公祭日实施首年，同时也是"七七事变" 77 周年，三次大的纪念活动使该年有关抗战的报道明显增多。媒体报道数量的变化主要受纪念周期和当代关联性事件的影响。媒介报道依赖于新闻性事件的出现和纪念性活动的开展，这媒介记忆遵循的规律，也是它的局限性。如果没有新闻由头和报道契机，那么媒介记忆就无法展开，难以持续，是一种受到制约和限制的记忆活动。

（二）消息来源的依赖性：媒介对抵抗记忆的精英化书写

大众媒介的新闻生产是通过对消息来源的新闻采集实现的。新闻生产是编辑部内部不同条线、不同记者之间分工合作的结果，条线和记者通常有自己相对固定的消息来源。由于新闻生产追求准确性、权威性和快速确定的特点，新闻消息来源通常由官方、权威人士和社会精英的圈子组成。抗日战争的抵抗和胜利是由广大军民团结合作、共同浴血奋战的结果，对抗战记忆的书写和记忆对象不应仅由官方和精英群体来代表，普通民众亦是重要的记忆对象和书写主体。但是，大众媒介的报道和记忆活动由新闻规律支配，难以真正顾及历史的自觉和真实性，导致抗战的媒介记忆出现精英偏向。本文研究发现，武汉会战报道的信息来源主要是史料数据和精英阶层，信息的发声主体包括历史学专家、相关文史研究人员、部分政府或权威人士。虽然地方媒体较全国媒体而言，更倾向于呈现会战亲历者或其后人的发声，但总体比例并不显著。而且接受采访的战争亲历者大多也依然属于精英阶层，具有一定社会地位。如经常接受采访的武汉保卫战亲历者张良皋老人，是华中科技大学教授、古建筑学家、历史学专家；抗战军官贾亦斌是中国国民党革命委员会中央委员会名誉副主席，曾是全国人大代表和全国政协常委；徐明庭老人是武汉市文史研究馆终身馆员、担任过湖北省炎黄文化研究会理事、武汉市历史学会理事职务等。

消息来源依赖于官方和精英阶层，导致抵抗性记忆的对象和主体侧重于记录宏观的历史和抽象的史料数据，而缺乏对普通民众感情、生活和经历的有血有肉的故事性呈现，这也影响了抵抗记忆的传播和教化效果。

（三）报道视角的选择性：抵抗性记忆的建构性

大众媒体三类报纸都充分肯定了中国共产党在抗日战争和武汉会战中的抗战贡献，特别是党报，在论述中确定了中国共产党在抗日战争中的主体地位，推出专门的纪念文章挖掘我党在武汉会战中的抗战细节，从游击战、社会动员工作到群众运动，都活跃着党的代表，贯穿着中国共产党的先进主张，并将战争的胜利、现在的经济发展和未来的民族复兴与坚持中国共产党的领导相结合。① 但在对正面战场的态度上，媒体存在弱化正面战场的倾向，所有文本显示没有对国民党政府进行单独评价与论述的文章，或者将其置于"抗日民族统一战线"的语境中一笔带过，或采用"中国军队""我军"等模糊字眼来代替。地方性党报对国民党政府的抗战功绩进行部分否定，报道中常将"国民党"与"攘外必先安内""片面抗战""消极抗战"等词联系在一起，并将其作为武汉会战军事失败的原因。② 比较而言，地方都市报在会战报道中挖掘历史细节，不回避正面战场的贡献，在情感上亦没有明显的褒贬。③

整体而言，在报道内容的选择和组织上，大众媒体将武汉会战这场声势浩大的军事战争历史，构建为一个"中共领导的全民抵抗外来侵略"的抗战史，并通过少量评论性内容，将会战中呈现的团结一心、英勇不屈等因素，引向促进当下和未来的社会进步上。但同时，大众媒介对正面战场主体的报道和记忆是有倾向性的，这导致抵抗性记忆的不充分和不全面，其深层历史意义并没有得到完备的呈现和挖掘。

四　媒介记忆需要与场所、仪式等记忆通道的建设相配合

记忆通道是指将现实与历史打通的介质或由头，它可以是虚拟的时间节点，也可以是能够触碰的旧物、遗址。记忆通道起到记忆载体的作用，公众借助它，能够引发对历史的追忆，实现记忆在现实与历史之间来回地穿梭。历史的记忆不应依赖文字的书写，还应包括容纳身体实践的各类记忆通道的建设。通过固定的纪念节点、纪念空间、纪念仪式等形式，对公众身体和意识进行规训和操演，将历史发生的"他者"记忆转化为当代"社会共同体"的集体记忆。这些蕴含身体实践的记忆载体，具有相对的

---

① 李蓉：《中国共产党是全民族团结抗战的中流砥柱》，《人民日报》2005 年 8 月 15 日，第 2 版。

② 陈张娜、李熊董：《壮丽的历史画卷不朽的爱国篇章》，《湖北日报》2005 年 8 月 15 日。

③ 周蕾：《10. 25 武汉国破山河在》，《武汉晚报》2013 年 10 月 24 日，第 41 版；叶军：《外国记者聚焦武汉会战》，《武汉晚报》2013 年 4 月 12 日，第 23 版。

记忆稳固性，为民族和国家提供认同的资源。

仪式是在特定的时间和场合中举行的受规则支配的象征性活动，它能使参加者注意到他们认为有特殊意义的思想和情感对象。仪式具有历史叙述和情感激励的功能，象征性的仪式连接了过去、现在和未来，消除了历史和时间的限制。"当一个时代消逝的时候，人们需要往复有常地举行庆典"，使"有关过去的形象和回忆性知识，在（仪式的）操演中传送和保持"（保罗·康纳顿，2001：40）。操演是身体性的，仪式通过身体的参与完成，纪念仪式的神圣氛围与历史现场感，让人们更易与历史产生关联感，在仪式的体化实践中形成深刻的历史认同和集体记忆。

因此纪念仪式和身体实践的操演是社会记忆传递的重要方式，借助重大仪式的重复性，现代社会纪念和延续过去。例如，在阵亡将士纪念碑前降半旗、墓前献花等，通过仪式来象征和展现过去的事件使公众记忆过去。然而"仪式、神话、信仰体系并非源于政治真空的环境中，它们反映、增强并弥漫于政治权力中"（高源，2007），围绕重大事件举行的纪念仪式能够巩固民族情感，强化国家权力。

历史记忆如果仅靠文字媒介的参与，而缺乏场所、仪式所吸附的身体的实践，容易导致情感的疏离，难以突破代际的隔阂，这种状态下历史的记忆容易转化为知识的积累，却很难达到"内在的共同体"的认同效果。只有通过身体的实践，甚至参与到历史刻写的进程中，才能深化共同体的意识，建构"民族共同体"的自我认同和集体记忆。

对于抗战历史的社会记忆来说，单单依靠媒介书写具有难以克服的局限性。媒介记忆只应是社会记忆的一种方式，媒介记忆需要与场所、仪式的记忆和文化建设相配套，才能建构完备和健全的公众记忆，克服片面强化创伤史带来的社会心理和精神上的弊端。以武汉会战为例，现实的情况是关于抗战的记忆通道是残缺的，过度依赖媒介呈现而缺乏记忆的身体实践场域。其主要表现为长期缺乏专门的会战记忆场所；重要的抗战文物疏于管理，文化场馆让位于市政建设；没有群众广泛参与的纪念仪式以及缺少民间自发的纪念活动等多个方面。多种记忆通道的缺位，导致公众对武汉会战的记忆淡漠化、抽象化和空洞化，没有情感根基和强烈的历史认同。

武汉会战官方的固定纪念活动就是每年的 10 月 25 日，武汉市上空拉响防空警报。这项纪念活动的原因是 1938 年 10 月 25 日，在殊死抵抗了日本侵略者四个半月的围攻之后，武汉宣告陷落。在此过程中日机对武汉市空袭 72 次，造成 1651 人遇难，炸毁房屋 3437 栋，对武汉人民造成了重大伤害。为了纪念这段历史，2003 年，武汉通过地方立法，将 10 月 25 日定为全市防空警报试鸣日，以警示世人勿忘历史。

纪念仪式是象征性的活动，通过符号象征性地再现公众最应当记忆的历史事件或时刻。武汉对沦陷之日的纪念活动，采用的载体是空袭的警示符号——防空警报，也就是说，采用屈辱的载体纪念屈辱的历史时刻，具有浓厚的创伤色彩。

2012 年《湖北日报》在街头"随机采访 10 名市民，6 人对鸣放防空警报的特殊意义不明就里"。武汉市民对拉响防空警报的原因不明，也很少有市民自发组织大规模纪念活动，更不会出现类似驻足一分钟、公交的士鸣笛响应等集体活动。这说明，如果仪式的操演缺乏公众的认知和身体操演，那么就难以充分发挥社会记忆的作用。目前在全国范围内，大部分抵抗性历史的记忆现状均是如此，在全国性的纪念话语和公共空间内得不到重视，其纪念活动停留于地方性事件，级别较低，群众参与度和关注度不高。

五　总结

抗日战争的抵抗性历史中蕴藏着宝贵的民族精神资源和政治资源，有待被社会和媒体充分呈现、挖掘、记忆和传承。本文研究发现，创伤和抵抗是媒介书写抗日战争历史的两个记忆主题，但是，这两个主题在公众和媒介的记忆版图中存在不平衡的偏向性，抵抗性记忆与创伤性记忆相比，其处于弱化和边缘化的地位，表现为关于创伤史的媒介报道数量远远多于对抵抗史的报道数量，公众的网络搜索数量也同样如此；关于创伤和战争屈辱的纪念仪式和纪念场馆建设受到官方重视，形式亦十分丰富；而抵抗性记忆停留于地方性媒体的分散性关注和碎片化书写中，其历史意义和战略地位缺乏全国性媒体和高层媒体的足够关注和重视，各个抵抗性战役之间的意义连接和符号建构缺乏推进者和挖掘者。同时，与创伤性记忆相比，抵抗性记忆的场馆、仪式和文化建设亦十分不足，使抵抗性记忆局限于大众媒体的建构中，受制于新闻生产常规，出现依赖新闻由头的出现、信源精英化和报道视野片面化等问题。在对抗战历史的书写上，大众媒介容易出现缺乏历史自觉和反思能力的问题，历史记忆服从于新闻操作常规和宣传常规的书写。抵抗性记忆的单一化、边缘化和零散化书写，其结果是公众无法开展有效的记忆操演，难以形成凝聚性的记忆认同，必然导致抵抗性历史"处于公共舆论领域被遗忘的边缘"，而这一过程使中华民族救亡图存、不屈不挠、团结奋进的积极精神被排除在抗战的集体记忆之外。

长期以来抵抗性记忆被部分遗忘和边缘化，很大程度上是权力导引的结果。在抗日战争的集体记忆中，一方面是不断强化的创伤记忆，另一方面是被意识形态武装、弱化的抵抗记忆，这种不平衡的记忆格局，会导致公众仅站在"受害者"的角度来记忆这段历史，单一强化"受害者"的定位，无法理性地看待历史和现实，催生民族主义情绪，在情绪宣泄得不到有效引导和控制时，这种创伤感可能会转变成非理性的暴力活动，破坏社会稳定。

此外，对抗战的单一的创伤史记忆也不符合中国作为战争胜利国的国际战略性地位。近年来我国开始认识到这一问题，对抗日战争历史的战略定位出现转向的趋势。2012 年就钓鱼岛问题，习近平主席首次强调中国的战胜国身份，并向国际社会表明中国立场；2014 年通过国家立法确定了抗战胜利纪念日这个新的全国性纪念日；2015 年国务院发布通知规定 9 月 3 日抗战胜利日为全国公共假日，中国首次在抗战胜利纪念日举行阅兵，提高抗战胜利纪念日的地位，这一系列的国家行动极大地加强了公众对抗战胜利的认知和记忆。随着国家话语战略的调整，有关抵抗性战争的媒体报道也显著增多，这对于抗战记忆的纠偏来说，不失为积极的变化。但是，抗日战争的抵抗和创伤两部分记忆的构建在未来能否被勾连起来开掘其历史意义和积极的精神资源，国家、媒体和社会公众还需进一步努力。

参考文献

［1］〔德〕阿斯特莉特·埃尔、冯亚琳主编《文化记忆理论读本》，余传玲等译，北京大学出版社，2012。

［2］〔美〕保罗·康纳顿：《社会如何记忆》，纳日碧力戈译，上海人民出版社，2001。

［3］陈彦均：《当代中国民族主义的历史演变与影响》，硕士学位论文，外交学院，2010。

［4］高源：《读〈社会如何记忆〉》，《西北民族研究》2007年第2期。

［5］〔德〕哈拉尔德·韦尔策：《社会记忆：历史回忆传承》，季斌等译，北京大学出版社，2007。

［6］李红涛、黄顺铭：《"耻化"叙事与文化创伤的建构》，《新闻与传播研究》2014年第1期。

［7］李忠东、马晓丽：《关于武汉会战史研究之评议》，《烟台大学学报》1995年第2期。

［8］〔法〕莫里斯·哈布瓦赫：《论集体记忆》，毕然、郭金华译，上海人民出版社，2002。

［9］邵鹏：《媒介作为人类记忆的研究——以媒介记忆理论为视角》，博士学位论文，浙江大学，2014。

［10］王汉生、刘亚秋：《社会记忆及其建构——一项关于知青集体记忆的研究》，《社会》2006年第3期。

［11］杨念群：《空间·记忆·社会转型》，上海人民出版社，2001。

［12］张俊华：《社会记忆研究的发展趋势之探讨》，《北京大学学报》2014年第5期。

［13］周海燕：《记忆的政治》，中国发展出版社，2013。

［14］周海燕：《媒介与集体记忆研究：检讨与反思》，《新闻与传播研究》2014年第9期。

艺术与现实互动下的类型片演进

——《窃听风云》三部曲与香港警匪片类型的当代演变

梁君健[*]

摘 要：对类型电影的常规观点是强调程式和惯例的稳定性。然而，类型电影也在各种因素的作用下不断地演进和革新。本文以香港警匪片传统下的《窃听风云》三部曲为案例，在电影与现实关系的视角下，探讨了类型片的演进规律。本文认为，《窃听风云》三部曲通过引入金融危机的文化语境，呼应了当下社会心理中对国际金融事务及新技术全方位入侵个体生活而产生的焦虑，展示了行动者的二元价值困境。在此基础上，《窃听风云》三部曲继承并部分改写了传统的类型程式，在价值和程式两方面出现了一定程度的自我更新，标志着香港警匪片这一电影类型在新的全球语境下的若干转向。这一案例研究形象地展示出，电影类型是如何在消化与容纳社会现实的过程中完成了自身蜕变的。这一类型电影的演变规律，对中国电影如何采取符合电影规律的方式，完成艺术与现实的对话，具有可贵的借鉴和启发价值。

关键词：警匪片 类型电影 叙事程式 《窃听风云》三部曲 全球金融危机

一般而言，类型电影代表着电影艺术中的恒定要素，一旦一种类型确立之后，在这一类型之下的各种电影叙事大都万变不离其宗。然而，从电影发展的历史中我们能够发现，类型电影并非一成不变。其演变的历程既

---

* 梁君健，清华大学新闻传播学院讲师，博士，研究专长：影视传播、媒介与社会、影视人类学。

受到艺术形式本身发展规律的影响，呈现福西永（2011：55）所谓的实验阶段、古典阶段、精致化阶段和巴洛克阶段的四部曲，同时还与电影和现实之间的密切互动相关。当创作者采取类型电影的一系列程式和惯例试图去呼应和包容现实世界中的新生事物时，后者也反过来作用于既存的艺术形式。当这种反作用力足够强大时，类型规则便发生了演变。在华语电影的范畴中，近年来的《窃听风云》三部曲为我们认识类型如何在电影与现实的张力之间而展开动态演进，提供了一个绝佳案例。

《窃听风云》所代表的黑帮警匪片是香港电影的重要类型，这一系列不仅在主创团队上延续了《无间道》的"麦庄组合"，而且在内地电影市场上也获得了港产警匪片电影类型中不多见的成功。这个系列的第一部于2009年暑期上映，片长100分钟，内地票房收入为8660万元，居2009年中国内地票房的第20位（华语片第11位），并在2010年第29届香港电影金像奖中获得了包括最佳影片、最佳导演、最佳编剧在内的6项提名。时隔两年后，《窃听风云2》于2011年夏季上映，片长117分钟，内地票房收入近2.2亿元，居2011年中国内地票房的第12位（华语片第5位），并在2012年第31届香港电影金像奖中获得了包括最佳影片、最佳导演、最佳编剧等在内的9项提名，不过和上一部一样，并未斩获任何奖项。这一系列的最后一部于2014年5月底上映，片长130分钟，内地票房收入为3.48亿元。

这个系列片对于研究类型电影动态演进的独特意义在于，《窃听风云》三部曲主动地呼应了当下社会文化中对国际金融事务及新技术全方位入侵个体生活而产生的危机感和焦虑，并通过行动者在二元困境中的抉择，对现实中的社会问题在虚构世界中提供了解决方案，最终通过与现实的对话完成了类型的演进。《窃听风云》三部曲所展示出的警匪片这一电影类型的若干转向，不仅有助于我们观察香港警匪电影类型的当代发展，探讨更广范围内类型电影的演进机制，而且对中国电影如何采取符合电影规律的方式，完成艺术与现实的对话，提供了可贵的借鉴和启发。本文将首先通过历史与研究文献梳理出港产警匪类型片的若干稳定特征，接下来讨论这一类型片对当代社会文化焦虑的呼应方式，以及在这一过程中，类型特征在哪些方面出现了革新，而又在哪些方面延续了类型传统。

一 传统港产警匪片的类型规则

分析类型电影，离不开对叙事程式和视听语言惯例的讨论。"惯例"或"程式"是类型研究的关键词，这包括了电影中的人物、行动、态度以及场景等各个方面。每一种电影类型都是一系列叙事和视听语言上的惯例或程式的集合体，这些惯例和程式组成了相对完整和稳定的指涉领域，提供了有效的创意资源，帮助电影艺术家们将社会场域中的现实问题移植到影像叙事场域中，通过角色的态度和行动来解决真实世界中的结构性冲突。最终，类型电影发展出大众文化领域的神话功能，将复杂的社会问题转化为稳定的隐喻和表征系统，体现出保守主义价值观。本文的目的是以《窃听风云》三部曲为案例，探讨电影是如何将现实生活中的故事素材和大众心理焦虑纳入类型程式中并发展和改写类型的。基于这一研究目标，本文需要对上述的这些惯例及其变化进行识别。对警匪片的类型形成与发展的历史进行梳理，有助于我们捕捉传统的类型程式与惯例，从而在接下来的部分中区分它们的继承与改写。

按照电影史家的观点，每一种电影类型的产生，都针对特定时期的社会问题及其背后的二元价值结构。电影类型可以被视为一种社会问题 – 解决的操作：它们再三地面对特定文化社区中的意识形态冲突（反向的价值系统）（托马斯·沙茨，2009：31），以大众熟知的表意体系反映社会变革，参加社会评判和改革（郝建，2011：11）。作为一种题材，展现当代犯罪的电影在 20 世纪的早期电影银幕中出现了，这包括拍摄于 1900 年的《犯罪生涯》（*A Career in Crime*）、1904 年的《大胆的银行劫案》（*The Bold Bank Robbery*）、1905 年的《福尔摩斯的冒险》（*The Adventures of Sherlock Holmes*）以及 1909 年的《孤独的维拉》（*The Lonely Villa*）等早期电影短片（Steve Neale，2000：71）。在这一题材不断发展的基础上，诞生了侦探片、强盗片、悬疑惊悚片等电影类型。警匪片的兴起较晚，与强盗片共享了大多数叙事程式和视听语言风格，因而有不少论者将警匪片视作强盗片的变种或者亚类型。与强盗片着力于将盗匪塑造为充满魅力但最终走向毁灭的浪漫英雄不同，警匪片更多地通过塑造正面的警察形象来鼓励对维护社会秩序的认同。警匪片这一类型的程式除枪战、谋杀等场面之外，还往往营造出警察角色在秩序和体制边界两端的暧昧处境和双重压力，通过人物的行动建构出伦理道德的冲突和再平衡的过程。

警匪片这一类型具有广泛的文化适应能力，除美国之外，世界上大多数电影生产大国，如法国、意大利、英国等，都曾制作了大量的警匪片。香港地区的电影工作者们将警匪类型与武打动作进行创造性的结合，并将长期以来围绕香港社会的身份认同问题植入其中，发展出了独特的黑帮警匪片。改革开放以来，这一类型不仅受到中国大陆观众的热烈追捧，而且还在20世纪80年代一度引发了内地的警匪片创作风气。随着喜剧电影的日益衰落，黑帮警匪片几乎成了唯一支撑着香港电影风貌的电影类型，并发展出了一种比较独特的美学，成了1997年后香港电影的一种时代风格（彭丽君，2010：67）。由于已经形成较为稳定的程式和市场，制作力量成熟、风险较小，类型电影是初入电影行业的青年导演的首选，他们在继承规则的同时进行各种风格的叙事实验，从而推动类型电影整体上的更新换代。当李安和张艺谋等享有国际盛誉的华语片导演把自己的努力投入重新想象一个多元化的华人社区中的时候，麦兆辉等人则选择在既有的犯罪类型中继续工作，并将黑帮和黑社会电影与警察故事进行结合（Gina Marchetti，2007：7）。《无间道》三部曲是这种类型策略的集大成之作，具有悠久传统的卧底设定，融合了20世纪90年代末香港独特的文化气氛，让这个系列在市场和艺术上同时达到很高的成就。

然而，在《无间道》三部曲开创出公认的艺术高峰之后，香港的黑帮警匪片在中国电影市场上蒸蒸日上的同时却开始步入创作的低谷，十余年间鲜有同等艺术水准和市场影响力的作品问世。造成低谷的原因，一方面是香港的电影工作者们过度地在风格上互相复制导致其创作逐渐走向滥调和陈腐（彭丽君，2010），另一方面也与更大范围内电影观众的喜好以及电影语言的新动向有关。进入21世纪以来，全球范围内的年轻观众不再满足于靠火爆画面撑场的简单故事情节，而更享受在复杂叙事当中剥丝抽茧、主动进行"解码"的游戏追逐式的快感；依靠明星效应和画面刺激的动作片也渐渐转变创作思路，越来越追求新奇巧妙的形式和编织精密的叙事结构（刘文宁，2012）。

在上述的内外困境下，具有悠久传统和深厚积淀的港产警匪类型片将如何发展，实际上也涉及所有电影类型都要面对的核心问题：稳定与演进。"类型"这一概念本身已经预设了特定电影文本群体在叙事与视听语言方面具有相对稳定的程式与惯例，不论是电影工业中的类型片创作，还是电影观众对一部电影的类型辨识，都离不开对程式与惯例的继承。此外，每一种电影类型都对应了特定的社会文化矛盾或心理焦虑，社会文化的发展常常对这些矛盾或焦虑的外在表现形式甚至内在结构产生冲击，这为类型的演进提供了由外而内的"演进"的要素。回到港产警匪片这一类型，当观众不满足于既有的形式、希望看到一些更加复杂的东西时，如何在继承与革新的二元张力下完成类型的演进，从 2009 年到 2014 年的《窃听风云》三部曲提供了一个可供参照的案例。

二　电影与现实：香港电影中的国际金融危机

社会现实为电影创作和电影艺术的发展提供了原初的动力。正如上文对类型的讨论所展示出来的一样，每一个主要类型的出现与繁荣，都与特定的历史语境密不可分。窃听三部曲的出现常常被描述为一个戏剧性的灵光一现：2007 年 10 月的一天，恒生指数冲破 32000 点，达到历史新高；新电影项目融资遇到困难之后，麦兆辉和庄文强在一家小咖啡厅听到邻桌人大谈股市（少言，2009）。庄文强感叹："要是能偷听到李嘉诚聊的内幕消息，这样岂不就发达了？电影就不缺投资了。"新电影的灵感就是在那个时候不约而同地闯进了两位搭档的脑海，两人以此构思了一个讲述金融罪案的故事（许志晖、李娜，2011）。

"灵感"是社会现实进入电影创作的一种偶然现象，特定时期具有主导性的社会文化语境会从各个偶然渠道渗入电影创作中，进而形成了一种必然性的改变力量。2008 年的国际金融危机被视为自 20 世纪 30 年代经济萧条以来最严重的一次危机。这不仅对全球各个地区的经济活动和社会结构产生了直接冲击，而且还更新和丰富了人们对全球化进程和金融资本的认知，进而对包括电影在内的大众文化产品的内容和形式也产生了深远的影响。2009 年，第 81 届奥斯卡金像奖组委会将最佳影片的荣誉授予了描述印度孟买穷人世界的电影故事《贫民窟的百万富翁》，这部影片被视为金融危机背景下的现代童话（丁树新、刘丽敏、顾庆媛，2009），以励志进取的主题在经济低迷的全球气氛中给大众注入一剂煽情的强心针（严敏，2009）。同时，这部影片的获奖也反映出当代好莱坞电影制作公司的一些创作趋势，他们开始审视经济危机的全球化影响在大众心理中的投射，并以通俗故事的方式对社会性的心理焦虑和文化危机进行抚慰和回应。这一趋势在2014年达到了顶峰，在第86届奥斯卡金像奖最佳影片提名中，《华尔街之狼》、《美国骗局》和《内布拉斯加》都直接展现了经济活动对美国社会方方面面的影响。

在华语电影方面，杜琪峰是较早有意识在警匪片和爱情片两个电影类型中叙述国际金融危机对香港影响的电影作者。许乐分析了杜琪峰电影《夺命金》在题材方面的拓展，认为他在将警匪片类型写实化的同时，聚焦的乃是一个以往杜琪峰电影未曾涉及过的领域——金融行业（许乐，2012）。2011年杜琪峰的另外一部电影《单身男女》则将目光投向香港高楼大厦中白领们的情感生活，用爱情轻喜剧的方式探究了经济危机背景下当代都市男女青年们的工作和情感。

不过，《窃听风云》三部曲无疑是近年来最能体现金融危机影响华语电影内容创作的典型个案，并展现出影片编导对类型叙事的熟练运用。在这个系列中，新型的窃听技术和网络黑客成为一条隐秘的通道，带领电影观众深入全球金融活动的后台和肌理中，营造了独特的视觉奇观，并不同程度地为故事主角参与经济活动提供了基本平台。不过，在反映论的角度上将电影与现实中的经济活动进行机械对照显然是不够具有说服力的。如果说电影艺术的生命力来自对现实生活和社会心理的持续呼应，那么电影的艺术本体特征则体现在独特的呼应方式上。新闻报道、纪录片和纪实文学直接展现社会真实，但对于故事片尤其是类型电影而言，社会真实不主要体现在类型片的表层上，如台词、人物动作、服饰；社会思潮的变化更多地通过类型片中形式元素和人物形象整体关系的改变来反映（郝建，2011：31）。传统的警匪片将善与恶、秩序与失序作为核心的二元对立结构，而黑帮片则处理贪婪与伦理这对矛盾。当遭遇到经济和技术这两项看起来中立无害的事务时，曾经成功推出《无间道》三部曲的麦兆辉和庄文强再一次从黑帮警匪片中寻找创作资源，处理经济与技术的新发展给社会价值观带来的种种威胁，通过香港传统的警匪类型片回应属于这个时代的集体焦虑。

三 警匪类型片中人物—行动程式的演变：反英雄与自我毁灭

主人公提供了观众能够面对的类型冲突的戏剧性媒介（郝建，2011：31），观众因为心理机制和文化结构而无法直面、不必直面或不想直面的现实问题，以及由此产生的内心焦虑，都可以通过电影中的主人公，以隐喻的方式得到暂时解决。与过去的西部片英雄一样，经典警匪片中主人公的一举一动都像是传统价值观的捍卫者，他要使脆弱的社会免遭各种势力的破坏（J. A. 布朗，1995）。然而，在《窃听风云》三部曲的电影世界中，主人公们需要面对全球范围内剧烈变动的金融新秩序，他们发现，很多行为在传统的价值观念上已经很难被界定：打劫银行要终身监禁，但那些银行家都拿很多的薪水分红；以前一票大劫案，最多是一个亿，现在银行打劫市民，一打就是二十个亿（少言，2009）。在这种崭新的电影世界中，人物设定及其行动的选择发生了诸多变化，从而在某些关键方面改写了警匪片的人物程式，而这种改写的集中体现是"反英雄"成为影片的核心角色设定。

反英雄是当代社会危机和文化危机的产物，所体现的正是一个缺乏信仰的时代所特有的文化病症，表现出一种具有典型意义的文化困境（楼成宏，1992）。彭丽君指出了香港电影中反英雄式的人物特征及其文化内涵：20 世纪后期杜琪峰、韦家辉的相关电影作品围绕着出乎意料、无法操控的命运困境，电影中的男性世界充满焦躁和怀疑、恐惧与不安，对女性没有驾驭的能力，同性间建立的关系也是复杂与矛盾的，从而建立了之前香港商业电影中较少见到的一个充满自省及危机的男人世界（彭丽君，2010：74）。这种充满危机的男人世界和同性关系在《无间道》系列中被推向极致；麦兆辉和庄文强的《无间道》系列中成功的反英雄角色设定也被《窃听风云》三部曲很好地继承了下来。

（一）《窃听风云1》：褪去光环的警察

在得到那个关键性的股市信息之前，《窃听风云1》的第一幕向观众介绍了一个与类型传统迥异的警察群体，这些角色多少都体现出与传统英雄警探的设定相反的人物特征。刘青云饰演的梁俊义是一个事业上的失败者，同时在感情上拖泥带水，与上司的现任妻子同居；古天乐饰演的杨真受家庭经济窘迫的困扰，正值壮年却华发早生；吴彦祖饰演的林一祥年轻有为，但即将迎娶豪门之女的他因为警察收入有限被未来的岳父质疑人生价值。窃听三人组周围的其他次要警察角色也同样身陷情感困局，方中信饰演梁俊义的前同事和现任上司，与妻子长期分居；重案组的男女同事则与他们的上司之间形成了混乱的三角恋关系。

这部电影的转折点发生在影片开始后的第32分钟，几分钟前还对金融犯罪满腔怒火的杨真在听到一段涉及内部交易的信息后请求林一祥将其删去。随后，杨真拿出家中所有存款，林一祥则大量举债，两人把自己的所有身家都押在这支即将上涨的股票上。梁俊义觉察到他们的异常举动，但出于人情和义气默许了两个手下的违法操作。然而，由于林一祥拒绝见好就收，大涨的股票停牌，二人的资金被死死套牢，故事的鸿沟在这个地方被彻底拉开。随后，三人面临着来自警局的调查和操盘的黑帮势力的双重挑战，他们内心中的贪婪与道德之间的交战也愈加激烈，人性开始下陷。

梁俊义是这部影片中最重要的角色，他的行动选择让他成为警匪类型片中传统价值观边界的守护人。他不仅没有加入两个下属的违法获利中，并且当杨真和林一祥对黑帮杀手杀人灭口不管不问的时候，梁俊义在天台上告诫他们事关人命，不断提醒三人的警察身份。正是梁俊义遵循内心良知的这个行动选择，导致他在营救受害者时不慎摘下口罩暴露了面容，并险些因此丢掉性命。在黑帮势力针对窃听三人组的最终屠杀中，梁俊义目睹了两个下属一死一伤。三人之中贪念最重的林一祥当场死亡，杨真的妻儿也均死去，他自己在病床上奄奄一息。

类型电影的结局通常会向观众保证，在极端困境下，故事中主要人物遵循传统价值观念的行动仍然能够成功解决社会危机。遵循大团圆的最佳传统，警匪片力图解决所有的冲突：男主人公拯救了自己的家庭，同时认识到自己离不开他们，而且家人们也认识到他工作的价值（J. A. 布朗，1995）。然而，《窃听风云》这个系列片的结局似乎在警告观众，依靠现有的社会秩序对经济犯罪进行惩罚是不充分的，影片的选择让观众在不完美的现实中警醒，而非沉醉于大团圆的虚假满足中。在这个系列的第一部中，最终让黑帮大佬受到应有制裁的并非廉政公署或重案组这样的社会秩序守护机构；这位黑帮头目在车里最后打给律师一通电话，按照现行法律和证据，几年牢狱之后，香港将仍然是他的天下。最终，肢体不全的杨真将车子开进大海，选择与杀死妻儿的仇敌同归于尽，实现了善恶有报的传统价值观，同时也洗刷了自己的罪恶。核心角色梁俊义无助地坐在轿车后排，看着罪犯和同事坠入大海，三人在天台上的美好回忆，成了他无法改变现实之余的仅有慰藉。这种无能为力的感觉与同年上映的美国电影《跨国银行》（*The International*）中的情绪如出一辙。警探克里夫·欧文在追查一桩跨国银行的经济犯罪过程中一次次扑空，显示着在经济全球化的背景下，国际上各种政治经济力量交织的巨大而复杂的利益关系网，让一个传统执法者丧失了辨识能力（刘文宁，2012）。在《窃听风云》三部曲中，以股票市场为代表的超越地域的全球经济利益网络开拓了社会秩序的空白，梁俊义在影片结局中的无法作为，似乎暗示出，代表执法力量的警察和他们背后的社会规制对这样一个空白区域同样显得无能为力并深陷其中，只能任由贪婪毁灭自己的至亲好友。

（二）《窃听风云 2》：反英雄登场

与第一部相比，在《窃听风云 2》中，发展得更加完善的窃听技术与全球经济秩序对个体生活的侵袭形成了同构的关系：无形的规则和技术对个体生活产生了有形的影响。古天乐、刘青云和吴彦祖饰演的三个主要角色均深入地被全球经济秩序裹挟，并发展出不同的态度和行为方式。古天乐饰演的警探何智强是现代社会制度的严格遵守者和捍卫者，甚至不惜将自己的老婆送入监狱。不过，现有的社会秩序对经济制度中的罪恶成分并未真正地产生作用，在对抗地主会/经济罪恶的故事进程中，警探何智强基本上是袖手旁观的局外人。表面上看，经济犯罪并不属于他的业务范畴，他感兴趣的是子虚乌有的恐怖袭击；但是从电影角色这一媒介传递出的，同样还是深层次的对社会制度的不信任，和对社会自身调节能力的悲观。

按照警匪片的类型程式，具有警察身份的何智强应当是影片的主要角色。在影片的结尾，他亲手将地主会"捉拿归案"，维护了社会正义，同时成功地挽回了和妻子之间的感情，弘扬了正向的家庭观念，这些都与警匪类型程式和大团圆结局丝丝相扣。不过，只要稍微仔细地考察剧作，就能发现吴彦祖饰演的司马念祖才是这个大团圆结局的一手缔造者。他在影片中被塑造成一个传统的道德英雄，身体和道德层面散发出原始的魅力，为父报仇和维护正义是他的核心动机，社会体制外的特种兵技能和先进的窃听技术是达成目标的行为方式。更重要的是，司马念祖这个角色完成了影片在意识形态上的核心任务：解决因金钱和贪婪带来的社会失序。司马念祖这一角色是警匪类型片在进化过程中的典型，他身兼警察和匪帮的双重特点，通过主动的自我毁灭（被同叔枪杀是他宏伟计划的一部分，并且以身体作为窃听装置的母体，用尸体保存犯罪证据）让危机中的社会秩序重新回到正常的轨道，他自身也在影片尾声的回忆情境中获得永生。

因此，这部影片虽然充满了对当代跨国经济体系和社会制度的反思，但从叙事困境的解决方式上来看，这种反思的结果仍是对传统的回归，试图运用传统的道德原则和孤胆英雄的行为来解决当代经济和技术剧变所带来的社会问题。这种略显幼稚的态度符合戴锦华提出的"象征性抚慰"的方式：如果我们尚不能成功地在一部影片中彻底解除那一特定的现实焦虑，那么我们至少能在影片的叙事过程中将它移植到一个相对安全的角落，让我们在观片的 90 或 120 分钟之间，得到一份象征性的抚慰（戴锦华，1995：135）。因而，《窃听风云 2》的结局相比第一部无疑更接近团圆，司马念祖所代表的体制外的威胁性的力量，连同直接危及社会秩序的地主会，均被消灭；警察取得了事业和家庭的双重成功，金融制度的代言人罗敏生一时失足之后获得了改过自新的机会：所有无法解决的真实困境都通过类型叙事中的角色行动得到了想象性的消解。

（三）《窃听风云 3》：警察失位

对传统道德资源的重新确认，以及主要角色通过法外方式解决社会问题并最终自我毁灭的人物行动程式，在这个系列的第三部中体现得更为明显，再次证明了这个系列片对警匪类型片的改写方向。《窃听风云 3》给观众展示了围绕着拆迁和房地产业，不同力量之间的尔虞我诈和明争暗斗。由于影片在题材方面的大胆开掘，以及通过电影进行社会反思的野心，编导已经不满足于使用以社会秩序为导向的简单二元结构来包容如此复杂的叙事。结果是，这部电影从类型程式上比起前两部在很多方面都发生了重要的变化，更加不像一部传统的黑帮警匪类型片。尤其是与第一部中堕落的警察和第二部中无力的警察不同，《窃听风云 3》整部影片中几乎没有代表社会秩序维护者的警察群体，这也一定程度上改写了这个系列的类型走向，体现了电影作者对类型元素的创造性使用而非简单遵从。影片中的犯罪形式和围绕秩序展开对峙的人物设定，都脱离了传统的黑帮警匪片程式：枪林弹雨无影无踪，动作戏也少之又少，善恶之间的二元对立被更加复杂的人物关系和动机所替代。

古天乐饰演的罗永就是这部影片的核心角色，窃听行为的主体，同时也是在陆国公司上市和新界收地事件中唯一一个与经济利益无关的人物。这个角色的主要动机一部分来自具有强烈破坏性的女性角色陆永瑜——虽然时过境迁，但她对罗永就仍然具有情感上的影响力；动机的另一部分则来自罗永就出狱后希望为自己五年前的付出讨回公道。这样来看，虽然并不具有外在的警察身份，但罗永就角色动机中的讨回公道的正义成分，在陆氏四兄弟群体中的卧底功能，以及对官商勾结的揭发，都让这个人物具备经典警匪片中警察角色的英雄设定惯例。此外，他对旧情的难忘，对亲手杀死陆永远的愧疚，乃至身体上的残疾，都让这个角色的生活充满了混乱和无奈。这些都继承了古天乐在上两部影片中饰演的警察形象设定，让罗永就这个角色同样具备了反英雄的人物特征。

在三部曲的最后一部中，伴随着警察身份角色的消失，社会秩序在一开始就处于混乱之中，构成叙事程式的二元结构随之发生变化，不同商业逻辑之间的博弈一度取代了对社会秩序失控的焦虑。围绕着对新界地区丁权和土地的争夺，各方都蠢蠢欲动地谋求更大利益；但不论哪一方得利，最终受害者都是以月华为代表的普通村民。与传统警匪片的正邪对立不同，《窃听风云 3》的戏剧性对立的双方都被赋予了负向价值，罗永就身处在黑吃黑一般的二元对立关系中，最终选择以自我毁灭的方式完成主要角色的叙事功能，换回代表传统价值观的普通村民的胜利。当然，正义并非来自村民的争取，而是贪婪和罪恶的自我毁灭，这再次展现出类型电影的局限性：它仅能提供有限的慰藉和神话，而非切实的社会问题解决方案。

（四）小结：反英雄定义新的叙事程式

从上述分析中可以看出，《窃听风云》三部曲对传统警匪片的人物设定惯例和行动选择程式进行了显著的改写，进而实现了类型的更新。这主要体现为反英雄的角色设定，以及通过自我毁灭对大团圆结局进行的部分解构。"反英雄"（Anti-Hero）这一角色类型最早在文学研究的领域被识别出来，并广泛地存在于诗歌、小说、戏剧和电影等文化形态中。作者通过这类人物的命运变化对传统价值观念进行"证伪"，标志着个人主义思想的张扬、传统道德价值体系的衰微和人们对理想信念的质疑（王岚，2005）。

在《窃听风云》的电影世界中，传统道德价值体系在全球金融危机和技术革新的语境下愈加模糊，这也是当今社会文化的整体焦虑的基本来源，并且导致了社会文化中悲观道德论的出现。这种悲观的道德论以20世纪60年代个人主义文化和80年代保守资本主义的崛起为背景，认为道德沦丧是文化变迁和社会离散的后果；而文化悲观主义者进一步认为，文化的功能就是针对欲望和紧张感创造道德秩序（Nicholas Hookway）。在这样的悲观主义色彩下，三部曲中的主要角色，不论是警察，还是身份模糊的归来者，都因生理和情感方面的残缺，以及在社会秩序边界徘徊的行为，成了反英雄的人物类型。传统的大团圆结局已经无法适应被悲观的道德论和反英雄改写后的黑帮警匪片的类型，于是由第一部结尾开创出来的"归来者通过自我毁灭完成复仇和自我救赎，同时维护了社会秩序"的一种程式，让影片的主要人物与代表负面价值的角色同归于尽，通过自我毁灭这样的悲剧行为让社会秩序重新恢复，就顺理成章地成为消解文化困境和整体焦虑的较为可信的叙事惯例，并在三部曲中成了人物行动的核心选择，从而完成了电影类型的更新。

当然，电影主人公的这一系列选择，需要根植于具体的时空语境中，时空语境不仅为人物的行动提供了基本的物理环境，而且其本身也充满了隐喻和象征，与人物一同达成了类型的演进。因此，下文将分析系列片在空间和时间上的特征、隐喻和价值取向，以此来探讨作为整体的类型要素是如何在演进中各司其职而又相互配合、共同作用的。

四 警匪类型片中空间隐喻的变化：
城市暗角和作为故土的乡村

（一）空间、城市与类型惯例

类型片在叙事上可以被看作特定角色在规定性的情境中的一连串可预期的行动。规定性的情境不仅仅是角色行动发生的物理场所，而且这些物理场所还成为能指，与类型片中的价值结构发展出历史性的联系，进而通过视觉惯例参与到类型中，完成价值观的表达。特定的物理空间成为类型片的视觉惯例，是意义的积累过程；在这一个过程中，能动的主体，也就是电影人物，通过文化实践给物理空间赋义，物理空间又反过来对能动主体进行角色和行动的限定。例如，执法人员和匪帮的枪战，将美国西部小镇塑造成文明与野蛮的冲突之所，而西部小镇这样一个限定性的背景，也规定了出现在其中的执法人员的主要行动是维护文明秩序在这个环境中的建立和持续。在人物与情境的共同作用之下，西部片这一类型得到了确立和复制。同样，城市为犯罪题材影片提供了规定性的物理情境，并发展出自身的视觉呈现惯例和意义指向。

现代城市最早出现在犯罪题材电影和黑帮片中。和西部片中的美国西部小镇一样，现代城市代表了一种争夺的空间，社会秩序和反秩序的力量被封锁在永无止境的斗争中。城市成为一个复杂、疏远和无法抗拒的社会，它创造了犯罪分子，并且最终毁灭了他们。正如很多学者指出的，城市景观与黑帮分子的精神世界呈现精确的表征关系，这个危险的但极具吸引力的空间，也正是黑帮角色对观众的核心吸引力所在。在香港电影《夺命金》中，我们看到的是一座被焦虑和危机笼罩的城市。在一个金融全球化的背景中，没有人知道笼罩整座城市的危机会为什么爆发，从何处爆发，这成为全球化背景中所有都市人的梦魇（许乐，2012）。延续了强盗片的部分主题与惯例，黑色电影也在处理大城市环境中，或者说现代社会的经济/政治生活与社会价值/信念体系的相互关系中所固有的文化矛盾；黑色电影建立社会评价的前提是，在这个无从选择的现代城市中，贪婪的欲望已经成为生存的必要准则。（郝建，2011：182）城市危机四伏的阴暗气息成为警匪片的典型家园，这里被描述为一个上演欲望的舞台，充满了新的蛮荒；法律与秩序无法保证，犯罪与暴力成为主调（饶晖，2000）。

（二）香港：国际金融中心的空间呈现和价值表征

在《窃听风云》三部曲的首部中，影片开场的长镜头聚焦了城市阴暗角落里的杂乱垃圾，和爬行其上的鼠群。随着镜头的运动，观众从这个隐喻性的场景转向了现代化的高楼大厦，精彩的窃听故事开始上演。通过垃圾堆和鼠群的隐喻，城市被描写为一个上演欲望的舞台，充满了欲望过度溢出之后的非理性的恐怖与罪恶（郝建，2011：52）。在这部影片中，警察和他们的监控对象一样，大多数时间都生活在暗无天日的有限建筑空间内。梁俊义领导的监听三人组把基地建立在金融大厦对面的老式楼房里，窗户内侧挂满了用来伪装遮蔽的衣服作为隐蔽，同时也遮挡住了大量的阳光。根据工作安排，三人组负责夜间监听，低照度的场景借助剧情设定营造了视听语言上的黑色风格。进一步地，这一窃听场景的选择还和对面的金融大厦形成了一个象征性的二元关系：影片第一幕的建制部分，警察与罪犯分别处于这个二元空间的相反方向，即代表社会控制力量的警察身处阴暗肮脏的老式建筑单元中，而对社会规范进行非法突破的金融操盘手们则工作于富丽堂皇的高楼大厦中。

空间和价值的逆向表征也为影片试图营造的模糊的秩序边界做出了贡献。《窃听风云1》中香港城市的另外一个典型空间是建筑单元的天台。在这部电影里，天台既是烟鬼凑在一起抽烟和短暂休息的地方，也成了秘密对话的地点，这部分地归因于这个地方比较空旷，便于反监听。从物理属性上看，天台和室内建筑单元呈现诸多二元对立的特点，如阴暗/明亮，逼仄/宽阔等。天台在象征意义上成了角色可以敞开心扉畅所欲言的空间和留下美好记忆的场所。

在《窃听风云》的第二部中，香港这座城市仍然是人物行动的主要场景。罗敏生在发现了司马念祖的厢式货车跟踪之后的追车段落，以及何智强在发现了司马念祖在宝石楼的监听地点之后在城市街道上的追捕段落，都唤醒了电影观众在城市道路中的通勤经验，以及身处陌生人潮中的不确定感。可以说，这个系列中的前两部比较稳定地继承了香港同类电影中对于城市空间的表征，以及利用空间隐喻主题价值的手段。

（三）空间能指的拓展：作为城市拯救者的乡村

然而，在这个系列的最后一部中，经典的城市表征被大大地压缩了，故事主要发生在新界的城乡接合部，这里既不是传统的乡村，又与以中环为代表的香港城市景观迥异，呈现一种城市入侵前夜的意象。这部影片同时也是整个三部曲的结尾段落，为观众展示出一幅旧日的农村景象，儿时的罗永就和陆氏四兄弟在野地里玩耍嬉闹。整体上看，这个系列的最后一部影片通过月华这个坚守着勤俭持家的角色及其对阿祖的成功影响，以及故事本身营造出的城乡二元冲突和最终走向，提出了一个极其陈旧、毫无新意、但无比迷人的都市原罪的解决方案：来自传统乡村的道德价值观终将拯救当代大都市中迷茫的现代人。

传统乡村作为现代香港的价值对立面出现在影片中，与近年来香港社会对城市文化的反思密切相关。马杰伟对 2000 年的怀旧潮进行了分析，探讨了这次怀旧潮对城市空间的独特情愫，以及和保育、记忆、城市发展等社会话题之间的关联。他认为，这种贯穿于影视文化中的怀旧，其背后的深层意义，是要挑战长期以来是香港身份认同基石的中环价值，希望让香港这个"功能城市"，转变为重视历史与生活的"宜居城市"（马杰伟，2009）。在《窃听风云》第三部中，中环不再是警匪追逐斗智的物理空间，而成为涛叔口中来自外部的对传统农村社区的吞噬力量，具体地，是他的杀妻仇人。他的女儿和女婿为了借助"中环"的力量完成上市，不得不将村庄的优质土地和中环老板们手中的废地置换。作为乡村共同体的领袖，涛叔发现他始终无法逃脱来自中环的控制，两次心脏病发作，间接地死于中环老板的手中。作为概念而非物理实体的中环，成了现代城市价值及其背后的全球经济制度的代表。

在《窃听风云 3》中，城乡物理空间的差异隐喻出二元对立的价值观，这还与三部曲对时间的独特处理密切相关，进而为我们探讨影片类型特征提供了一扇独特的窗户。影片的开场场景是黑白做旧特效风格的宗祠添丁礼仪，作为物理空间的乡村不仅是城市空间的价值对立面，而且还被画面风格赋予了时间属性。以宗祠为中心的乡村居所，以及影片末尾种植水稻的农田，被塑造成记忆和现实的交汇之地。这种将空间和记忆在价值观层面上进行的融合与弘扬，反复出现在三部曲里每一部影片的尾声：第一部的最终场景是梁俊义坐在轿车后排，目睹曾经的同事与黑帮大佬一同毁灭，这时，城市天台上三人打闹嬉戏的回忆涌上心头；第二部的最终场景则是司马念祖的母亲观看老电影《独行杀手》，在她的想象中，一家三口在旧式戏院中其乐融融地传吃爆米花；最后一部的最终场景则回到了罗永就和陆家兄弟们的乡土童年，那个时候乡村还是记忆中的样子。时间和记忆，为我们探究三部曲中的类型进化提供了最后一个重要的视角。

五　新的类型惯例：《窃听风云》中的记忆段落

在传统的黑帮警匪片中，对"美好记忆"进行专门展示的并不多见，也并非一个稳定的惯例。由于这一类型以当代社会危机为目标，大多数黑帮片往往选择共时性地展现人物行动与事件，而较少地回溯现代社会语境的形成过程。按照麦茨的观点，现代社会的形成过程整体上体现在电影史意义上的西部片向黑帮片的类型过渡上，而非特定影片的故事内部。然而，具体到香港类型电影，记忆与时间在其中的作用比在好莱坞的电影类型中要更加重要一些。对怀旧和记忆的征用与渲染，在20世纪以来的香港电影中尤其具有显著性。Gina Marchetti（2007）引用弗雷德里克·詹姆逊的"怀旧电影"（Nostalgia Film）的概念对《无间道》三部曲的文化症候进行了界定，他仔细分析了两位主角并排坐在音响店聆听台湾女歌手蔡琴的《被遗忘的时光》这一场景，认为这个场景带领观众跨越了1984年这个对香港身份产生转折的时间点，表现了对20世纪80年代以吴宇森的黑帮兄弟电影为代表的繁荣的大众文化的怀念。除配乐之外，《无间道》三部曲对时间的银幕呈现还依靠围绕手表等道具的情节设置，以及通过字幕和标志性事件营造出来的编年体等方式达成。

总体上看，《无间道》三部曲中对时间的征用和处理，主要还是围绕着寻找香港身份这一主题，与类型本身的关系不大。而在麦庄组合的新三部曲中，时间不再是地区编年史，而是集中通过个体记忆的形态呈现，在类型程式的更新和影片主题的表达上发挥了显著的作用。

（一）个体回忆：超越时间的正向价值

在《窃听风云》第一部的结尾，影片通过梁俊义的回忆，重述了窃听三人组在白日天台上的嬉笑打闹。高调微黄的画面既是梁俊义记忆中的美好片段，也和杨真的自我毁灭之间形成反差，从情绪上鼓励观众认同本片道德训诫的主题。记忆的这种情绪化的功能在情节剧中较为常见，作为现实中负面价值的参照，回忆被定义为正向价值，并且，记忆因为其无法返回而显得更加珍贵，从而获得了情感上的不朽属性。在《窃听风云》系列中，被赋予了正向价值的回忆作为每一部影片的尾声段落，似乎在暗示观众，风云变幻和生死决斗之后，只有回忆才是唯一值得留下的。这鼓励观众在情感上认同如下的叙事价值，即归来者借助自我毁灭完成救赎这种行为，获得了超越时间的永恒价值。

第三部中的核心角色罗永就同样也是一个归来者，但他要处理的则是自己早前生命历程中的各种纠葛，故事的矛盾直接来自人物自身而非对于祖辈的记忆。这样，在个体生活的场域，时间线上的过往和现在不断地交织对立，迫使人物在现在时和过去时所代表的二元价值对立之间做出选择。在影片的尾声部分，依靠影视特效，农田背后的高楼大厦化作烟尘，传统的乡间景象显示出"最初"的样子，代表罗永就和陆氏四兄弟对童年追忆的女声版《风云》也再次响起。这首歌曲与《被遗忘的时光》在《窃听风云》三部曲中发挥着类似的作用。"碧海是我的心中乐，与我风里渡童年；当初你面对山海约誓，此生相爱永不变"暗示了罗永就对童年玩伴陆氏四兄弟和青梅竹马的情人陆永瑜的美好记忆；"是谁令青山也变，变了俗气的嘴脸"则控诉了时光的流逝和当下的负面价值。这首 TVB 20 世纪 80 年代剧集的主题曲，不仅歌词呼应了影片的情节和对时间的处理，而且本身也是影片中男性角色的共同记忆，帮助影片弥合了香港这座城市的黄金时代和今日沉沦在时间上的鸿沟。

（二）集体回忆：重建神话

从故事格局上看，《窃听风云1》是一个中规中矩的道德故事，但从这个系列第二部开始，电影作者展示出他们力图对香港的金融历史进行反思的野心，而到了第三部，这种反思则扩展到了具有全球共性的从传统社会到现代社会的整体转型。影片对于时间的呈现格局也更加宽阔，除个体生活的情感片段之外，还有波澜壮阔的"大历史"的情境。

在《窃听风云2》中，随着司马念祖造成的威胁不断上升，罗敏生的妻子劝他离开香港这个是非之地，何智强也开始调查地主会的来龙去脉，这两个叙事动机引出了20世纪70年代香港股灾和地主会兴起的历史事件，并通过独特的音乐、剪辑等视听语言对这段往事进行了史诗般的呈现。在影片中，地主会的历史正义性与后来转向贪婪和罪恶之间的巨大反差，与香港社会在1997年之后整体上对主导意识形态的反思密切相关。这套主导的意识形态从第二次世界大战后香港的市场活力中酝酿而出，包括"创富神话""机会主义""功利挂帅""个人主义"等，然而，这种建基于经济奇迹或神话的香港式论述，自1997年的亚洲金融危机开始，显然已逐渐失去现实的支撑（马杰伟、曾仲坚，2010）。地主会的堕落，释放了社会心理中对于经济神话崩塌的焦虑，并且借助那个时代的归来者——司马念祖的复仇过程，在惩戒了地主会的罪恶之后，重新建立了这个神话的合法性。影片的尾声返回到了那个时代一家三口其乐融融的电影院场景，象征性地重新建立起记忆中的美好神话。这种神话既是司马念祖个人的和家庭的，同时也属于香港整个社群。

（三）时间与空间的融合：故土与前工业社会的价值观

从这个系列的第二部开始，随着编导希望将更多的历史和社会背景纳入影片叙事中，在《无间道》三部曲中回到过去的时间悖论以及由此而带来的身份和价值观的迷茫，再次出现在这个新的三部曲系列中。"末日审判"是基督教文化所提供的最有力、影响最为深广的文化与话语模式。从某种意义上说，它已成为西方文化的一个基本母题与原型。时至今日，它仍是全球性灾难的最有威慑力的话语方式（戴锦华，1995：123）。相反，

《窃听风云》三部曲的最后一个场景给我们提供了一种来自中国文化母体的时间观念，终极价值并不出现在未来的某个"末日"，而是在早已流逝的过去。这个过去并非时间线上的某一确定时间点，而是和回忆相关联的相对于现代的一个模糊的时间段。作为故事的主角，第二部中的司马念祖和第三部中的罗永就都是长时间离开之后重新回归的，他们身上肩负了由历史引发的仇恨和不公。从叙事上看，归来这一行为开启了影片的行动链条，构成了故事的初始事件；从表征上看，回归又和仇恨发生之前的故土密切相连，让物理空间具备了时间属性，并通过对记忆和当下的二元建构完成了影片对传统价值观的呼唤。香港电影中的这种归来者与故土的关系可以追溯到新浪潮导演严浩完成于 1984 年的电影《似水流年》。在《窃听风云》三部曲的最后一部中，故土被提升到了意识形态的层面。在中国的政治文化传统中，土地与家族紧紧相连，而家族又和具有数百年历史的传统伦理规则相互依赖。全球性的经济和科技的发展给传统伦理带来的焦虑，就这样通过"故土"的表征被完整地展示了出来，并得到释放。

六 结语：当代港产警匪片的类型演进机制

如果把电影作为传播和表达的媒介来看，那么任何电影导演在创作的时候，都要通过如下两个向度的对话来实现与观众的交流：与现实对话和与以前所有艺术作品的对话（郝建，2011：4）。本文的主体部分分别论述了《窃听风云》三部曲中的人物设定及其行动选择，作为文化语境的城市空间，以及时间和记忆对传统黑帮警匪片的继承和改写。下文将分别考察经济危机和技术革新在叙事和表征两个方面在三部曲中发挥的功能，进而总结港产警匪片这一类型是如何与现实以及自身展开对话，从而完成了类型的改写的。

作为影片立意和宣传的核心概念，技术革新带来的"窃听"成为《窃听风云》三部曲中最为显著的叙事要素。从叙事功能上看，与其他围绕窃听和监视技术而展开的电影故事，如《窃听风暴》或者《十诫之六：关于爱情的短片》不同，这个三部曲中的窃听技术并不主要传递影片的气质和主题（人与人之间的隔绝、孤独与打破藩篱的努力，以及对窥淫欲的考察），而是给影片的主要角色提供了实现贪婪或复仇的手段。从表征功能上看，依靠手机和移动互联而实现的无所不在的窃听技术隐喻着当代社会对个体生活的监视和入侵这一广泛事实。最终，现代的窃听技术在叙事和表征两个方面共同实现了古老的寓言和道德训诫：窃听不仅呈现经济生活中的危机重重，而且最终还实现了"人在做、天在看"的道德宿命论。因而，虽然"窃听"是一种新鲜的叙事要素，但对于类型演进来讲，其主要起到的是"新瓶装旧酒"，也就是"继承"既有的类型程式和叙事结构的功能。

经济危机和金融事务的全球化则使古老的警匪类型片处于与时俱进的道德困境，并首先在叙事程式的层面引发类型电影的自我更新。在现代化过程中，看似中立无害的经济资本已经被发展出丰富道德意涵。简单地说，企业资本对应的是韦伯所描述的新教伦理和资产阶级的兴起，是建设性的、有道德的；而金融资本则更多被描绘为巧取豪夺，以经典马克思主义的眼光来看，是纯粹的剥削和投机，因而是非建设性的、无道德的。《窃听风云》三部曲不仅直面了人性面对巨额财富的贪婪本性，而且这种贪婪还通过当代金融市场的规则得到了放大并且被赋予了更强的破坏性力量，开掘出叙事进程中的巨大鸿沟。同时，影片通过反英雄角色和自我毁灭的行动程式折射了现代人在剧变环境下的无奈现实和救赎愿望，修正了大团圆的机制，使类型本身更加贴近时代的焦虑。上述两点，是香港的黑帮警匪片传统叙事程式在试图容纳和呈现金融危机这一社会现实的过程中，在后者的反作用力下为类型的演进所贡献的主要内容。

除上述的情境和角色/行动等程式之外，类型还最终被它所处的价值困境所决定，《窃听风云》三部曲在这个层面上也做出了一定程度的更新，这同样得益于影片对全球金融危机这样一个文化语境的征用。认同传统还是认同变革，这是《窃听风云》三部曲针对技术变革和全球金融秩序提出的核心问题。香港犯罪题材电影自 20 世纪 80 年代以来积累了应对身份认同焦虑的有效类型手段，麦庄组合在《窃听风云》三部曲中针对当下的社会焦虑进一步发展了这一传统。很多西方马克思主义学者指出，在全球化进程中，全球所有的文化都被无情地卷进了单一的"资本主义文化"体系中（赵菁，2013）。从 20 世纪 80 年代至今，随着中国经济和政治的发展，相对于中国香港从全球化的施动者转而变为了被动者，港人身份认同焦虑的对象也从国族效忠认同、民族文化认同转变为更加广阔的、超出"中国－香港"这一二元想象之外的、指涉"香港/在地－全球"这一二元关系的身份焦虑和价值迷失。这种在地/全球的二元关系，催生了传统与现代之间的文化焦虑，20 世纪漫长的政治革命和"文化大革命"始终无法解决对这种文化焦虑；作为全球化信使的技术革新和金融市场，也持续地入侵传统地域边界和个体生活，引发了持久的情感危机。这种新的二元关系为《窃听风云》三部曲中的角色提供了不同于传统警匪类型片的行动背景和结构性的困境，在系列片的第三部中，为了容纳这一崭新的价值困境，影片的编导甚至将警匪类型片推向了"反类型"的边缘：不仅警匪之间的传统界限模糊不清，而且连警察这一核心的角色类型在三部曲的最后一部中也不复存在。

参考文献

[1] 福西永：《形式的生命》，北京大学出版社，2011。

[2] 〔美〕托马斯·沙茨：《好莱坞类型电影》，冯欣译，上海人民出版社，2009。

[3] 〔美〕J. A. 布朗：《弹雨、哥们儿和坏蛋——论"警匪片"类型》，徐建生译，《世界电影》1995 年第 2 期。

[4] 戴锦华：《镜与世俗神话，影片精读十八例》，中国广播电视出版社，1995。

[5] 丁树新、刘丽敏、顾庆媛：《〈贫民窟的百万富翁〉：金融危机下的童话》，《电影文学》2009 年第 11 期。

[6] 郝建：《类型电影教程》，复旦大学出版社，2011。

[7] 刘文宁：《告别辉煌年代——新世纪以来的美国警匪片创作风格》，《当代电影》2012 年第 3 期。

[8] 楼成宏：《论反英雄》，《外国文学研究》1992 年第 2 期。

[9] 罗卡、吴昊、卓伯棠：《香港电影类型论》，牛津大学出版社，1997。

[10] 马杰伟、曾仲坚：《影视香港：身份认同的时代变奏》，香港中文大学香港亚太研究所，2010。

[11] 马杰伟：《香港能否从"功能城市"转型为"宜居城市"？》，《明报》2009 年 2 月 2 日，A28 版。

[12] 彭丽君：《黄昏未晚：后九七香港电影》，香港中文大学出版社，2010。

[13] 饶晖：《美国警匪片的类型分析》，《北京电影学院学报》2000 年第 4 期。

［14］少言：《香江最佳拍档：专访〈窃听风云〉导演麦兆辉、庄文强》，《电影世界》
2009 年第 7 期。

［15］王岚：《反英雄》，《外国文学》2005 年第 4 期。

［16］许乐：《〈夺命金〉：杜琪峰的变与不变》，《电影艺术》2012 年第 3 期。

［17］许志晖、李娜：《看麦庄双雄如何打造〈无间道〉和〈窃听风云〉系列》，《电
影》2011 年第 12 期。

［18］严敏：《金融危机下的奥斯卡策略——以〈贫民窟的百万富翁〉为例》，《艺术评
论》2009 年第 4 期。

［19］赵菁：《从"文化帝国主义"到批判的跨文化主义：文化权力再发现》，载郭镇
之主编《全球传媒评论Ⅷ》，清华大学出版社，2013。

［20］Gina Marchetti（2007）. Andrew Lau and Alan Mak's Infernal Affairs – The Trilogy.
Hong Kong：Hong Kong University Press.

［21］Nicholas Hookway：Emotions, Body and Self：Critiquing Moral Decline Sociology.

［22］Robert Warshow：. Immediate Experience. Movies, Comics, Theatre and Other As-
pects of Popular Culture, Doubleday, Garden City, NY.

［23］Steve Neale（2000）Genre and Hollywood. Routledge, p. 7.

大众传媒与文学价值观的变化

——对大众传媒在文学传播中的"负面效应"的检讨

杨翠芳[*]

摘　要：大众传媒成为文学传播的重要载体，介入了人们的文学消费，影响着人们既有的文学价值观。它增加了文学的服务价值、商品价值，削弱了文学的审美价值。刊发在大众传媒上的文学文本有着鲜明的新闻性，体现出强烈的时代感。大众传媒使文学的价值取向一步步朝新闻化方向走去，使文学的娱乐性、消闲性得到强化，却使文学对人生的终极意义缺乏相应的热情，亦不再把美学追求放在第一位，从而使文学在整体上失去了相应的人文意义。此外，大众传媒对"泛文学""大文学"文本的大量刊载、传播，对文学文本新闻性的过分强调，对文学价值体系的非审美性地改变，对营造整个社会的文学气质有着一定的破坏作用。

关键词：大众传媒　传播载体　文学价值观

我国是一个注重文史教育的国度，对文史教育的重视决定了国人普遍的文学素养，而国人的文学素养又决定了他们对文学的接受、消费、价值判断及精神生存状态。这原本不难理解，我国中小学语文教育的一个很重要的内容便是文学教育，而大学普遍开设的"大学语文"教育，更强化了文学素质教育的审美内涵和精神内涵。然而当我们认真考察文学素质教育的环境，当我们以传播学的视角来考察文学教育的"现实结果"时，我们会惊讶地发现，文学教育与文学教育的"结果"竟有相当的距离，甚至有

---

* 杨翠芳，湖北大学新闻传播学院教授，湖北大学文学院博士生。

些大相径庭。受众所接受的文学教育及其既有的文学素养，使其对文学文本的价值追求有一个较科学的判断，而其文学消费内容却又是另一回事，其文学消费实践与其对文学文本的价值判断，往往是两回事。为什么会出现这种"精神"与"实践"的"悖论"呢？笔者认为，之所以会出现这种"悖论"，是因为大众传媒介入了人们的文学消费，影响了人们既有的文学价值观。

什么是文学价值观？简单地说，就是指对文学价值的观点和看法。文学价值指体现在诗歌、小说、散文、戏剧等文学作品里的思想和精神价值，主要指文学作品的内在艺术价值。其价值不仅体现在实用功利的层面，而且更是一种精神性价值。文学价值观往往能够反映出一个时代中人们的审美趣味和精神追求。

近年来，大众传媒介入文学的生产和传播后，文学价值观发生了显著变化。具体表现在以下几个方面。

一　大众传媒使文学的价值体系发生了
变化：以满足受众趣味为主

在大众传媒不足以影响人们的精神、文化消费的时代，谈文学的传播其实既没有太大的理论意义，也没有多少现实价值。文学传播问题进入人们的学术视野，一个潜在的问题便凸显出来了，即文学传播开始影响文学的价值诉求。要研究文学的传播，则必须对文学的传播媒介做大致的"分类"，本文研究的是大众传媒对文学价值诉求的影响，像《人民文学》《收获》《清明》《钟山》《文学评论》等，便自然不在论者的研究视野之中。因为这些媒体（刊物）对文学的传播，仍以尊重文学创作的主体为基础，至于审美主体、接受主体（媒介受众）如何，并非其关注的重点，更重要的是，这些媒介对文学的传播，不受媒介（刊物）自身的限制。而大众传媒开辟的文学栏目就不同了。在大众传媒上开设文学栏目，首先要考虑的是符不符合大众传媒的"媒介性质"，其次要考虑受众接受不接受，也就是说，大众传媒在进行文学传播活动之前，就要考虑接受主体的价值取向，用业内行话说，就是要"心中装着读者"。这必然决定了大众传媒对文学价值的"规定"与诉求。

为了讨论的方便，我们有必要对大众传媒上的文学传播做概念性说明。这里所言说的大众传媒上的文学传播，指报纸上的文学副刊（包括长篇连载）、网络上的文学网站、手机上的短信文本以及广播小说栏目、广播散文栏目、电视散文栏目等媒介上刊载的文学文本。为了和纯文学期刊区别开来，一些生活类期刊如《知音》《爱情婚姻家庭》《爱人》《幸福》等期刊上刊载的、栏目名称为"小说""文学""格调""心情故事"等的虚构文本，也被笔者纳入"大众传媒上的文学传播"这一论题中进行论述。

报纸上的文学副刊在业内一向有"纯文学副刊"的称谓。然而保留"纯文学副刊"的纯正品格的文学副刊越来越少。目前较有代表性的"纯文学副刊"有《人民日报》的"大地"文学副刊，《解放日报》的"朝花"文学副刊，《羊城晚报》的"花地"文学副刊，《湖北日报》的"东湖"文学副刊，等等。20 世纪 80 年代后期开始，各类报纸媒体纷纷开设了一些"泛文学"专版、"大文学"专版，如《长江日报》开设有"人生百味"版、"随笔"版，《羊城晚报》开设有"晚会"版，《楚天都市报》开设有"随笔"版，《武汉晨报》开设有"悦读"版，等等。加之在报业副刊已获得品牌价值的《文汇报》的"笔会"版、《新民晚报》的"夜光杯"版、《扬子晚报》的"繁星"版等。可以说就整个报纸副刊而言，这类"泛文学""大文学"类的文学副刊成了报纸文学副刊的主流。

网络文学是随着我国信息高速公路工程的启动而兴起的。网络文学从诞生之日开始，一直处于争议之中，当时许多人，包括一些学养深厚的评论家，也断言网络文学要取代纸质文学。然而 20 年过去了，长江文艺出版社出版的期刊《网络文学》，办了几期便消失了。湖北教育出版社出版了一套"网络文学丛书"也像大森林里掉了片树叶，悄无声息。倒是有几本长篇小说先在网上刊载，聚了不少"人气"，然后出版出来，成了畅销书。但这并不是网络文学的成功，而是商业炒作的成功，而且其炒作的成功，最终还是以纸质文学的形式和读者见面的。然而网络作为一种承载文学的载体，确实又为文学的生存找到了新的、应该说也更为广阔的空间。从既有的网络文学文本看，形式多样，有不少创新的形式和内容。但网络文学缺乏相应的"准入机制",使得它自身良莠不齐,质量相差太大,用一句话来概括网络文学的价值诉求,几乎不可能。

2000 年年初,随着手机的普及,手机短信也成了文学的重要载体,"短信文学"一度成为不可忽视的文学现象。2004 年中国文坛的一个重要现象就是对"短信文学"的争议。2004 年 4 月至 8 月,由海南移动通信有限公司、《天涯》杂志社和海南在线天涯社区联合主办的"中国首届全球通短信文学大赛"在全国范围内征集短信文学,由此掀起了关于"短信文学"的各种争议(李少君,2005;孔见,2005)。到了 2004 年 9 月,由《羊城晚报》文艺部、金羊网、羊城晚报广告公司联合举办"首期花地手机短文大赛"活动,把有关"短信文学"的讨论引向深入,也许是因为"短信文学"的提法受到太多的质疑,他们干脆将征文命名为"手机短文",而不用"短信文学"这一提法。但无论如何,"短信文学"这一命名开始在文学界流传。"短信"这一名称自英国于 1992 年成功发送世界第一条短信开始,便已广为流传,在短信文学这一概念诞生以前的 2002 年,我国已出版了许多本"短信选本"(李云飞,2002;云中雪,2004)。当时还没有人把手机短信视作文学传播媒介,随着短信文学意识的提高,手机短信成了人们不可忽视的文学传播媒介,这一媒介同样属于大众媒介范畴。

由于广播小说、广播散文所传播的文学文本原本来源于其他媒介,只不过广播延伸了这些文本的听觉感受,应该说,广播对文学的传播是一种"再传播",电视也是如此,所以在这里笔者只是将电视、广播作为大众传播提出来,谈到其对文学精神价值的影响时,电视、广播这类媒体,不作为重点论述的对象。

考察了文学的大众传播媒介后,我们便可以回过头来对这些传播形式带给文学的影响做基本的估计(鲍风,2005)。以传统的眼光看文学的价值体系,文学的价值体系至少有三个方面的内容:认识功能、教育功能、审美功能。这三种功能又有着不同层次的区别,如认识功能有深有浅,审美功能更有丰富的内涵。我们判断一部文学作品的价值,并不是单向的,也不是单层次的。对一部文学作品的艺术价值进行解读,我们当然首先要看它有没有认识价值,看它有没有教育价值,看它有没有相应的审美价值，更进一步，我们还要判断一部文学作品的艺术价值，我们还要看它有没有为读者提供丰富的解读空间，也就是说，这部文学作品在被接受时，能不能形成相应的"价值体系"和"意义链"。我们常说"一百个读者有一百个哈姆雷特""一百个读者有一百个林黛玉"，这实际上就是说《哈姆雷特》《红楼梦》在传播与被接受的过程中，形成了相应的"价值体系"和相应的"意义链"。然而在大众传媒上，文学作品的价值认定，如上所说，文学副刊刊发文学作品，首先想的是接受主体，网络上刊发文章，首先想的是能否吸引更多的受众去点击网站，而短信文学更要考虑文本接受对象，所以这些大众传媒均十分强调文本接受者的主体意愿，而对文本的创作主体或多或少有些忽视。这决定了这些文学文本的价值取向的单一性，甚至决定了这些文学文本的"服务性"。所以在大众传媒上传播的文学文本，更大程度上强调的是文学的服务性，不可能建立相应的"价值体系"和"意义链"。过去我们也曾一度强调文学的服务性，但这种表述一直是一种意识形态性表述，以自在自为的文学价值认知的视角来看，把文学的"服务性"视作对文学接受主体的过分强调，只有大众媒介才会这样。

对接受主体的强调，体现在大众传媒的经营策略上，就是这些媒体的市场意识。这样说可能让读者有一头雾水的感觉。大众媒体是一种文化品种，但大众传媒所从事的也是一种经营活动。大众传媒在面对受众时，是一种文化读物，同时也是一种文化商品。这种商品属性在根本上决定了它对文学的传播决不仅仅意味着文学教育和文学审美，它在实践意义上是把文学当作商品看待的，这决定了大众传媒上的文学文本一定要有商品价值。既然是商品，就要为买方考虑，这就是上文所言及的"文学的受众意识""文学受众的主体意识"，再直接一点说，即"心中装着读者"。

总之大众传媒使文学的价值体系发生了变化，它增加了文学的服务价值、商品价值，削弱了文学的可解读性，即它不强调文学是否具有相应的"价值体系"，也不重视文学的"意义链"。实际上，我国目前的一些文化管理制度也开始关注艺术产品的商业价值，如一些评奖条例明确标出要重视票房价值，有些文学副刊不断调整编辑思路，有的"纯文学副刊"朝"泛文学""大文学"的路上过渡，有的文学网站开通不久即关闭，有的文学网站不断刊发色情文本以招徕点击率，等等，所有这些，都在不同程度上以各种方式，强化这些媒体上的文学文本的商品属性和服务功能，而对文学的教育功能、认识功能等，逐渐淡化乃至放弃。这也决定了大众传媒上的文学文本普遍低质量的现状。

二 大众传媒使文学带上了新闻特色：文本新闻性显著增强

（一）大众传媒上的文学文本带有鲜明的"新闻性"

早在 20 世纪 80 年代后期至 90 年代中期，人们对西方流行的"新闻小说"议论纷纷，《北京文学》还推出过"新状态小说"的试验写作。然而，以实验室的方式来探索"新闻小说"的可能性，会受到种种限制，也受到美学的严峻挑战。新闻小说的种种言说为小说创作留下了怎样的精神遗产，有待理论家去进一步分析研究。但有一点是可以肯定的，这就是，随着大众传媒的不断发展，随着大众传媒在处理文学传播方面积累的经验的日益丰富，文学和新闻的嫁接日益受到大众传媒的重视。现在很多报纸都开设了"新闻故事"版、"新闻故事"栏目，如此前，《楚天金报》每天有一个"新闻故事"版，《湖北日报》也开设有"新闻故事"栏目。这类版面（或栏目）刊发的明明是新闻，叙述方式却又是文学的。文学常识告诉我们，叙述可以改变叙述对象的"可还原性"，叙述可以改变叙述对象的"真实性"，而且叙述可以使叙述主体的主观意愿得以呈现。而所有这些，恰恰是新闻所不允许的。自然，文学叙述对新闻真实性的改变有待新闻界的理论权威们去探讨，但这给文学研究提供了启示，对研究大众传媒如何影响文学价值走向，提供了言说的空间。

为什么我们很难——几乎不可能——在报纸副刊上看到先锋实验的文学文本？为什么报纸副刊刊发的诗歌文本越来越少？为什么网络上针对当下文坛所写的评论文章会流传得那么快？一个很重要的原因就是，大众传媒对文学文本的选择，均比较重视针对性，比较重视对当下生活的"文学描述"及有当下意义的"文学批评"。也就是说，大众传媒对文学的传播，对所传播的文学文本的选择，有一个重要的标准，那就是这些文学文本的"新闻价值"。换句话说，刊发在大众传媒上的文学文本有一个显著的特点，那就是：这些文学文本有着鲜明的新闻性。

（二）大众媒体上文学文本的文学价值让度于新闻价值

1. 时代性特色明显，服务现实的功能显著

大众媒体上的文学文本有很强的新闻价值，反映现实几乎成了大众传媒上的文学作品的共性，这可以说是由大众传媒如报纸的属性决定的。报纸是"新闻纸"，自然带有较强的新闻性与时效性，刊发于其中的文学文本也就必然具有较强的新闻价值。只要我们对报纸文学稍稍做些研究，我们就会发现，写现实、抒发对现实生活的认知与感悟，是报纸文学的一大鲜明特色。刊发在报纸副刊上的文学作品很少谈及历史，更少有以历史为题材的文章，即使在文章里谈古论今，也多属于杂文写作，而且这样的杂文谈古论今的目的不是抽象意义的"发古之幽情"，而是借古喻今、借古讽今。从目前的情况看，报纸纯文学副刊越来越被视为一家报纸的"品位之见证"，但因其接受的有限性又决不允许其扩大地盘，相反那些"大文学""泛文学"版面在报纸上攻城略地，不断地抢占空间。以《长江日报》为例，目前纯文学副刊是"江花"，而"泛文学""大文学"版面，如其"生活周刊"上刊发的生活随笔，大部分是颇有文学韵味的文本，"特别报道"版虽是一个新闻版，但刊发于其中的文章是一篇篇报告文学作品，更别说其"城周刊"上开设有专门的谈天说地式的随笔栏目了，那其实同样是"大文学""泛文学"意义上的文学文本。至于网络文学、短信文学，其现实针对性在一定程度上要比报纸文学副刊上刊发的作品要强得多。

2. 文本的虚拟性实验性较弱，"小众化"的文学实验较少

为什么大众传媒这样重视"大文学""泛文学"文本？这是因为大众传媒的服务对象不全是文学消费者，还是因为大众传媒的消费者文学素养参差不齐，更是因为大众传媒本身就是直面现实、服务现实的。所以，大众传媒上传播的文学文本，虚拟性普遍不够，文学语言的实验性不强。我们知道，文学是语言的艺术，不讲究语言美的文本，故事性再强，也不能说是一部有质量的文学文本。然而，大众传媒面对的毕竟是大众，所使用

的语言是具有普遍意义的规范的汉语言，大众所接受的叙述方式也具有普遍意义，如果在大众传媒上刊发语言实验、叙述先锋的文学文本，那么就有可能脱离读者。同时大众传媒对时尚文化又非常敏感，大众传媒本身也是时尚文化的创造者和参与者，刊发于其中的文学文本对时尚的表述方式天然地有一种敏感。如一些网络语言的流行，在一些报纸文学副刊上可以读到"哇噻""酷毙了""粉丝""不明觉厉"等颇具新闻价值的词语。使用这些词，不仅可以体现叙述对象的当下性，而且可以体现叙述主体的现代意识，使整个文本体现出一种强烈的时代感。

3. 文本在写作方式上多借鉴和采用新闻的倒金字塔形式，呈现"格式化"写作趋势

大众传媒上文学文本的新闻性，还体现在这些文本往往把新闻和文学合二为一，使新闻与文学的嫁接真正成为可能。这一点上文已有所涉及，这里单独提出来，是因为现在大众传媒对文学文本的价值诉求，普遍强调其"生活实感"。过去我们批评过"晚报文学"、批评过"小女人散文"，认为这些写作表达的是"杯中风波""小菜情绪"。的确，这些文章所写的内容，无非是某某在某天买了 500 克白菜，某某在某个地方吃了顿可口的中餐，这种带有极强现场感、即时性的新闻色彩很浓的文学文本，使新闻和文学的嫁接落到了实处。更重要的是，这类文章的写作方式，有许多采用的是新闻的写作方式，有的把最重要的内容写在前面，然后再写一件事发生的过程，有的是把自己的某种感受写下来，然后再写这些感受是由哪件事情引发的，正像新闻的倒金字塔的写作方式。应该说，这种写作方式在大众传媒上的流行乃至确立，是文学新闻性写作的最突出的表现，也是大众传媒对文学价值走向的最大的影响。这一点有待做进一步的研究，至于这种影响会给文学创作带来什么样的精神遗产，更需要另外的专文做阐释。

三　大众传媒使文学的人文价值遭到
一定程度的破坏：人文意义减弱

我们通过收集资料、多方搜集实例来谈大众传媒对文学价值走向的影响，最后的落脚点究竟在哪里？换句话说，我们进行文学传播研究有没有什么人文目的？一个不容忽视的问题——这也可被视作笔者写作此文的深层意愿——我们的文学价值走向确实出了问题，而这个问题的症结，恰恰在大众传媒那里。"文学价值走向确实出了问题"，在本文也许只能算是"压在纸背的问题"，但笔者之所以不想把它真正"压在纸背"上，是想为大众传媒究竟该如何进行文学传播提供一点切实的思考。

我们说大众传媒改变了文学价值体系，我们说大众传媒使文学与新闻的嫁接成了可能，我们还说，大众传媒使文学的价值走向一步步背离了虚拟世界，等等。乍看起来，似乎是大众传媒使文学价值的内涵和外延得到了拓展，其实不然，这是对文学根本属性的背离，是对文学这种审美形式某种程度上的破坏。

首先，大众传媒使文学的价值取向一步步朝新闻化方向走，使文学的娱乐性、消闲性得到强化，却使文学对人生的终极意义缺乏相应的热情，文学不再把美学追求放在第一位，不再追求人生的终极价值，不再追求一种理想人生，从而使文学在整体上失去相应的人文意义。

其次，大众传媒尤其是网络文学、短信文学的超规模发展，大众媒体在处理文学作品方面采用的"低门槛""无门槛"策略，使每一个媒体受众都可以在大众媒体上"过一把瘾"，使媒体受众产生一个错觉，那就是文学创作不需要相应的美学积累，也不需要相应的生活积累，更不需要相应的思想积累。这倒不是说文学天生应该是一种贵族，文学创作是个别人的专利，更不是说文学消费应该是一种贵族行为。正像高尔基所说，按人的天性而言，每个人都是一个艺术家。每一个人都有审美的精神需求，每个人都有创造艺术的欲望。但是，有艺术天赋、有创造欲望，不一定有能力去创造艺术产品，也不一定有艺术素养去领略艺术的美学价值。如果不计艺术素养，不问作品艺术价值，只要写几句话、讲几个故事，然后往网站上一张贴、朝手机上一发送，便以为自己也是一个艺术作品的创造者，那便在根本上轻薄了艺术创造的精神含量，轻薄了艺术作品的审美价值。

最后，大众传媒对"泛文学"文本的大量刊载、传播，大众传媒对"大文学"文本的不加选择的传播，对文学文本新闻性的过分强调，对文学价值体系的非审美性地改变，对营造整个社会的文学气质起着一定的破坏作用。这种破坏作用一是体现为使受众的文学价值观异常混乱，二是体现为对文学写作的创造性认识不够，三是在一定程度上还破坏了经典文学文本的市场价值。

当然，对大众传媒在文学传播中的"负面效应"的检讨，并不意味着让文学传播拒绝大众传媒，而是意在建设健康的、有益于文学发展的大众传播模式。实际上，大众传媒之所以对文学的价值走向有种种消极的影响，与受众整体的文学素养有关，与受众的媒介素养有关。所以建立健康的文学大众传播模式，与提高受众整体的媒介素养、提高受众整体的文学素养，应该是同一个议题的两个方面。

参考文献

［1］李少君：《扛梯子的人》，云南人民出版社，2005。
［2］鲍风：《"报纸文学"价值取向的"媒介限制"》，《江汉论坛》2005 年第 8 期。
［3］孔见：《大拇指短信文学选粹》，云南人民出版社，2005。
［4］李云飞：《浪漫短信息》，中国戏剧出版社，2002。
［5］云中雪：《发遍天下——手机浪漫短信分类大全》，中国盲文出版社，2004。

旧城改造中的新闻框架建构研究[*]

——以武汉汉正街改造和广州恩宁路改造为例

聂远征　张　艳[**]

摘　要：本文选取武汉汉正街和广州恩宁路改造报道为样本进行研究，采用"以文本为方向的话语分析"路径，以"将话语和语言置于社会实践和过程的中心位置"的观念为指导，运用新闻框架的分析方法，重点关注汉正街改造、恩宁路改造的媒体话语实践，分析本地媒体、异地媒体等多方建构汉正街改造和恩宁路改造事件的话语文本，观察对比不同地域和类型的媒体如何建构改造事件的新闻事实和框架，探究不同话语的产制者和社会行动者所建构的社会现实及实施的社会行动。

关键词：旧城改造　新闻框架　媒体建构

旧城改造，不仅关涉普通民众的切身利益并受到社会公众的普遍关注，而且还引起了众多公共媒体对此持久不衰的报道和讨论，吸引了不同媒体的普遍关切和跟踪报道，成为各大媒体的公共话题。比如武汉汉正街改造、广州恩宁路改造等代表了国家在城市化进程中进行旧城改造的一个缩影，旧城改造中老百姓的利益如何不被侵害、政府如何在改造中做到阳光透明，是不同媒体一直试图通过记录寻找答案的问题。在报道中，不同性质的媒体所采用的话语来源、话语方式，新闻框架生产出不同内容的媒

---

[*] 本文是国家社会科学基金青年项目"城市旧城改造中的媒体话语建构及引导"（项目编号：13CXW051）的阶段性研究成果之一。

[**] 聂远征，湖北大学新闻传播学院副教授，博士；张艳，湖北大学新闻传播学院硕士研究生。

体文本，展开了具有复杂意义的媒体话语实践。那么，旧城改造在中国主流媒体上是如何被呈现的？正是在这一问题意识的导向下，本文选取汉正街和恩宁路改造报道为样本进行研究，运用新闻框架的分析方法，试图对这一问题做出实证阐述。

一 样本选择及类目构建

目前，新闻框架分析主要运用于三种分析角度：第一种是从媒体生产的视角来研究如何建构新闻框架，第二种是从内容分析的视角来挖掘新闻框架的内涵，第三种是从传播效果研究的视角来考察读者的接受信息情况。本文主要是从第二个视角来进行分析，将框架的操作化定义为"新闻文本所呈现的某种模式化的表达方式"，即通过纸质媒体报道和网络媒体的内容来分析，具体方法上先识别单篇文本的报道视角，然后在统计分析的基础上辨识出报道框架。

在武汉汉正街改造案例中，样本对象为：《湖北日报》《经济日报》《长江日报》《楚天都市报》组成样本群甲；《人民日报》《经济日报》《三联生活周刊》《21世纪经济报道》《南方都市报》《中国企业报》《第一财经日报》《法治周末》《新金融观察报》及新浪相关博文，组成样本群乙。样本的选取基于两点考虑：一是媒体自身的影响力，二是该媒体对汉正街改造事件的关注度。样本群甲作为事发地的省市党委党报和省级都市报，从改造之初即介入对该事件的报道，在一定程度上体现了湖北省内主流媒体的认知状况。样本群乙均为湖北异地媒体，除《人民日报》为党中央机关报之外，其他媒体均为专业化的市场性媒体，具有较强的社会影响力，在一定程度上体现了湖北省外主流媒体的认知状况。需要说明的是，异地媒体的数量之所以选取了9家，是因为每家异地媒体报道数量有限，选取范围大，便于把握异地媒体对该事件的报道认知态度。

样本的数量统计途径，一是以汉正街改造为关键词，用百度搜索引擎进行检索；二是查阅报纸原本。最终获得《湖北日报》有效报道29篇、《长江日报》有效报道58篇、《楚天都市报》有效报道57篇，样本群甲共计144篇；《人民日报》2篇、《经济日报》1篇、《三联生活周刊》3篇、《第一财经日报》1 篇、《南方都市报》1 篇、《21 世纪经济报道》2 篇、《中国企业报》2 篇、《法治周末》1 篇、《新金融观察报》1 篇、新浪相关博文 2 篇，样本群乙共计 16 篇。上述 160 篇报道构成框架分析的主要材料。

由于汉正街本次改造时间从 2011 年开始，因此样本选取时间确定为 2011 年 1 月至 2011 年 12 月，此为媒体报道的最密集的时期，将近一年的时间长度能够较为全面地反映媒体对该事件的报道状况和所持态度。

在广州恩宁路改造案例中，样本对象为：《南方日报》《广州日报》组成样本群甲；《新快报》、《羊城晚报》、《南方都市报》、《国家人文历史》、恩宁路—民间关注网站的相关博文，组成样本群乙。样本的选取基于两点考虑：一是媒体自身的影响力，二是该媒体对恩宁路改造事件的关注度。样本群甲作为事发地的省市党委党报，从改造之初即介入对该事件的报道，在一定程度上体现了广州市内官方媒体的认知状况。样本群乙均为市场性的都市报、省外媒体及民间组织所创办的网站，具有较强的社会影响力，在一定程度上体现了广州市主流都市报以及民间舆论的认知状况。

样本的数量统计途径，一是以恩宁路改造为关键词，用百度搜索引擎进行检索；二是查阅报纸原本。最终获得《南方日报》有效报道 11 篇、《广州日报》有效报道 13 篇，样本群甲共计 24 篇；《新快报》55 篇、《羊城晚报》24 篇、《南方都市报》9 篇、《国家人文历史》1 篇、恩宁路—民间关注网站 2 篇，样本群乙共计 91 篇。上述 115 篇报道构成框架分析的主要材料。

由于恩宁路改造时间从 2007 年开始，持续时间较长，直至 2011 年 6 月 24 日，广州市规划委员会全票通过以文化保护有限为目标的改造规划，由此进入新的阶段。因此样本选取时间确定为 2007 年 1 月至 2011 年 7 月，此为媒体报道的最密集的时期，将近 5 年的时间长度能够较为全面地反映媒体对该事件的报道状况和所持态度。

在阅读以上媒体的全部有效样本内容后，本文将所要分析的变量分为以下三个要素：报道主题、消息来源、关键词。

报道主题是指在新闻报道中，媒体通过特别方式将事件信息的主题重新进行组织和信息提示，通常会突出事件的某些角度，对其进行重点报道，设置相应的议程。具体而言可以将其划分以下六类。

①政府行动决策。如政府权威发布的改造规划政策、规定制度，政策

颁布的背景、原因、影响，改造有关的会议、改造工作的阶段性动态信息以及对改造中相关问题的处理办法等。

②成就建设。城市改造中的经济社会发展、改造经验和涌现出来的典型人物等，旨在使民众了解形势、增强信心和社会凝聚力。

③民生现状。描述当地居民与商户们的本来的生活状态、即将面临的生活的巨大变动以及相关利益关联者们对于自己的生存空间的真切描述。

④利益冲突。如改造中产生的利益纠纷、居民们的维权诉求与上访等行为。

⑤法制主题。改造中对相关法律法规制度的解读和讨论。

⑥文化保护。如改造中对城市文化建筑、传统风俗、生活仪式等的保护。

消息来源即信息的本源、发生源，包括政府、政党、团体、企业人士、权威人士、普通百姓、当事人、目击者等。它是解读新闻在社会表征中的社会权力关系及功能的一项重要标准。新闻生产者由于主观因素的影响会存在选择消息来源的行为，有意放大选择和引用对报道目的有利的消息来源，遮蔽或抛弃对自己报道目的不利的消息来源。需要特别指出的是，本文的消息来源统计主要依据文中的最主要报道对象。具体分为以下四类。

①商户、居民及与利益相关的普通民众。

②房产开发商。

③政府职能部门、规划设计院等有关部门。

④专家学者，包括民间文化保护者。

关键词是指在媒体文本中蕴含着特定社会心理意义的、能够凸显报道主题的词语。通过对关键词的频次分析可以综合反映出媒体的价值判断、情感态度等。

二　武汉汉正街改造中的新闻框架建构

（一）政府主导下的现代性规划框架——本地媒体的新闻框架建构分析

通过对以下媒体报道的报道主题、信息来源、关键词等要素进行分析，本地新闻媒体主要建构了政府主导下的现代性规划框架。这种框架首先体现在报道主题类目方面，城市现代性规划发展框架居首位。商业资本的力量影响到其报道内容，采用资本的逻辑话语来建构，话语表达的内容主要是勾勒汉正街的美好蓝图，把新汉正街建构成充满现代性、能勾起人的欲望的高档商贸区，并在主观意象中构建这一城市空间，进行现代性的意象选择。其次在消息来源上，本地媒体代表了政府的立场和利益，采用的消息来源严重倾斜于政府官员，政府掌握了话语权。最后，在关键词方面，本地媒体的正面报道明显比较多，通过宣传城市的现代性规划发展，美化民众的生活现状和态度，正面引导舆论，树立政府的良好形象。在报道上，本地媒体呈现的是一个成就多于矛盾的媒体现实。

1. 报道主题

在《长江日报》、《楚天都市报》和《湖北日报》2011 年关于汉正街改造的报道中，据调查统计，绝大多数的报道内容是对政府的改造规划政策、规定制度的宣传和改造工作的阶段性动态信息，此类报道占到了三家报纸报道总量的 93%，不同主题的报道之间的比例关系表现出极其明显的不平衡。汉正街作为一种社会空间在三家媒体报道中主要被呈现为一种异质空间，是城市中心地段的疮疤。汉正街改造是根治火灾频发、交通堵塞的有效办法。而对于汉正街文化保护、汉正街原有生态将遭到破坏、法制等主题，三家媒体却少有提及，见表 1。

表 1　湖北本地媒体报道主题统计

单位：篇

报道主题＼媒体	《楚天都市报》	《长江日报》	《湖北日报》
成就建设	28	30	15
政府行动决策	20	25	9
民生状态	8	6	4
文化保护	1	0	1
法制主题	0	0	0
利益冲突	0	0	0

2. 消息来源

湖北地方媒体在围绕改造进展的新闻建构中，所引用的消息主要来自政府官员、规划设计院、武汉卓尔集团发展有限公司的领导等，媒体有意凸显和强化政府官员和开发商的意见，屏蔽了改造反对者和利益冲突者的声音。即使出现了少部分普通市民、汉正街的当地居民和商户们的话语，但大多也是以支持政府的舆论或是作为改造的正面效果而被呈现的。可见，湖北本地媒体的报道，采用的信息源结构是不平衡的、过度精英化的。本文统计了三家报纸的消息来源频次并对其分类，见表2。

表2　湖北媒体报道信息来源分类统计

单位：条，%

媒体 消息来源	《湖北日报》		《长江日报》		《楚天都市报》	
	信息来源	占总量比例	信息来源	占总量比例	信息来源	占总量比例
政府职能部门、规划设计院等有关部门	16	55.17	38	65.52	33	57.89
房产开发商	3	10.34	4	6.90	8	14.04
商户、居民及与利益相关的普通民众	6	20.69	11	18.97	10	17.54
专家学者	4	13.79	5	8.62	6	10.53

从统计数据中可以看出，这种消息来源的结构说明地方政府和政府职能部门在汉正街改造的话语场中扮演着"定义者"的角色，他们限定了对汉正街改造的态度基调，而持不同观点的其他社会力量在媒体报道中却相当有限，社会公众个体的表达空间微乎其微。

3. 关键词

在报道汉正街现有状态时，"火灾隐患""交通拥堵""商居混杂""产权不清""低端""水货""脏""乱""差"等关键词频频出现。

在描述新汉正街规划时，使用了"700亿""涅槃""脱胎换骨""提档升级""根本变化""中部曼哈顿"等关键词。

汉正街改造的必然性、改造中的社会普遍支持、大规模的投资、改造之后的正面效果等内容通过这些关键词呈现的，湖北地方媒体为汉正街改造确立了正面的、积极的报道基调。

（二）日常生活视野下的利益冲突框架——异地媒体的新闻框架建构分析

通过对以下媒体报道的报道主题、信息来源、关键词等框架要素进行分析，异地媒体构建出日常生活视野下的利益冲突框架。首先，在报道主题类目方面，"利益冲突"框架居首位。新闻价值要素——"冲突性"，是异地报纸非常注重的一个要素。旧城改造作为我国转型期社会利益冲突的典型议题，存在着诸多的矛盾冲突，特别是作为理性控制的经济原则与市民的日常生活之间的矛盾冲突，让很多异地媒体认识到汉正街城市空间重新整合的潜在反抗性，多数报道将视角对准汉正街普通人物的日常生活变化，通过汉正街里普通人物一天活动轨迹的系统记录来叙事。其次，在消息来源上，异地媒体的消息来源主要是商户、居民及与自身利益相关的普通民众。与本地媒体相比，异地媒体因为其在行政区域、经济上具有相对的独立性，所以也表现出相对的独立意识。最后，在关键词方面，异地媒体的负面报道明显多于本地媒体，报道了改造中的冲突矛盾、当地居民所面临的生活困境等问题。在报道上，异地媒体呈现的是一个矛盾多于成就的媒体现实。

1. 报道主题

异地媒体在报道汉正街改造时，表现出与湖北媒体迥然不同的媒体生产景观。在报道主题上，多数报道表现出了汉正街的文化保护、改造中的利益冲突和相关人群的日常生活变化等主题，呈现了汉正街原有的市井生态将遭到破坏、民众心理上的焦虑等现状，见表3。

表 3　异地媒体报道主题统计

单位：篇

报道主题 \ 媒体	《人民日报》	《经济日报》	《三联生活周刊》	《第一财经日报》	《南方都市报》	《21世纪经济报道》	《中国企业报》	《法制周末》	《新金融观察报》	新浪博客
政府行动决策	2	1	0	0	0	0	0	0	0	0
利益冲突	0	0	3	1	0	2	2	0	1	0
文化保护	0	0	0	0	0	0	0	0	0	2
民生状态	0	0	0	0	1	0	0	1	0	0

作为理性控制的经济原则与市民的日常生活之间的矛盾张力让很多异地媒体认识到汉正街城市空间重新整合的潜在反抗性。多数报道体现出对汉正街改造的观望与质疑态度，将视角对准汉正街普通人物的日常生活，通过汉正街里普通人物一天活动轨迹的系统记录来叙事，大量引用普通人物的话语，尤其是生活在汉正街里，与汉正街改造有利益关系的商户、麻木司机①、搬运工等群体，加深了读者对汉正街里普通人物空间行为模式的认识：城市空间的改造进程也在改变原有的空间特征，普通人物生存依赖的生活空间条件难以在汉正街现有的改造政策下被保留或延续。2011 年 8 月 17 日，《法治周末》刊登的《武汉汉正街涅槃：昔日 CBD 难离"市井气"》，一改以往"宏大叙事"的着眼点和旁观者的精英角色，通过跟踪采访汉正街上布店老板李晶桥、三轮摩托车司机潘丽华的日常生活变化，关注市民的行为以及空间使用的意义，增强了市民参与度，加强了人与城市空间的互动关系，在互动中发生故事，生成记忆，为人们提供了在城市空间中相互交往的平台，建构出更为丰富的意义层。该报道反映出汉正街原有的市井生态遭到破坏，隐喻出对汉正街未来发展的观望态度。

《三联生活周刊》2011 年 4 月刊登《去留汉正街》文章，用 2000 多字的篇幅，描述了汉正街的市井——坑坑洼洼的道路、弥散着洋灰味儿和垃圾的酸臭味的空气、充斥着廉价商品和各种山寨货的市场、赤膊的搬运工人、大声叫卖的伙计、在过道睡觉的孩子、讨价还价的顾客等，这一切都体现了汉正街的一个特点，那就是"乱"，以这种"乱"来形成一种反抗的报道艺术，隐喻汉正街居民们的日常生活形成着一种反力，它包括各种匿名的创造和边缘化的实践。"不乱不闹，怎么会有人气？怎么会有市场？"汉正街居民不断生产自己的言论来回击政府，甚至演化成群体的共同行为，这是对政府话语的消解与反抗。

但也有少数像《人民日报》《经济日报》的中央级媒体刊发了题为《在和谐中再写传奇汉正街整体搬迁启示录》《汉正街明天会更好》的长篇通讯。文章中写道："截至 2011 年 10 月底，当 5000 多家个体商户整体从汉正街顺利地搬迁至汉口北安居乐业时，汉正街又一次写下传奇，为大城

---

① 该词为武汉方言，指三轮车司机。

市的老商品市场改造与升级探索出一条新路。"① 该报道流露出对汉正街改造的高度赞扬和肯定。

2. 消息来源

异地媒体大量引用普通市民的话语，尤其是生活在汉正街里、与汉正街改造有利益关系的商户、麻木司机、搬运工等群体，较少出现政府相关职能部门及商业精英的话语。

表 4　异地媒体信息来源分类统计

单位：篇

报道主题 ＼ 媒体	《人民日报》	《经济日报》	《三联生活周刊》	《第一财经日报》	《南方都市报》	《21世纪经济报道》	《中国企业报》	《法制周末》	《新金融观察报》	新浪博客
政府职能部门、规划设计院等有关部门	2	1	0	0	0	0	0	0	0	0
房产开发商	0	0	0	0	0	1	0	0	0	0
商户、居民及与利益相关的普通民众	0	0	3	1	1	1	2	1	1	0
专家学者	0	0	0	0	0	0	0	0	0	2

3. 关键词

经统计，上述报纸大部分报道在提及汉正街改造时，使用了"穷折腾""迷途""市井""博弈""消逝""强拆"等关键词。这些关键词的使用，表达出其对汉正街改造的观望或质疑态度。

根据报道数量和报道框架的分析，本地媒体基本采取政府的报道立场，采用的是政府主导下的现代性规划的新闻框架，较少呈现民众的声音；而异地媒体的报道多从异地监督出发，采用日常生活视野下的利益冲突框架，虽然呈现了民众的声音，但是报道数量很少，持续时间比较短，并没有持续性报道，未能形成舆论气候。

汉正街空间的生产和空间的再造，能够促进城市现代化的进程、创造巨大的经济效应，但同时，它也是建立在不断剥夺汉正街居民对空间居住

---

① 杜若原：《在和谐中再写传奇——汉正街整体搬迁启示录》，《人民日报》2011 年 11 月 21 日。

和享有权的基础之上的，是对空间正义原则的损害。媒体关于汉正街改造的新闻框架差异反映了转型中的中国社会对空间正义的追求和经济发展问题的矛盾冲突。

三　广州恩宁路改造中的新闻框架建构

（一）政府偏好主导下的政策宣传框架——本地党报媒体的新闻框架建构分析

通过阅读各新闻报道的标题，并浏览报道文本，对案例二中的样本群甲进行分类编码，并选取报道主题、消息来源、关键词等作为研究对象进行量化分析，发现《南方日报》和《广州日报》两大党委机关报采用了政府偏好主导下的成就建设框架。两份报纸迎合政府偏好，总体上建构了政府偏好主导下的政策宣传框架。政府是积极参与媒体表达的主体之一，始终占据表达机会和话语资源等方面的绝对优势，利用媒体平台进行政策宣传和动员，有利于政策实施过程中社会动员的进行。

1. 报道主题

从表5中，我们可以清楚地看到，接近54%的新闻报道的主题是关于改造的政府工作和城市建设，包括政府改造的工作计划、部署和成效，改造过程中涌现的先进经验和典型。还有29%的报道是关于改造所带来的市场开发活动和商业机遇。另外，有4%的新闻报道反映的是改造为城市带来的各种各样的公共问题，主要集中在环境卫生、违章建筑、社会治安和火灾等问题上。只有13%的报道关注到改造决策过程封闭、未经民意讨论，呼吁决策中听取民意。

表5　广州本地党报媒体报道主题统计

单位：篇，%

报道主题＼媒体	《广州日报》	《南方日报》	占总量比例
政府行动决策	8	5	54
公共问题	1	0	4

续表

报道主题 \ 媒体	《广州日报》	《南方日报》	占总量比例
民生状态	3	0	13
市场开发和商业机遇	4	3	29

2. 消息来源

经过统计我们发现，地方政府职能部门、规划设计院等有关部门在改造的新闻报道中是压倒多数的消息来源，占70%；尾随其后的是专家学者作为相对独立的社会知识精英力量也在报道中占有一定比例，占13%；接下来依次是当地商户、居民及与利益相关的普遍民众，房产开发商，各占13%和4%。

表6 广州本地党报消息来源统计

单位：篇，%

消息来源 \ 媒体	《广州日报》	《南方日报》	占总量比例
政府职能部门、规划设计院等有关部门	10	7	70
专家学者	2	1	13
商户、居民及与利益相关的普通民众	3	0	13
房产开发商	1	0	4

3. 关键词

经统计，上述报纸大部分报道在提及恩宁路改造时，多次使用了"改善""欢迎""典范""焕发""将要""热议"等关键词。这些关键词的使用，表达出支持政府的舆论和恩宁路改造的正面效果。

（二）精英意识引导下的法制框架——本地都市报等媒体的新闻框架建构分析

通过阅读各新闻报道的标题，并浏览报道文本，对案例二中的样本群乙进行分类编码，并选取报道主题、消息来源、关键词等作为研究对象进行量化分析，发现《新快报》、《羊城晚报》、《南方都市报》、恩宁路—民间关注网站等广州本地媒体在该议题中建构了精英意识引导下的法制框架。首先，相对于样本群甲中不同媒体的报道主题，其开始凸显"法制主题"。尤其是《新快报》以深度报道和专家点评的报道形式，解读与讨论了我国旧城改造中的相应法律法规以及存在的问题，从法制视角分析了改造中利益冲突背后的原因。其次，在消息来源上，《新快报》采用比例较大的消息来源是专家学者、人大代表、法律专家、公共知识分子等，他们在恩宁路改造中扮演了重要角色，体现出强烈的精英意识。最后，在关键词方面，广州都市类媒体坚持客观中立的立场，主张不偏不倚。总之，广州市都市类媒体通过"精英意识引导下的法制框架"，呈现了一个理性的媒体现实，有利于促进公众对改造的理性认识，推动法制的修改和完善。

广州作为市场经济的前沿，也是权益意识发育最早的城市。在广州恩宁路改造报道中，本地媒体对于恩宁路城市文化保育议题的挖掘推动了改造事件的公开化，并运用不同的报道样式对改造事件进行积极的关注和跟踪，对意见市场中各种诉求声音进行整合和过滤，并作为一种"公共领域"成为公众表达、讨论公共事务、公共决策的重要平台。其中，《新快报》是参与时间最长、报道最深入、影响最大的媒体；2007年，《羊城晚报》策划的连续两周的《恩宁路老铺身影》系列报道，让不少"老广州"一起回味了他们年轻时代的一个个片断；还有恩宁路—民间关注网站是恩宁路改造学术关注组依托对恩宁路片区改造中出现的种种问题的关注而建立的网站，成员覆盖广州各大高校的大学生、志愿者朋友，其宗旨是为广州旧城改造更新搭建一个公共讨论平台，凝聚人们对城市公共利益的关注力量，使得各方专家、学者、代表、团体、市民以及政府之间能够有效沟通信息、交流意见，并在了解和理解的基础上进行理性探讨以推动问题解决，从而保障城市规划中的多元参与和人们公平的享用城市、对城市发言的权利。

1. 报道主题

从表7中我们可以清楚地看到，有44%的报道是关于居民寻求恩宁路改造的合法性、维护权利。另外，有12%的新闻报道反映的是当地居民的日常生活变化。比如《羊城晚报》推出的特别策划——《恩宁路老铺身影》，全方位地展示了苏伯铜器店店主苏广伟、伯父鞋店梁师傅等八位恩宁路居民的日常生活。有 17% 的新闻报道凸显了家园的文化自珍意识、历史传承意识。接近 27% 的新闻报道的主题是恩宁路改造应规划先行，并要引入公众参与等利益诉求，以及关于改造为城市带来的各种各样的公共利益冲突，主要集中在环境卫生、违章建筑、社会治安和火灾等问题上。

表 7　广州本地都市报等媒体报道主题统计

单位：篇，%

媒体 报道主题	《羊城晚报》	《新快报》	《南方都市报》	《国家人文历史》	恩宁路—民间关注网站	占总量比例
法制主题	10	25	5	0	0	44
民生状态	8	3	0	0	0	12
文化保护	2	9	2	1	1	17
利益冲突	4	18	2	0	1	27

2. 消息来源

经过表 8 的统计，我们发现，专家学者作为相对独立的社会知识精英力量在关于改造的新闻报道中是压倒多数的消息来源，占 57%，尾随其后的是当地商户、居民及利益相关的普遍民众，他们也在报道中占有一定比例，为 35%，接下来的是地方政府职能部门、规划设计院等有关部门，占 8%。媒体偏重依赖当地居民，给他们以充分的意见表达机会，这些意见大都是对政府改造行为的"控诉"；而很少听到来自政府方面的声音，即使有，大多数是对当地居民"控诉"的回应，声音也很微弱。

表 8　广州本地都市报等媒体消息来源统计

单位：篇，%

媒体 消息来源	《羊城晚报》	《新快报》	《南方都市报》	《国家人文历史》	恩宁路—民间关注网站	占总量比例
政府职能部门、规划设计院等有关部门	2	2	3	0	0	8
专家学者	12	35	3	1	1	57
商户、居民及利益相关的普通民众	10	18	3	0	1	35
房产开发商	0	0	0	0	0	0

3. 关键词

经统计，上述报纸大部分报道在提及恩宁路改造时，多次使用了"违法""合法""物权法""公共参与""民意""合理""保护""反对""应该"等关键词。这些关键词的使用，表达出媒体关注弱势群体、反映当地居民们的心声、帮助他们维权的态度，既彰显了媒体的人文关怀精神，也是社会公平正义的体现。

四　结论

从以上两个案例的对比中我们发现，第一，在上述案例中，由于媒体自身的定位不同，不同类型、区域的媒体报道所选择的消息来源具有差异性。《人民日报》《湖北日报》《长江日报》《南方日报》《广州日报》等媒体多属于党政报刊，代表政府意识形态，对此事的报道更多地援引政府行政职能部门的消息，表达官方声音；而区域外的市场化报纸和广州本地市场化报纸的消息来源比例更加均衡，兼顾政府声音和民众声音，消息来源主要是一般民众、专家和学者。与此同时，我们也可以看出，当消息来源为地方政府时，报道最多的新闻主题是政府规划工作和目标；而当政府职能部门成为消息来源时，报道最多的新闻主题是旧城区给城市带来的各种问题；新闻记者倾向于通过关注旧城改造区居民生活状况而不是揭露改造过程中的社会冲突来彰显自己的专业形象；有利益关系的居民主要反映的都是有关居民生活状况的主题，关注与个人切身利益相关的问题；专家学者、民间文化保护者等知识精英扮演着相对中性的角色，一方面谴责旧城区给城市带来的各种问题，为现行的改造工程提供学理上的支持，另一方面也反映一些围绕旧城改造中出现的社会冲突和社会不公；来自商业集团的新闻主要反映以旧城区为对象的市场开发活动。

第二，媒体自身的定位也会影响其建构的新闻框架。《人民日报》《湖北日报》《长江日报》《南方日报》《广州日报》等媒体多属于党政报刊，是党和政府的喉舌，扮演着政府代言人的角色，传播官方话语，建构的新闻框架更多地表现为政治意识形态主导下的现代性规划框架和政府偏好的政策宣传框架；而区域外的市场化报纸和广州本地市场化报纸的新闻框架比例比较均衡，建构了日常生活视野下的利益冲突框架、精英意识引导下的法制框架。

第三，在对武汉汉正街改造事件的报道中，本地媒体与异地媒体在消息来源与新闻框架方面呈现很大差别，本地媒体更多地援引政府行政职能部门的消息，建构政府偏好的现代性规划框架，均明确表达出支持的态度；而异地媒体更多地援引一般民众、专家和学者的消息，选用日常生活视野下的利益冲突框架，表达出质疑的声音。值得注意的是，在广州恩宁路改造事件中，本地媒体在消息来源与新闻框架方面虽有差别，但不如案例一事件中本地媒体和异地媒体的差别比例悬殊。另外《南方日报》《广州日报》虽然作为广东省与广州市党委机关报，但是还兼具着岭南文化不断创新的特征，在政府和民众话语之间努力寻求平衡性报道，起着一定程度上的下情上传的"舆论引导者"作用，较少地反映了公众舆论，不及都市报走得深远。由此也可以发现，无论是对事件的基本判断还是对新闻框架的建构方式，均与本地的媒体体系息息相关。若是本地媒体体系不够发达，均明显以政府的立场和视角为报道立场和视角，扮演了政府的喉舌角色，则虽然外地媒体呈现了民间等异质声音，但报道数量少，无法形成舆论气候。如果本地媒体体系发达，市场竞争程度高，具有专业理念，则能够使民众获取更多政府信息和表达意愿的渠道，塑造公共舆论，推动政府向社会的问责，影响政府决策的制定和转变。

新闻实务研究

《文化与传播研究》2017 年卷

中国媒介潜规则现象及原因探析[*]

钱燕妮^{**}

摘　要： "潜规则"是今日中国的一个热门话题，转型中的中国新闻媒介被重重潜规则包围。本文对中国新闻媒介领域的种种潜规则现象进行了描述和分类，并分析了传媒潜规则盛行的原因。

关键词： 社会转型　规则　制度　潜规则　媒介

"潜规则"概念在中国的流行是 20 世纪末以来的事。2001 年，吴思出版了一本历史随笔《潜规则：中国历史中的真实游戏》。伴随这本书的热销，"潜规则"一词不胫而走，成为一个使用频率极高的词。

关于潜规则的界定，笔者比较认同梁碧波（2004）的观点，他认为潜规则就是制度体系中属于非正式制度范畴且与主体制度体系相悖的非正式制度。它游离于占统治地位的主体制度体系之外，并与主导集团的意志相违背。它规范和调整的对象是非法交易或非合法交易，由于未获主体制度体系的承认而未具"合法"身份，从而处于地下状态。

笔者认为，"潜规则"概念是相对于"显规则"而言的。在人类社会生活当中，存在着诸多规则，比如法律条文、道德规范、规章制度、乡规民约、纪律守则、办事程序等。其中有些规则通过某种特定的方式、途径获得了合法身份，具有某种直观的、特定的外在表现形式，或者虽然没有明文规定，但约定俗成，与社会主导集团的利益、意志相一致，能够为大家正大光明地说起甚至广而告之，这些规则属于显规则。另外有一些规则

---

　* 本文系 2014 年湖北大学教学改革研究项目"转型期高校媒介伦理教育的目标建构与路径选择"阶段性成果，项目编号：201434。

　** 钱燕妮，湖北大学新闻传播学院讲师。

具有隐蔽性、不成文性，它们没有获得合法身份，是秘而不宣的，内容上往往与正式规则相悖，但在实际中获得了某种程度的认可，从而能够自我实施，切实发挥行为调整和规范的作用，这些就是潜规则。

因此，笔者将潜规则定义为："隐蔽的、不成文的，与正式规则相冲突的，却在实际当中能够自我实施的规则。"潜规则具有以下几个方面的基本特征。

其一，从表现形式上来看，"潜规则"往往是隐蔽的、不成文的，是一种"未阐明的规则系统"。它们一般都没有具体的外在表现形式，往往只在社会成员之间口耳相传，或者彼此心知肚明。这一点使得潜规则和正式规则区别开来。

其二，从内容上来看，潜规则是与现行正式规则相冲突的规则，它未能获得社会主导集团的认可，没有合法身份，是不具备形式正当性的规则。潜规则属于非正式规则，但非正式规不一定是潜规则，只有那些和社会正式规则相冲突、相矛盾的非正式规则才是我们要论及的潜规则。

其三，从功能效果上来看，"潜规则"是能够自我实施的规则。它往往表现为正式规则之外的某种"共识"或"行为规则"，正是参与人相信并接受这些规则，使得"潜规则"不需要依靠外在强制力就可以自行运转。

其四，从性质上来看，"潜规则"是一个中性的概念。日常话语中对潜规则的描述和定性很多时候是负面的，这是因为在社会生活当中，这样的潜规则更容易引起人们的关注。但如果我们因此就把潜规则定性为负面的话，是有失妥当的。因为这意味着我们有一个先期的预设，即正式规则、显规则都是良性的，但这个预设显然是不成立的。显规则或正式规则不必然是正面的，潜规则也不必然是负面的，它们都是中性的。在这样一个前提下，潜规则的外延构成，在笔者看来既包括那些与社会主流道德价值观相左，没有得到公众普遍正面认可，不具"合法"身份的"地下"规则，也包括一些对显规则具有一定补充、辅助作用的良性"潜规则"，以及介于两者之间的不关乎价值判断的中性"潜规则"。

一 媒介潜规则及其分类

根据上文给出的关于潜规则的定义，媒介潜规则即"媒介规则体系中隐蔽的、不成文的，与正式规则相冲突的，却在实际当中能够自我实施的规则"。媒介规则具体包括宏观、中观与微观三个层面，涉及政府管理、媒介采编管理和媒介经营管理三领域和层次的成文与不成文规则（潘祥辉，2009：7）。与此相对应，媒介潜规则也具体包括媒介政府管理中的潜规则、媒介采编管理中的潜规则和媒介经营管理中的潜规则。

（一）媒介政府管理中的潜规则

中国媒介在行政管理方面的制度建设是比较完备的，在中国，新闻媒介的设立及其日常活动直接受国家行政手段的干预。相比世界许多国家而言，我国对新闻媒介的政府管制是比较严苛的，但在现实当中存在许多为了规避相关规定而采取的变通行为。

比如，根据目前我国的《出版管理条例》和报刊的"管理规定"，报纸和期刊的出版许可证都不许转借、转让、出租和出卖，报刊出版单位的名称，报刊的名称、刊号和版面，也不许转让、出租和出卖。未经批准擅自进行的出版活动、伪造和假冒出版单位或报刊名称的出版活动、非法转让刊号或版面、擅自印刷或复制境外出版物、非法进口出版物、盗印报刊等都属于非法出版活动。但在业界，期刊"买卖刊号""买卖书号"是大家都知道的"行业秘密"，"报中有报""刊里带刊""图书期刊化""内部刊物外部化"等现象也是司空见惯的。

又比如在广播电视领域，我国相关法规明确规定，目前我国的广播电视节目制作主体只限于两类，一类是合法成立的广播电台、电视台；另一类是经过省级以上广播电视部门批准设立的广播电视节目制作经营单位，并且明确规定时政新闻类节目只能由广播电台、电视台制作。但在业界，将电视节目（栏目）外包的做法也基本上成了业内的普遍做法，很多私营公司也参与到电视节目的生产过程中来，甚至是时政节目的制作中来，比如长沙一个老板居然获准出资几百万元来支撑长沙电视台"政法频道"的创办（刘宏，2001：156~157）。

（二）媒介采编管理中的潜规则

《中国新闻工作者职业道德准则》第四条第三款明确规定："坚决反对和抵制各种有偿新闻和有偿不闻行为，不利用职业之便谋取不正当利益，不利用新闻报道发泄私愤，不以任何名义索取、接受采访报道对象或利害关系人的财物或其他利益，不向采访报道对象提出工作以外的要求。"但是，多年以来，有偿新闻一直困扰着中国新闻界，也成为公众比较关注的一个方面。

"关系稿"也是一个屡见不鲜的问题。"如果不发些这类稿件，'关系'就难以稳固和加深；而关系不稳不深，以后人家有独家新闻也不会给你。"（陆晔，2003）一些媒体舆论监督稿逐年减少就与此有关。

另外，在转载问题上，很多媒体的通行做法是"随意转载"，或者"转载了不付稿酬"。（李北陵，2006）。

（三）媒介经营管理中的潜规则

在媒介市场经营领域也存在着许许多多的潜规则，比如"新闻广告"或"广告新闻"。我国相关法规明确规定：广告应当具有广告标识，使广告具有可识别性，与其他非广告信息相区别，不使消费者产生误解，不得以新闻报道形式发布广告。但出于利益的考虑，许多媒体和广告商之间进行合谋，使"新闻广告"或"广告新闻"大行其道。

再比如发行量、收视（听）率、点击率上的虚高和欺瞒。众所周知，媒体是信息载体，衡量媒体影响力的一个重要标准就是它的发行量、收视（听）率、点击率，它们是广告主们选择目标投放媒体的重要参考因素之一。根据相关规定，在广告活动中，媒体须向广告主提供真实准确的发行量、收视（听）率或点击率，但现实是，很多媒体在这一点上都存在着虚高和欺瞒的现象。据一位资深报业人透露：有些都市报的发行量虚高到即使打一折也比真实发行量要高的地步！

很多学者在分析媒介潜规则现象的时候往往比较关注其负面的一面，但笔者认为应当一分为二地来看待：有些媒介潜规则确实违反社会公平公正原则，对社会公序良俗构成挑战，具有反道德倾向，是对显规则的消解、反叛和嘲讽；另有一些媒介潜规则却具有一定的合理意义，是对显规则的补充、修正和超越。某种意义上，媒介潜规则的存在能给传媒制度创新以有益的启示，促进人们，尤其是制度制定者对制度体系进行深刻反思，尽可能制定出好的、完备的、能够适应传媒业发展需要的正式规则。

二　中国媒介潜规则原因探析

中国媒介潜规则的产生和存在有着深刻而复杂的原因，需要从多个角度来进行分析。

（一）当下中国的社会转型和媒介转型加速媒介潜规则的产生

首先，中国当下正在进行的社会转型为潜规则的盛行提供了特别适合的土壤和环境。社会学家认为，人类历史就是一部漫长的社会变迁史，而社会转型就是社会变迁过程中的"惊险一跳"，它使人类社会从原有的发展轨道进入新的发展轨道。从制度的角度来看，社会转型的实质就是制度变迁或制度创新（汪丁丁，2005：2）。一般而言，转型社会往往会伴随更多的潜规则，社会的转型越是激烈，潜规则盛行的可能性越大。在社会转型过程中，必然伴随相应的制度变迁，原有的社会制度被不断消解，而新的社会制度体系尚处于建构之中，"制度真空"在所难免，制度供给不足、正式制度缺失是促生潜规则的重要原因。

改革开放，特别是自 20 世纪 90 年代以来，中国媒介经历了一个逐步市场化的过程，这一过程从媒介经营领域逐步扩散到内容采编领域，中国传媒从以往计划宣传模式下的"政府喉舌"过渡到了"一元体制，二元运作"制度模式下的新闻媒体，而新一轮文化体制改革对新闻业的影响日益深远。在此过程中，中国的媒介制度体系必然发生重大变迁，会形成诸多的制度真空地带，为媒介潜规则提供了可能。

其次，中国转型政治具有明显的"试错"性质，即强调实践中的摸索，来寻求摆脱旧体制的发展路径，它不以已往的经验或信条为基础，而是通过实践、摸索、局部试错，逐渐形成行之有效的政治与经济政策。因此，中国的社会转型是一种试错性的历史变迁和制度变迁，在这样一个过程中，往往是"实践先行"，而规制相对滞后，这是中国转型社会潜规则大量存在的特殊原因。

中国媒介转型也是这样一个不断"试错"的过程，在保证"党的新闻事业"基本原则不变的前提下，新闻改革缺乏目标体制的完整设计，必须在实践过程中"摸着石头过河"（潘忠党，1997）。许多新的媒介制度变迁一开始往往是以潜规则的形式存在的，如果实践证明这种"于法无据"的改变是可行的，并且是没有危害的，那么它就可能被合法化，进而转变为正式规则并在更大范围内实施。回顾我国传媒界在转型期的若干次变革，无不具有这样一个特征。比如上海《解放日报》于 1979 年率先恢复刊登商业广告；再比如 1985 年河南《洛阳日报》率先自办发行，打破了当时的"邮发合一"体制；还有 1999 年《成都商报》通过其控股的成都博瑞投资有限公司，用 5000 多万元收购了四川电器原大股东的大部股份，成功借壳上市，等等。这些都是中国媒介转型过程中具有历史意义的重大事件，而这些事件的发生在当时都没有相应的正式制度支持，完全是媒体的一种"越轨行为"，是一种潜规则，但这些"边缘突破"的行为最终得到了肯定，并且被合法化，进而成为一种正式制度，具有了更广泛的适用性。

最后，"一元体制，二元运作"的制度安排是转型社会中国传媒潜规则盛行的特殊原因。在市场化过程中，中国传媒的产业属性逐步得到确认。在媒介制度创新过程中，媒介的经济自主权、采编自主权不断得到确认和放大，甚至在媒介的资本构成和资本运营方面也产生了一些松动，民营资本、业外资本可以有限地进入传媒市场。但是，中国传媒的变革有着明确的限定，它始终是在"一元体制"的框架下进行的，它的事业属性没有发生根本的改变，它必须接受党和政府的领导，必须始终将社会效益置于首位，必须保证意识形态安全，等等，行政垄断仍然是中国媒介最为显著的制度格局。

在社会转型期，媒介的这种"一元体制，二元运作"模式内部存在必然的矛盾，"势必造成我国的媒介既无法摆脱政府的干扰，又越来越受到商业利益的侵蚀，从而致使媒介规制变迁陷入许多制度困境"（胡正荣、李继东，2005）。有学者就曾指出："赵安等媒介从业人员的寻租腐败是我国现行媒介制度的产物。"（胡正荣，2004）将矛头直接指向政府主导下的"一元体制，二元运作"的媒介制度安排：二元运作体制本身就在制造租金。

（二）媒介正式制度的失效是导致媒介潜规则盛行的重大原因

潜规则产生的根本原因和社会的制度系统有关，可能是因为正式制度缺失，更可能是由于正式制度失效。Hurwicz（1993：51 – 67）对社会生活中的一般规则进行了研究，他认为规则是博弈的结果，它能否构成一项制度取决于它是否具有可实施性或者说可执行性。

在他看来，规则必须是可实施的，如果不能实施，则不成其为规则。在他看来，制度或规则并不表现为"条文"，它不是"宣布"的结果。一种制度，只有当人们相信并遵从它的时候，它才成为制度。法律条文、规章制度，如果不能得到大家的认可，并且在实践当中被遵照执行，那么它们不构成制度。社会生活当中，潜规则得以盛行的一个很重大的原因就是现行正式制度的失效。

比如，我国相关法规、新闻职业道德规范都明确规定，新闻媒体、新闻工作者有进行舆论监督的权利，但这样一个制度在实践当中难以完全实现。我们经常看到媒体监督受阻的情况，不少记者表示自己曾经因舆论监督而受到打击报复。就中国媒体目前的制度设计来看，它既是一个市场主体，又是一个政府机构。目前，媒介的许多微观制度安排虽然已经从行政化向市场化转型，但其所有制仍是国有制，产权归属于国家，媒介的人事权也由国家控制，通过干部考核制度与升迁制度，将媒介整合进政治体制之中。这样的制度设计使得媒体受到多方面的利益掣肘，舆论监督功能难以真正实现，而"媒介寻租""地方保护主义下的新闻失语"等现象却应运而生。

（三）缺乏博弈机制是媒介潜规则盛行的深刻原因

改革开放 30 余年来，中国媒介制度发生了很大的改变，信息市场的供求、社会舆论的评价、行业自律以及法律等调控机制对媒介的作用有所加强，新闻界、社会经济利益集团、知识分子和社会团体、国际体系等在媒介制度安排中的作用不断提升并日益明显，不断地参与到媒介制度博弈过程中来，在媒介制度安排过程中努力寻求着自身利益的表达。但总体而言，在当前中国媒介制度变迁中居于主导地位的仍然是政治力量，它对上述其他调控机制具有巨大的抑制作用（周俊，2011）。政府仍然是中国媒介制度供给的主导方和垄断者。换言之，这一阶段的中国媒介制度变迁总体上仍然是在政府主导下发生的，没有政府的许可与推行，这种变迁是不可想象的。用喻国明先生的话来说：当前中国新闻调控仍处于"准单向度的一元控制"（喻国明，1994）阶段。[①]

一般而言，政府越是集权，潜规则越多。政府主导下的中国媒介制度必然是一个缺乏充分博弈的结果，这种制度安排必然是从政府利益最大化的角度出发，政府之外的其他力量集团的利益和意志在现行制度体系当中是难以得到充分体现和保护的。这种情况下，很多现行制度在现实当中难以得到贯彻执行，或者要付出相当的监督成本，而其他力量集团也必然会采取"反抗"或"修改规则"的方式来抵制这些制度，试图通过一些潜在的方式来寻求自身利益的表达。这是转型期中国传媒潜规则背后深刻的制度根源，而这种制度根源又与政府单方面主导和垄断媒介制度供给有关。

（四）媒介潜规则和中国传统文化有着紧密关联

潜规则现象在很多国家都存在，但在中国为甚。这是因为潜规则和中国的传统文化有着紧密的关联。

西方社会奉行的是逻辑秩序，大家普遍遵循一个统一的标准，而传统

[①] 喻国明在20世纪90年代就曾提出，政治权力对新闻业调控的转变要经历四个阶段。①单向度的一元控制，即政治权力是新闻工作的绝对主宰，其他一切工作的调控因素均无足轻重。②准单向度的一元控制。政治权力的控制仍占主导地位，在对其绝对负责的前提下，适当引入某些政治性、经济性、舆论性的调控机制，使之产生影响和作用。③准全方位的多元控制。政治权力对新闻工作在大方向、大原则上仍起着规定性的控制作用，但信息市场的供求机制、社会舆论的评价机制、行业的自律机制以及法律机制等调控因素已大体上构成了制约新闻工作的全方位、多元化的调控体系。④全方位的多元控制。政治权力对于新闻工作已不再具有超乎其他调控因素之上的优势地位。它与法律手段、市场因素、舆论评价、行业自律等平等地构成新闻事业发展的调控体系。

中国追求的是审美秩序，这种秩序观里充满了二元创生和不同性质的元素之间相互依存、互为补充的观念，其中最典型的就是阴阳观念。"阴阳者，天地之道也。"（《黄帝内经·素问》）因此，从源头上来讲，中国人对二元甚至多元秩序的同时并存，并不陌生。传统中国的审美秩序观追求的是"和而不同"，它认为只要目的是合理的、正当的，那么手段和条件则是其次的问题，并且不应该成为达成目的的障碍。在这种秩序观下，个体能否"知其不可而为之"，成为衡量一个人高尚与否的标尺和是否具有君子品行的条件之一。中国的传统审美秩序观并没有提出一个统一的标准，所有的判断都要视具体情境而定，这和西方的逻辑秩序观有着根本的区别。"中国人就一直没有接受如下观念：某种法治秩序对所有公民、对整个社会都是具有普遍性意义的。"（季卫东，2006：173）

在这样一种审美秩序观下，中国人所讲求的社会秩序，"其重心在于'和谐'而非'整合'，它可以容许一种充满弹性的、宽松的、暧昧的或昏昧不明的秩序状态，甚至只有在这种状态下，和谐的秩序才能维持"（邹川雄，1999：100～101）。在社会秩序建立的方式途径方面，传统中国强调"内圣外王"之道，即它希望通过每一个社会成员的内在认同和主观努力，达到外在秩序的和谐圆满。也就是说，它强调个人修养而忽视外在建构，在这种理想预设下，外在的规则其实是少有用武之地的，对致力于修身的君子而言，规则完全是多余的，乃至是有辱身份的身外之物。传统中国的审美秩序观以及在此观念主导下所形成的社会秩序，使得中国社会长久以来就是一个名、实分离的"假面社会"，很多时候写的说的是一套，行的做的却是另外一套，这正是中国社会潜规则产生并得以存续的重大社会历史原因。

三 结语

历史地来看，潜规则在人类社会生活当中一直扮演着重要的角色。在人们设立正式规则之前，非正式规则是人类社会关系的主要维系力量，即便到了现代社会，人类社会生活的大部分空间仍然由非正式规则来约束，正式规则只是整个社会制度中的一小部分（胡瑞仲、聂锐，2006）。对于正式制度调节范围之外的社会活动，其需要大量的非正式制度，其中包括大量的潜规则。

在中国媒介的历史变迁过程中，到处可见各种各样的潜规则，潜规则伴随整个近代中国媒介制度的演化过程。比如早在19世纪初期外国传教士在中国办报期间，当时清政府是禁止传教士在内地办报的，但《东西洋考每月统记传》得以在广州出版，其原因就在于创办人郭士力充分利用了当时中国官场的潜规则，通过结交关系，打点相关人物获得了默许（潘祥辉，2009：307～308）。鸦片战争前后，近代新闻业由西方传入中国，在形成正式的新闻媒介规则体系之前，中国的新闻业存在各种各样的潜规则。比如在新闻采写方面，那时中国还没有专门的新闻记者，更没有《记者守则》之类的规范条文，新闻业的很多行事都只能依靠经验。再加上近代中国社会的混乱，新闻采写工作很多时候都要采取一些"变通"的方式和手段。到民国时期，这种现象更加严重，有人用"乱象丛生"来形容当时的中国新闻界，新闻造假、有偿新闻（拿津贴）现象在当时已层出不穷。即使到了1949年新中国成立以后，这种现象也没有断绝，20世纪70年代末80年代初开始的社会转型、媒介转型更是加剧了中国媒介潜规则的产生。

潜规则是一个具有普遍意义的社会现象，它不专属于某个特定的国家或某个特定的时期，媒介潜规则作为社会潜规则的一个组成部分，也同样如此。在中国媒介转型过程中，充斥着各种各样的潜规则，它的盛行既和中国传统文化有着紧密的联系，也与当下中国社会及中国媒介的转型紧密相关。它们在现实中不断地发挥作用，以此告诉我们它们存在的某种客观合理性，并不断地提醒我们：什么样的制度才是好的制度，什么样的制度才是真正能够实施的制度，在媒介转型过程中我们需要建构什么样的制度体系。

参考文献

［1］胡瑞仲、聂锐：《管理潜规则》，经济管理出版社，2007。

［2］胡正荣：《媒介寻租、产业整合与媒介资本化过程——对我国媒介制度变迁的分

析》,《媒介研究》2004 年第 1 期。

[3] 胡正荣、李继东:《我国媒介规制变迁的制度困境及其意识形态根源》,《新闻大学》2005 年第 1 期。

[4] 季卫东:《法制与普遍信任——关于中国秩序原理重构的法社会学视角》,《法哲学与法社会学论丛》2006 年第 9 期。

[5] 李北陵:《打破非法转载潜规则的坚冰》,《青年记者》2006 年第 9 期。

[6] 梁碧波:《"潜规则"的供给、需求及运行机制》,《经济问题》2004 年第 8 期。

[7] 刘宏:《中国传媒的市场对策》,北京广播学院出版社,2001。

[8] 陆晔:《权力与新闻生产过程》,《二十一世纪》2003 年第 6 期。

[9] 潘祥辉:《媒介演化论——历史制度主义视野下的中国媒介制度变迁研究》,中国传媒出版社,2009。

[10] 潘忠党:《新闻改革与新闻体制的改造——我国新闻改革实践的传播社会学之探讨》,《新闻与传播研究》1997 年第 3 期。

[11] 汪丁丁:《制度分析基础讲义 I》,上海人民出版社,2005。

[12] 喻国明:《市场化与行政化:关于新闻传播资源配置方法的选择与思考》,《新闻与传播研究》,1994 年第 3 期。

[13] 周俊:《试析中国新闻失范的政治整合》,《国际新闻界》2011 年第 11 期。

[14] 邹川雄:《中国社会学理论》,台北洪叶文化事业公司,1999。

[15] Hurwicz, L. (1993). Toward a Framework for Analyzing Institutions and Institutional Change, in Bowles et al. , pp. 51 – 67.

社交媒体受众商品化的两种路径

谈海亮[*]

摘　要：社交媒体带来了用户深度参与的传播新模式，受众的商品化角色面临新的检视。本文立足受众商品论，结合消费主义和信息社会理论，综合分析社交媒体下受众的隐性受控路径：消费文化全面渗透媒体环境，信息化生存方式下受众形成信息依赖，以时间、空间维度的无死角介入挖掘受众的数据价值。由此得出结论：社交媒体环境下受众的主体地位上升只是虚幻的表象，受众被商品化的程度没有减弱反而上升，受众在新媒体时代获得更多自主性的同时，也受到媒介的更多剥削。

关键词：受众商品论　消费主义　信息依赖　数据挖掘

一　受众商品论介绍与文献综述

受众商品论由美国传播学者达拉斯·斯迈思（Dalls W. Smythe）于1977 年正式提出。作为一种批判的理论，受众商品论创新性地从经济学角度揭示隐藏在传播现象背后的商品化关系，并由此展开对资本主义传播体制的批判。受众商品论认为，大众传媒的主要功能并不是生产意识形态，而是追求其自身的经济利益，它所出售的商品并非传统意义上的内容产品，而是作为传播对象的受众。电视、广播、报纸等大众传媒机构所提供的资讯、娱乐产品以及教化性的节目，本质上都是免费午餐，目的是吸引

---

* 谈海亮，湖北大学文学院文艺学（文化与传播方向）2014 级博士研究生。

和聚集受众。通过将受众的观看时间、性别、年龄、宗教信仰、消费能力等信息的搜集打包，再将受众信息转卖给广告商。受众观看媒体内容的行为，作为休息娱乐的同时，还是为广告商付出的一种劳动。受众的劳动不仅没有得到报酬，反而要承担因此产生的后果，即购买广告商的商品时附加的广告费用（Dalls W. Smythe，1977/2007：38 - 58）。

受众商品论深刻揭示了资本主义传播体系，剖析了受众被剥削的过程和机制，在传统的传播学实证研究、文化批判研究之外开辟了一条新的研究道路。"通过证明对商品化过程起主要作用的是为全体资本主义经济制作受众，而不是制造意识形态，斯迈思旨在拯救对媒介的唯物主义分析。"（文森特·莫斯可，2013：176）此后，经过后世学人的修正、补充和深化，受众商品论日臻细化成熟，加拿大学者文森特·莫斯可（Vincent Mosco）全面梳理了传播政治经济学的哲学基础、理论来源、当代进展，以及受众商品论在北美以外学界的全球化扩展，并将传播商品化过程中的三个主要产品定义为内容、受众和劳动力（文森特·莫斯可，2013：180），阐释了商品怎样从自身生产新商品或者内在商品化，以及新商品怎样通过不同商品之间联系被生产出来（文森特·莫斯可，2013：182）。

正如斯迈思所说，受众商品论是一次开启争论（Debate）的尝试，而非一次总结（Dalls W. Smythe，1977/2007：38）。受众商品论出现后，迎来各种争论。同属马克思主义阵营的批判学派英国学者默多克（Graham Murdockr）批评其流入了经济简化论（曹晋、赵月枝，2008），忽视了资本主义传播体系的意识形态角色和受众的阶级反抗。最为普遍的批评意见，是认为受众商品论将受众物化为被动的、消极的传播客体，否认受众的主体地位，忽视受众的自主性和能动性。特别是在网络新媒体时代，受众主体地位的上升，使这一理论应该受到重新检视（Brett Caraway，2011）。以戴维·莫利（David Molly）、丹·席勒（Dan Schiller）为代表的一批学者，从伯明翰学派代表学者霍尔的编码解码理论中受到启发，提出"积极受众"理论，认为受众能够通过对解码过程中的积极能动而消解和重构文本意义。

受众商品论通过分析受众被商品化过程，揭示和批判受众被剥削的深层机制，最终通过唤醒受众的自主意识，以抵抗传播资本体系的控制与剥削。从这一点上说，积极受众理论为建构受众为主体的传播理论架构的愿景良好，但如果对受众商品化现实缺乏清醒的认识和警惕，不愿去正视、批判其剥削机制，则难免显得有些一厢情愿。

受众商品论被一些学者介绍引入国内学界。著名华人传播学者赵月枝，以其与达拉斯·斯迈思同在传播政治经济学重镇加拿大西蒙·弗雷泽（Simon Fraser）大学执教的得天独厚优势，将受众商品论等传播政治经济学理论介绍引入中国。国内传播学者郭镇之、曹晋也先后翻译与介绍了一批传播政治经济学理论，并将受众商品论应用于国内传播实践分析。与此同时，积极受众理论也在中国学术界引发思考，单波教授提出，受众与大众传播机构不应被视为传播主体与客体的关系，应从根本上重构理论框架，受众与大众传播机构应是"主体与主体"的关系（单波，2002）。

当受众商品论走到 21 世纪第 2 个十年时，它所面临的媒介环境已发生史无前例的巨变，以互联网和数字技术为基础的新媒体成为重要传播渠道。社交媒体作为新媒体中一种主要的媒介形式，以用户使用和传播为主要特质，陈力丹教授认为，社交媒体具有六方面特征：参与、公开、交流、对话、社区化、链接和超链接（陈力丹、谭思宇、宋佳益，2015）。笔者在认同以上定义的基础上，还认为"受众"与"用户"同义，并基于这种含义认同和限定而展开论述。受众在使用社交媒体的行为过程中，主体性地位和自主性程度究竟如何，受众是否已摆脱被动的商品化角色，成为最受关注的话题。新媒体环境给反对者提供了更多的佐证，尤其是 UGC（用户生产内容）形式的广泛普及，颠覆了传统媒体的主客体关系。乐观派认为，网络受众已能运用自身掌握的话语权对传播主体进行抵抗，解构传播机构的控制体系，通过主动搜索媒介信息、与媒介的内容进行互动以及参与媒介生产等形式，实现社会参与，完成向积极受众的身份和角色的转换（康杉，2013）。坚持受众商品论的学者们认为，受众商品论在网络媒体时代依然有其实用价值，并在新的媒体环境中产生了三种劳动形式，即生产大数据、生产消费信息和自发进行信息传播（郑忠明、江作苏，2015），从而成为"全天候商品人"（祝明江，2013），"新媒体可以在成本几乎为零的情况下不断利用受众的使用价值，实现多次售卖，将受众商品论的理念发挥到极致"（高亢，2013）。本文通过对社交媒体现象背后的本质考察，揭示出社交媒体环境中受众商品化的隐形受控路径。

二　新的受众控制之下的商品化模式

（一）消费文化的全面渗透

大众传播体系在工业革命的进程中生发，伴随着商品经济的发达和消费主义的兴盛而快速发展革新。新媒体产生、应用和普及的最大动机乃是资本在经济全球化进程中的逐利，虽然客观上带来受众主体性地位上升，但其根本目的乃是为包括其自身在内的资本体系服务。全球最大的几家社交媒体机构本身就是资本巨头，在新媒体领域寡头垄断趋势越来越明显，斯迈思所建构的媒体、受众、广告商三角关系，在社交媒体中不仅丝毫没有减弱，反而更加稳固，三者相互介入和依存的程度达到前所未有之深。新媒体机构的公共性减弱，传播体系作为经济主体的角色比人类历史的任何时期都更加明显，其追求利润的动机更加明确，并取得了巨大的经济效益。以 2016 年第二季度全球最大的几家社交媒体财报数据为例，美国 Facebook（该公司旗下主要社交产品含 Facebook，Whats App，Instagram）营收达到 64.36 亿美元，Twitter 营收为 6.02 亿美元，日本 Line 营收为 6.43 亿日元。[①]

受众在新媒体环境中所获得的话语权和自主性增强，然而这只是资本向受众出让的一种福利，没有从根本上改变传播关系中的主客体结构。言论自由是新媒体所带来的最令人欢欣鼓舞的进步，无疑也是受众主体性增强的明证，被认为是从草根层面推动了民主进程，真实情况却令人沮丧：话语权仍然掌握在精英阶层手上，最需要发声、受到关注和境况最需要改变的边缘底层群体，在新媒体环境中地位反而更加弱化。由于受教育水平限制和新技术手段掌握难度增加，底层群体呈现在大众视野的途径，仍然

[①] Facebook 数据来源为腾讯网科技频道，2016 年 7 月 28 日，http://tech.qq.com/a/20160728/001493.htm；Twitter 数据来源为腾讯网科技频道，2016 年 7 月 27 日，http://tech.qq.com/a/20160727/001396.htm；Line 数据来源为搜狐网财经频道，2016 年 7 月 29 日，http://business.sohu.com/20160729/n461558314.shtml。

只能通过主导话语权的精英阶层来代理和转达。

实际上，只有在消费的话语场域中，受众似乎真实地获得了自主权和参与权，获得在一种"可测之物"面前的平等。各种形式的 UGC 营造了一种虚幻的表象：受众主导了传播内容。受众可以根据自身兴趣选择喜欢的商品、娱乐节目、旅游目的地。"在需求和满足原则面前人人平等，在物与财富的使用价值面前人人平等。"（让·鲍德里亚，2014：29）受众在社交媒体分享自己的生活场景、商品体验，以及展开自我教育、个体互助。与传统媒体时代的内容生产和传播模式相比，受众对内容生产的深度参与，由过去只能在解码过程中的抵抗，进步到在编码和解码过程中的双向介入。然而，一切 UGC 行为，都无法摆脱作为资本体系一员的传播平台的影响。尤其是在对商品消费体验的分享传播过程中，受众无意识中充当了广告商的志愿代理人，广告商始终在诱劝和鼓励受众做出消费行为。"由于人总是'欲望着他者的欲望'，所以广告的战略是在镜像他者中制造每个人对其认同的物化社会的神话情境。""他者的欲望是每一个人'深层动机'中的欲望，而广告的秘密则是对这种欲望的深层情境控制。"（张一兵，2014）

UGC 行为除满足自身生存生活的必要信息交流沟通外，本质上讲，乃是传播机构利用了人类的传播心理，诱导受众进行表达和传播，是在娱乐休闲节目等传统媒体内容之外的一种新形式的"免费午餐"。传播平台的免费使用，激发了受众的表达和传播欲望，进而让受众对新媒体平台保持关注，增加受众对平台的使用时间。

通过受众参与内容生产，新媒体平台转嫁了自身的生产成本，免费获得个体受众生产的内容，转而将这些内容向其他个体受众传播，且二次传播中又包含了受众的主动参与，形成再生产的循环。"通过一种同谋关系、一种与信息但更主要是与媒介自身及其编码规则相适应的内在、即时的勾结关系，透过每一个消费者而瞄准了所有其他消费者，又透过所有其他消费者瞄准了每一个消费者。"（让·鲍德里亚，2014：116）新媒体时代，受众劳动除 UGC、受众间传播等两种主动形式之外，更兼有被动的用户大数据生产。

新媒体的传播文本，浸透着商品气息和消费主义。其碎片式、快速式的传播和接受方式，较之报纸、电视、广播，更大程度地减少了受众的思考时间。设计精美的图文、视频、音频连同商品信息，不断诱劝着用户投身消费场景。海量的免费网络肥皂剧、游戏、网络文学以不同的方式渲染着消费主义，将关于社会阶层、消费品位、日常生活的价值观潜移默化地植入内容产品。广告商一方面继续增加在狂轰滥炸的"硬广告"上的投入，另一方面以更隐蔽、更具亲和力的方式大量进行"软广告"的投入。还有无限降低的移动支付门槛和不断优化的用户体验，无不在诱发受众的冲动性购买行为，过去还需要完成从线上到线下的消费过程，新媒体时代则将从信息接收到购买支付的全过程聚合于线上，短短几秒钟可完成消费全过程。

在消费主义全面渗透和统治之下，受众对媒体的一切接受行为，都无法逃避商业信息或显或隐的影响。

（二）信息依赖症之中的数据挖掘

受众的商品属性存在于受众、媒体与广告商的三角关系之中，现代人处于媒介化生存状态，从这一角度去观察新媒体环境之下的受众商品化过程时，循着美国传播政治经济学泰斗赫伯特·席勒（Herbert Schiller）的理论足迹，可发现一条指向信息社会理论的路径。

信息社会作为一种社会结构形态，孕育和成熟于后工业时代，与资本主义经济全球化的进程密切相关。在以数字化、互联网为代表的信息科技全面覆盖人类社会之前，报纸、电视、广播等传统媒体并非人类必不可少的生存需要。而在信息社会全面到来的今天，现代人已无法离开信息传播网络，人的媒介化生存状态，在信息社会里即表现为信息化生存。"凭借着以手机为媒介连接上网的方法，无线连接上网的形式即将产生，""随时随地连通"让"使用者无论何时何地都能与网络保持联系"（弗兰克·韦伯斯特，2011：13）。信息的丰富程度，已远远超过人类生产生活的实际需要，现代人不再是因为需要信息去接受信息，而是将接受信息视为一种生活方式，信息焦虑症成为新的社会问题，虽然信息已严重过载，但只有身处信息接触的过程中，现代人才能获得安全感。

媒体依赖是信息依赖症的最重要表现形式。通过推动人的媒介化、信息化生存状态的形成，资本主义传播体系在利用作为免费午餐的媒体内容之外，开辟出另一种让受众对媒体"保持关注"的方式，它一旦形成便无比稳固。近 10 年来，移动终端，尤其是智能手机和与之配套的移动互联网的普及，帮助资本主义体系最终完成和固化了受众与媒体的关系结构。

此种生存状态之下，现代人已实际成为全天候受众。作为信息的主要提供者，新媒体通过时间、空间无死角介入的方式，夺取受众用于现实生活中的社交和休闲的时间，从工作间的空闲间隙，到公交地铁上的交通时间，再到家庭的客厅、卫生间，直至枕边，无时无刻不环绕受众身边。"最重要的文化影响是进入网络（Being Networked）的问题，如果一个人置身网络，他就能够接触到信息，但凡他需要，他就可以在任何时间与任何人发生互动。"（弗兰克·韦伯斯特，2011：133）空间流动、时间永恒的网络社会形成。受众与媒体的关系通过信息对受众的统治得到强化，这种连接关系的使用价值，体现在传播的主客体结构中。对于新媒体而言，连接关系即用户黏性，它与用户数量、用户行为数据一样，成为广告商的对象，在交换过程中转换为商品价值。它们共同扩大了资本主义商品生产和交换的场所和时间。

资本主义传播体系获得了前所未有的成功，新媒体巨头们拥有和影响着庞大的用户群，2016 年第二季度，Facebook 公司旗下的三款社交产品 Facebook、Whats App、Instagram 合并月活跃用户人数达到 15.7 亿，Twitter 月活跃用户人数达到 3.13 亿，Line 月活跃用户人数为 2.2 亿。[①]

大数据在巨大的用户数和实时在线的关系状态中产生，成为新媒体时代受到热捧的商品。"合作型社交媒体运用的资本积累模式，建立在剥削互联网用户的免费劳动、将 UGC 产品商品化以及将用户行为数据作为商品出售给广告商的基础上。面对用户的定向广告推送和有经济目的的用户监控是这种资本积累的重要方式。传统的受众商品种类在社交媒体领域内变形为互联网'产销合一者'的商品种类。"（Christian Fuchs，2012：692 –

---

① Facebook 数据来源为腾讯网科技频道，2016 年 7 月 28 日，http://tech. qq. com/a/20160728/001493. htm；Twitter 数据来源为腾讯网科技频道，2016 年 7 月 27 日，http://tech. qq. com/a/20160727/001396. htm；Line 数据来源为搜狐网财经频道，2016 年 7 月 29 日，http://business. sohu. com/20160729/n461558314. shtml。

740）通过交互系统，新媒体用户的每一次使用行为都被传播平台所捕捉和记录，并被进行各种标准化分析。受众信息的商品化程度大大扩展，不仅年龄、性别、消费情况、家庭资产、兴趣取向等信息被完全涵盖，而且更有 LBS（基于地理位置的应用技术）可不间断记录个体受众和受众群体的运动轨迹，最大限度挖掘受众的商品化潜能。只要新媒体传播平台愿意，它甚至可以记录人们的性爱频率和时长，事实上，这样的 App 已经出现在线上应用商店中，相关的群体研究报告也早已不新鲜，无孔不入的新媒体技术对用户私人生活的侵犯已愈来愈突出为伦理的和法律的问题。"内在商品化不但制造新的商品，也创造威胁隐私的强大检测工具。"（文森特·莫斯可，2013：183）

如果说从传播文本的角度看，受众因为深度参与内容生产而获得了部分自主性，提升了自身主体地位，那么，从受众与媒体的连接关系建构角度看，受众则毫无主动性可言，只是被动卷入。信息社会的建构，在经济层面源于资本主义全球化，在传播关系结构中，资本主义传播体系牢牢掌握着信息社会的主动权，并已毫不掩饰地将受众作为商品来对待。"'信息革命'实现了它的设计者们所期望其实现的——巩固和扩展资本主义生产关系。"（弗兰克·韦伯斯特，2011：163）

三　结论

受众商品论以政治经济学为理论基础，对资本主义传播工业所做出的深刻揭示和批判，直到今天依然振聋发聩。互联网技术的发展，尤其以社交媒体为主的新媒体形式，给媒体环境带来了巨大变化，这种变化并没有动摇受众商品论的批判模式，而是进一步证实了该理论的合理性。

互联网新媒体的广泛普及，从根本上革新了传播体系，促进了人在世界的延伸。这些进步固然令人欢欣鼓舞，但并不能就此放弃对传播资本体系的批判。受众的主体性地位提升，仅存在于自身的纵向性比较之中，受众对传播主体的抵抗力度增强，也仅限于传播文本层面上。"合作型的社交媒体和 Web2.0 并不意味着经济和文化的民主化，而是成为对新资本积累方式的赞美，并以此来吸引投资者。"（Christian Fuchs，2012：692 –

740）在新媒体传播整体关系中，受众的商品性被进一步挖掘，作为商品的价值增加。资本主义传播体系对受众的控制和商品化形式更加隐蔽：意识形态层面上，消费主义全面渗透新媒体，受众的每一次媒体接触都受到消费主义的影响，不自觉地接受和参与消费主义价值观的传播；实践层面上，资本主义通过信息社会的建构，让受众对信息接收形成依赖，处于随时随地的连接状态，扩大和固化了作为工厂角色的媒介关系场域。受众在新媒体自主性的幻象中更加积极地参与劳动，未能意识到其受剥削程度在加深。

"受众商品论在合作型互联网时代的数字化劳动中获得了新的理论适用意义。对数字化劳动的剥削，牵涉到强制、异化和他用的过程。"（Christian Fuchs，2012：692 - 740）当然，受众商品论批判的目的，最终是为受众寻找拯救路径，新媒体客观上为受众提供了更多自主性的空间，通过对传播关系的批判和积极性重构，受众最终摆脱商品属性地位，成为完全自主的主体当为可期。

参考文献

［1］〔法〕让·鲍德里亚（Jean Baudrillard）：《消费社会》，刘成富、全志钢译，南京大学出版社，2014。

［2］〔加〕文森特·莫斯可（Vincent Mosco）：《传播政治经济学》，胡春阳、黄红宇、姚建华译，上海译文出版社，2013。

［3］〔英〕弗兰克·韦伯斯特（Frank Webster）：《信息社会理论》（第三版），曹晋等译，北京大学出版社，2011。

［4］Dalls W. Smythe，"Communications：Blindspot of Western Marxism，"载曹晋、赵月枝编著《传播政治经济学（英文读本）》，复旦大学出版社，2007。

［5］曹晋、赵月枝：《传播政治经济学的学术脉络与人文关怀》，《南开学报》（哲学社会科学版）2008 年第 5 期。

［6］陈力丹、谭思宇、宋佳益：《社交媒体减弱政治参与》，《编辑之友》2015 年第5 期。

［7］单波：《评西方受众理论》，《国外社会科学》2002 年第 1 期。

［8］高亢：《关于新媒体环境下"受众商品论"作用机理的思考》，《现代传播》2013 年第 5 期。

［9］康杉：《受众身份的转变与角色的突围》，《新闻知识》2013 年第 1 期。

［10］张一兵：《消费意识形态：符码操控中的真实之死——鲍德里亚的〈消费社会〉解读》，南京大学出版社，2014。

［11］郑忠明、江作苏：《网络用户劳动与媒介资本价值》，《新闻记者》2015 年第 9 期。

［12］祝明江：《社会化媒体环境下"受众商品论"再阐释》，《今传媒》2013 年第 5 期。

［13］Brett Caraway（2011），Audience labor in the new media environment：A Marxian reivisting of the audience commodity，Media，Culture&Society，33（5），p. 693.

［14］Christian Fuchs（2012），Dallas Smythe Today – The Audience Commodity，the Digital Labour Debate，Marxist Political Economy and Critical Theory. Prolegomena to a Digital Labour Theory of Value. tripleC 10（2）：692 – 740，2012 ISSN 1726 – 670X，http：∥www. triple – c. at.

媒介经营与广告

《文化与传播研究》2017 年卷

民国时期民营报业集团化建设的历史考察[*]

陶喜红　丁兰兰[**]

摘　要： 民国时期，中国出现了民营报业集团化发展趋势。成舍我通过扩大再生产的方式力图组建民营报业托拉斯；史量才采取多元发展和横向扩张的方式拓展民营报业规模；张竹平运用联营的手段扩大民营报业竞争力；陈铭德和邓季惺大力推动内生扩张，提升报纸影响力。上述民营报业在集团化建设方面取得了一定的进展，但最终受制于外部因素，无法形成与西方国家报团相提并论的规模、实力与运行机制。民营报业往往在经济竞争力和舆论影响力方面左右摇摆，其集团化发展路径主要表现为内生式扩张。受到政治力量的强力干预，外延式发展基本无法开展。由于集团化建设的主体力量单薄，缺乏舆论力量支持，又受到多重力量的冲击，民营报业集团最终只是不成熟的"半成品"和一触即破的"肥皂泡"。

关键词： 民营报业　报业集团化　力量博弈

19世纪末20世纪初，在资本主义国家里，报业的竞争越来越激烈。报纸资源逐渐被集中到少数资本家手里，形成了具有较大垄断力量的报团，即报业托拉斯。在西方发达国家里，那些报团不仅拥有大量的报刊，而且还控制着其他传播媒介和相关企业，形成一种混合式的经营模式。在

---

* 本文是国家社会科学基金青年项目（项目编号：12CXW009）"民国时期民营报业经营研究"的阶段性研究成果之一。

** 陶喜红，中南民族大学文学与新闻传播学院教授；丁兰兰，中南民族大学文学与新闻传播学院新闻与传播专业硕士研究生。

美国，1900 年，已经出现了 8 家报业集团，主要包括斯克里普斯公司（Scripps-Mc-Crae）、布思（Booth）、赫斯特（Hearst）、普利策（Pulitzer）和奥克斯（Ochs）等。到 1910 年，美国的报业集团数量增长到 13 家，控制了 63 家报纸，到了 1930 年，报业集团数量进一步增加为 55 家，1940 年为 60 家（本杰明·M.康佩恩、道格拉斯·戈梅里，2006）。在中国，报业经营现代化程度明显不及美、英等国。部分民营报人从西方发达国家学到一些先进的办报理念，力图将报业托拉斯经营模式移植到中国，这些积极的探索在中国报业领域引起较大的反响。

一 中国民营报业集团化建设的历时扫描

（一）成舍我的扩大再生产之路

1. "三个世界"：系列报纸，初具雏形

在创办《世界日报》之前，成舍我有过一定的新闻从业经验。1912 年至 1913 年，他在沈阳、大连等地当过报馆的校对员。1915 年，成舍我在上海《民国日报》当校对和助理编辑。1918 年至 1920 年，成舍我在北京《益世报》做编辑工作。在北京大学读书期间，他还曾经组织校内"新知编译社""北京大学新知书社"等。1921 年，上述活动失败后，成舍我利用剩余的资金创办了四开小报《真报》，后来因资金和人力不足而停刊。不过这些经历为成舍我后来从事新闻活动，力图轰轰烈烈地建设报业托拉斯积累了不少经验。

1924 年 4 月，成舍我用 200 元的资本在北京创办了《世界晚报》。报纸初创的时候，没有印刷设备，后来成舍我边办报边兼职赚钱，以维持报纸日常运行。报馆购进了两架对开平板印刷机，每小时合计印报 4000 份左右。《世界晚报》每天 15 点钟组稿完毕，两台机器印到 18 点钟，合计印报 1 万多份，报纸的生产能力极为有限。由于成舍我善于寻找热点吸引读者，具有一定的经营管理才能，该报的新闻为读者所关注，报纸经营也取得一定的成效，为成舍我建设其"三个世界"奠定了基础。

1925 年 2 月，成舍我创办了《世界日报》。由于有《世界晚报》已经

运营了将近一年时间，成舍我积累了不少报馆管理经验。当时，《世界晚报》逐渐走上正轨，再创办一份日报并不需要投入更多的资金，其读者群的拓展也有一定的基础。1925年10月1日，成舍我将原来《世界日报》的画报版改为单张出版。这样，成舍我依靠不断地扩大再生产，出版了《世界晚报》《世界日报》《世界画报》三家系列化报纸。其报纸定位各不相同，在时间、内容、读者等方面实现错位发展的格局，避免了同一集团系列报纸之间的内耗。从这一点来看，成舍我的报业经营战略具有一定的前瞻性。

2. 规模扩张：整合资源，异地办报

1926年前后，北平奉鲁军阀残害新闻界人士，邵飘萍、林白水先后被杀害，成舍我也被张宗昌派人逮捕，后经孙宝琦求情才得以释放。成舍我感到人身安全受到威胁，遂借机到南京采访以暂避风险，顺便考察南京的办报环境，拟在南京发展报业。1928年3月，成舍我与李石曾在南京共同创办了《民生报》，成舍我任社长，周邦式任经理，张友鸾任总编辑。《民生报》是一份小报，成舍我采取"小报大办"的方针，精编新闻，内容充实。该报初创的时候发行量达3000份，一年以后发行量即增长到1.5万份，最高的时候每天发行3万余份。《民生报》的创办得益于成舍我所累积的报业资源，尤其是世界报系的人才资源、新闻资源和设备储备。该报与《世界日报》南北呼应，相互配合，《世界日报》与《民生报》共享新闻资源、人才资源等，节约了办报成本，提高了报纸的影响力和竞争力，为成舍我继续扩张其报业规模奠定了基础。

《民生报》的成功更坚定了成舍我的报业梦想，他计划在南京建成中国报业公司，但由于《民生报》被查封，且成舍我被勒令永远不能在南京办报，他的计划落空。《民生报》被封之后，成舍我并没有气馁。1935年，他与南京、上海两地的一些报人合作，在上海创办了《立报》。两年之后，《立报》的发行量超过20万份，创造了中国报纸发行记录。

3. 梦想破灭：照搬西方，水土不服

成舍我的"世界报系"之所以能够取得突出成就，其早期的资本积累和后期的资本运作起到重要作用。在报业资本市场运作中的成功，使成舍我有了更宏伟的民间报业发展规划，即成立报业托拉斯。早在1930年到

1931 年，成舍我就曾经赴欧美考察，他有了组织报业托拉斯的梦想。抗战胜利以后，成舍我开始谋划成立"中国新闻公司"。创办"中国新闻公司"首先面临的是资金问题，成舍我等人把希望寄托在交通银行、农民银行、中国银行等几个国家银行，以及上海、重庆有私人关系的银行的投资上。在陈果夫的协调下，交通银行、农民银行以及中国银行三个国家银行同意，号召集资创办"中国新闻公司"，登报招募股份旧法币 1000 万元。成舍我等人计划先在重庆办一家世界日报，以后还要以南京为中心，向全国东、南、西、北、中五大区域的主要城市拓展，分批分期创办十家大报，这些报纸都用《世界日报》这一报名。成舍我的设想是，北京可以以老的《世界日报》为基础，上海以《立报》为基础，南京以《民生报》为基础，其他如广州、武汉、西安、兰州等地，可以另起炉灶。但由于当时政治局势变化、物价波动等多种因素，最终未能成行，只有重庆一家《世界日报》复刊。

（二）史量才的多元发展、横向扩张之路

《申报》是一份由英商美查（F. Majer）创办的报纸，后来为国人收购，成为名副其实的民营报纸。清末民国时期，《申报》在民众中的影响力很大。"乡下、内地的城市，不论什么报纸，都叫作'申报纸'，足见《申报》的势力了。"（金瑞本，1934）《申报》易手国人之后，最初的经营并不算好，直到史量才购得该报才扶摇直上，成为国内经营成效最显著的企业化大报。

1. 强基固本：砥砺前行，练就内功

《申报》易手国人之前，比较重视华人人才队伍的引进与培养。例如，该报初期的经理为赵逸如，主笔为蒋芷湘，后来的经理和主笔均为华人担任。这样，该报能够更好地融入中国文化，在民众中产生影响。1888 年，美查打算回国，着手收回成本，增添外股。于是，美查将该报改为美查有限公司。1906 年，该报以"营业不振"为由以现款 7.5 万元出让给席子佩。这时候，该报名义上是外报，但实际上无论是报业经营，还是报纸业务等均为国人掌控。1912 年，史量才从席子佩手中以 12 万元购得《申报》。随着申报馆盈利水平的不断改善，史量才逐渐加强对报馆基础设施

的建设，报馆的印刷设备、办公大楼、员工宿舍等硬件设施在当时处于领先地位。20 世纪 20 年代，《申报》取得较大的发展，据到该报参观的记录，该报"重楼高耸，气象巍峨，大规模之组织也"。不仅办公条件越来越好，而且员工的生活条件也得到有效改善。"大餐堂、藏书室、会议室、客厅、会食堂、弹子房、洗浴室、职员卧室且有屋顶花园，以备办事人员工余之休息地。"（汝津，1923）《申报》对于办公条件和员工生活条件的大力投入，是有前瞻性的投资。这样，报纸的印刷质量在当时处于一流，在竞争中处于领先地位；报馆的员工具有很强的归属感，其职业忠诚度明显高于其他报纸的员工，这是《申报》长盛不衰的根基。

2. 横向扩张：购进股权，强强联合

经过 10 年的发展，《申报》从不足 1 万份的发行量增加到 2 万份；1925 年，发行量增加到 10 万份以上。1916 年到 1918 年，史量才花了 70 万两银子建设了拥有一百多间房间的五层大楼，作为新的报馆办公楼。报馆的印刷、发行等环节不断改善，广告业务不断增加，报业经营蒸蒸日上。20 世纪 20 年代末，史量才不仅把《申报》打造成为国内一流的民间大报，而且还力图购买《新闻报》的股权，在此基础上控制上海乃至中国的报业市场。《新闻报》的股份以 1916 年在美国特拉华州注册的 2000 股为准，福开森拥有 65% 的股份，即 1300 股，史量才与福开森初步达成协议，以 70 万元的代价购买《新闻报》股份，并于 1929 年 1 月签订草约。后来由于受到国民党当局和买办资产阶级的干预，引发了著名的《新闻报》股权风波（秦绍德，1988）。最终，史量才让出 300 股，购买 50% 的股份，其余股份由钱新之、吴蕴斋等购买。

3. 拓展业务：围绕主业，多元发展

史量才购买《申报》以后，围绕报纸主业经营其他副业，主要包括以下几方面。第一，建设"申报流通图书馆"。1932 年 12 月 1 日，《申报》创办了"申报流通图书馆"，地址为上海南京路大陆商场，藏书几千册，普通的市民均可办理借阅手续。图书馆开业一个月，就接待读者 400 多名。当年年底的统计显示，图书馆平均每天接待读者有 700 人。2 年内，共向外借出图书 19 万次。第二，利用《申报》的资源开办系列教育。1933 年 1 月，申报馆创办了"申报新闻函授学校"，先后运作了 4 年多，运用通信的方式共培训了 800 多人。1933 年 3 月，创办了"申报业余补习学校"，成为青年进修的重要场所。后来由于学生数量不断增加，设立了 5 个分校。第三，编辑出版《申报年鉴》。1932 年 7 月，申报馆开始筹备编辑出版《申报年鉴》，从 1933 年 4 月到 1937 年，共出版了四卷《申报年鉴》。第一本年鉴邀请了 30 多位专家，涉及重要统计 700 余种，共计 180 多万字。除此之外，申报馆还邀请地理学家绘制《中华民国新地图》以及《中国分省地图》等。这些副业的社会效益和经济效益是明显的：一是为报馆带来了额外的经济收入，二是为申报馆赢得了社会资本和声誉，三是为中华民族文化事业留下了宝贵的文献资料。

从报业经营的角度来讲，经营副业是一种多角化经营策略。所谓的多角化经营，是指"企业采取在多个相关或不相关产业领域中谋求扩大规模、获取市场、创造效益的长期经营方针和思路"（芮明杰、方统法，2000）。在企业经营管理中，为了避免"将所有的鸡蛋放在一个篮子里"所引发的风险，管理者常常采取多角化经营，以降低企业风险。相关研究表明，对于某一媒体来说，其广告经营额占所有收入的比重超过 70%，某一类型的广告抑或某一家公司的广告占该媒体收入的 30%，这家媒体将有较大的经营风险（喻国明，2005）。民国时期，多数民营报纸将广告作为最重要的收入来源。对于《申报》这样的民营大报来说，其广告来源非常丰富，但史量才并没有满足于单一的广告盈利模式，而是积极拓展新的盈利渠道，这种做法有一定的前瞻性，对当时民营报纸的经营具有一定的示范作用，对如今的报业经营改革也有一定的参考价值。

史量才主导的多角化副业有其现实针对性。史量才开展了一系列与《申报》主业相关的副业，也就是说，史量才所开展的多元化建设是同心多角化①，即这些业务都是与报业相关的，并非远离报业，重新涉入不相关、不熟悉的领域。同心多角化不同于复合多角化，前者以主要产品为中心，利用相关技术或者市场优势，不断拓展业务链，生产与主打产品相关的产品，这样既能充分利用现有的技术和设备，又能充分利用现有的销售网络；后者则指企业向与原产品、技术和市场等无关的经营领域拓展。由

---

① 一般来说，同心多角化是指企业增加与现有产品或者服务类似的新产品或者服务。

于需要开辟新的领域，运用新的技术，复合多角化存在的风险相对较大，其创新成本明显比同心多角化要高一些。史量才在报业经营方面属于行家里手，他没有贸然选择复合多角化的发展战略，而是选择风险较小的同心多角化发展战略。这种选择能够契合当时的社会环境。因为民国时期，民营报业面临较为复杂的社会环境，政治格局随时发生变化，报业管理者对其他行业并不熟悉，贸然进入其他领域，失败概率较大。之所以选择与报业相关的图书、新闻教育等领域，是因为这与《申报》这一主业相关性较大，市场进入门槛较低，所需的工作人员、设备、技术等条件比较容易满足。此类投入基本不存在沉没成本，并且这些业务能够与主业相互配合、互相促进。另外，《申报》投资的副业基本上属于公共文化事业，史量才除赚钱之外，也为社会做了相应的服务。史料显示，《申报》所从事的文化传播事业并没有给报馆带来多大的经济收入（甘家馨，1936）。但是，《申报》的文化事业工作为报馆积累了人气和声誉，报纸的影响力和公信力随之提升，报馆的发行营销与广告经营均从中受益。

（三）张竹平的联合经营之路

民国时期，民族资产阶级在报业集团化发展方面的尝试尽管没有取得成功，但是也积累了一些经验与教训，对于后来的报业经营者有一定的借鉴意义。著名的民营报人张竹平在报业托拉斯方面做了一些探索，显示了当时上海报业向集团化发展的新动向。

1. 联营节奏：稳扎稳打，步步为营

1922 年，张竹平进入申报馆工作。他在工作中表现出卓越的才能，受到史量才的青睐，担任《申报》经理兼营业部主任。张竹平一方面对自己的待遇不太满意，另一方面不甘心寄人篱下，在工作之余一心想打造自己的报业王国。1924 年 7 月，张竹平联合《申报》《时事新报》的同人，合作创办了申时电讯社，社址在《申报》馆内部。1928 年，申时电讯社增资，业务范围也相应扩大，并搬迁了社址，向全国招聘通讯员，使其成为具有一定影响的全国性私营通讯社。1928 年，张竹平又同汪英宾、潘公弼等人一起买下了《时事新报》的产权。1930 年 6 月，张竹平等人组织股份有限公司，向实业部重新注册《时事新报》，资产为 20 万元。《时事新报》

股份有限公司的董事会由张竹平、汪英宾、潘公弼、陈沧波、熊少豪等人组成，由张竹平担任董事长兼经理，1931 年 10 月，公司又吸纳新股，资金增加为 35 万元，董事会成员也增加到 7 人。4 年之中的 2 次成功运作，为张竹平做大自己的报业奠定了基础。

1931 年 2 月，张竹平又同董显光等报人合作，以 26 万两白银买下经营不善的《大陆报》，经过重新改组，成立了股份有限公司，理事会由四名外国人和四名中国人组成，张竹平担任总经理。经过张竹平的改革，《大陆报》的经营很快得到改变，报纸的发行和广告均翻倍。经过几年的运作，张竹平的事业越做越大。1932 年 2 月 12 日，张竹平联合董显光、曾虚白等人出版了《大晚报国难特刊》，是年 4 月 15 日改为《大晚报》，该报 4 开 1 张，出版后广受读者欢迎，很快从几千份增加到 4 万多份。该报最高销售量为 7 万份，是当时上海销量最大的晚报。

《大晚报》创刊之后，张竹平将《时事新报》《大陆报》以及申时电讯社联合起来，组成了"时事新报、大陆报、大晚报、申时电讯社四社联合办事处"。四社的业务合作主要包括：新闻报道方面的合作，联合建立资料室，纸张、油墨、制版等资源的共享，成立四社出版部，成立"四社业务推广部"。在当时多数民营报纸处于分散竞争、资源分散的情况下，张竹平的四社明显具有规模经济效应。四社联合购买纸张、油墨等资源，属于大宗客户，拥有与其他企业议价的能力。另外，各家报纸的新闻可以相互分享，降低了报纸新闻的采制成本。因此，其办报成本比一般的报纸要低一些。从单个媒体的实力来看，四社的每家媒体在全国均没有明显的竞争优势。但是，几家读者定位、市场定位不同的媒体相互合作，形成了全覆盖的格局，形成了强大的集合竞争优势，对当时多数分散竞争的民营报纸形成较大的冲击。

2. 联营优势：人才济济，媒体齐全

"四社联合办事处"相当于一个报业托拉斯的实体。在四家新闻机构中，张竹平分别占有接近三分之一的股份，基本上掌握了各个单位的实际经营权。如果当时的外部环境许可，那么依张竹平的运作能力和管理水平，建设一个新型的报业托拉斯指日可待。"四社"拥有几个明显的优势。首先，张竹平及其同人具有丰富的报业实践经验，"四社"拥有张竹平、董显光、曾虚白等一批懂新闻、善经营、会管理的民营报人，其报业经营与新闻业务水平在全国处于领先地位。其次，"四社"已经初具规模，并且拥有一个通讯社，报纸的新闻资源获取渠道有了保障，这是一般报纸所没有的。最后，"四社"的媒介形态比较齐全，拥有日报、晚报等形态，《时事新报》注重时政新闻和学术信息传播，《大晚报》《时事新报》《大陆报》在发行时间上实现错位。这样，这几家报纸能够占领更大的发行市场，在经营绩效和影响力上具有更大的提升空间。当然，"四社"还是一个相对松散的组织，并没有形成具有合力、达到实质性整合的报业组织结构，这是张竹平一直努力想达到的目标。然而，当时的政治环境并不允许张竹平、史量才等人自由运作其报业集团，张竹平的报业托拉斯之梦最终没能实现。

3. 联营结果：被逼抛售，丧失阵地

1933 年秋，国民党第十九路军在军长蔡廷锴和总指挥陈铭枢的带领下，在福州成立了"中华共和国人民革命政府"，与李济深、蔡廷锴、陈铭枢等势力联合起来，共同反蒋。张竹平的"四社"曾经被国民党第十九路军列为舆论宣传阵地，两者达成意向，后者拟向"四社"投资 20 万元，帮助张竹平改善其"四社"资金链。"四社"也发表过有关国民党第十九路军战事的新闻。后来，福建人民政府最终被蒋介石镇压。尽管"四社"与国民党第十九路军之间的联系并不一定被国民党当局所掌握，但是"四社"的言论导向令国民党当局不满。国民党当局以《时事新报》刊登违禁文章为由对该报实施禁邮处罚，蒋介石下令：除租界以外，其他地方禁止"四社"发行其报纸，也不准举办其他文化宣传活动。此后国民党当局不顾民意，直接劫夺"四社"，由孔祥熙委派人员直接向张竹平施压。张竹平原打算只出卖《时事新报》的股份，没想到远远不能满足国民党当局的"胃口"。无奈之下，张竹平只能将"四社"的全部股份以法币 20 万元让出去，而国民党当局又指使银行以"四社"欠债而拒绝付款给张竹平。最终，张竹平几乎将自己苦心经营的"四社"无偿送给国民党当局，只拿到孔祥熙"赠送"的法币 5 万元作为补偿。1935 年，张竹平在各大报纸刊登启事，称自己因病需外出治疗，"四社"由杜月笙代为处理。杜月笙同时登报回应接手"四社"业务。国民党当局虽然在表面上以自由买卖的方式获得了"四社"，但实际上其掩盖了欺压报界、玩弄舆论的丑行。

1935 年 5 月，"四社"的几家报纸刊登声明，从 1934 年 9 月开始，当局宣布取消"四社"邮电登记，共计 8 个月，现在政府已经允许"四社"恢复邮寄报纸。"本市租借以外，亦得行销无阻""国内外直接订阅者……自即日起，继续照寄。"①

"四社"既有报纸，又有通讯社，拥有日报、晚报和英文报三种报纸，形成错位格局，类似于国外的报业托拉斯组织。不过，"严格地说，四社还只是一个报团的雏形。三报一社的联合，仅是业务上的部分联合，不是资本的联合"（方汉奇，1996）。在四社中，只有申时电讯社是张竹平独资经营的，其余的《时事新报》、《大陆报》和《大晚报》均为股份公司，董事会各自独立，且张竹平在每一家报纸中所占的股份均少于三分之一，并非四社的董事长。

（四）陈铭德、邓季惺的内生扩张之路

1. 小试牛刀：日晚两刊，公司运作

1929 年，《新民报》初创时其报社员工只有十五六个人，且多是陈铭德的亲戚朋友，报社并不给员工支付工资，只给少量零用钱。《新民报》前几年的内容主要刊登国民党中央社所发布的稿件，有点类似于公报。因为《新民报》的创办资金为军阀刘湘投入，该报经常发表刘湘部队的"战绩"。在报业竞争较为激烈的南京市，没有什么特色的《新民报》很难崭露头角。每期发行 2000 份，且以赠阅为主。报社的广告收入只有 200 元左右，报馆经营得不温不火。由于陈铭德对办报非常专注，又善于笼络人才，到了 1935 年，该报的发行量攀升至 1.5 万份；1936 年，该报发行 1.6 万份；1937 年达到 2 万份。报纸广告收入也逐年上升，占到总营业额的 50% 以上。由于发行量不断攀升，原有的印刷设备满足不了市场需求，《新民报》经理张君鼎和陈铭德、邓季惺专门去日本，从《读卖新闻》报社购回一部旧轮转印报机，改善了该报的印刷条件。

1937 年 7 月 1 日，南京新民报股份有限公司成立，陈铭德与邓季惺准

---

① 引自 1935 年 5 月 2 日《申报》。

备大干一场。之所以成立股份有限公司，也是迫于当时的政治经济环境。从政治上来讲，《新民报》崭露头角之后，经常主持正义，引起国民党当局的不满，压力大增，仅仅靠个人与家庭的力量难以应对；从经济上来讲，随着业务地不断拓展，现有的人手和经济力量已经越来越不能适应报纸业务的发展了。因此，陈铭德与邓季惺几经权衡，筹集了 5 万元，依法成立了股份有限公司。但由于日本全面侵华战争开始，南京失守，《新民报》不得不于 1937 年 11 月 27 日停刊，并西迁至重庆。1938 年 1 月 15 日，《新民报》重庆版创刊，尽管初创时条件较差，但是陈铭德与邓季惺善于管理，该报很快站稳脚跟，汇聚了张恨水、赵超构、浦熙修等著名记者。《新民报》在言论上倾向进步，开始支持共产党的主张。不仅如此，该报的经营管理很快走上正轨，1941 年 11 月 1 日，《新民报》晚刊正式出版，很快，晚刊的发行量就超过日报发行量，达到 4 万份。这样，《新民报》就由原来的单纯日刊变为日晚两刊，晚刊更加生活化、大众化。在报纸经营上，晚刊也更加灵活，发行量增加了，广告也纷至沓来，为后来报业扩张打下了坚实的基础。

2. 大显身手：五社八版，内生扩张

1943 年 6 月 18 日，《新民报》成都版（华阳版）创刊。由于国民党成都市党部对《新民报》在成都办报不予批准，陈德铭与邓季惺通过关系最终在华阳县登记出版，但实际上出版机构设在成都市中心。《新民报》成都版总编辑为赵纯继，经理为邓季惺。为了在短时间内打开局面，陈铭德发挥《新民报》的人才优势，将重庆版的主笔张友鸾、张慧剑、赵超构等一起带到成都助阵。《新民报》成都版与重庆版在政治态度、编辑方针、报纸风格上保持一致。由于《新民报》成都版管理有方，重庆与成都距离不远，读者的接受习惯相差不大，报纸创刊后很快占领市场，发行量超过 1 万份，跃居成都报纸发行量首位。随着发行量和影响力的不断扩大，成都版的广告量也逐渐增加，很快即有盈余。

陈铭德、邓季惺一直力图组建民营报业托拉斯。抗战胜利之后，陈铭德与邓季惺积极筹划建设"新民报报系"，以实现其报业集团的建设目标。在多年的办报实践中，陈铭德与邓季惺已经明白，在当时的环境下，民营报业托拉斯的建立往往需要"在自身繁衍的基础上扩大，而不是如同国外的大的报业集团，采取兼并的方式，来组建报业托拉斯"（新民晚报史编纂委员会，2004）。史量才力图通过兼并重组的方式接手《新闻报》，受到国民党当局的阻挠，最后虽说获得《新闻报》的大部分股份，但是并没有实质性地把握住该报的舆论主导权。对于史量才的这一经历，陈铭德和邓季惺有着切身体会。鉴于此，陈铭德与邓季惺准备"发展《新民报》自成报系的道路""多办地方版，一步一步地扩大"（新民晚报史编纂委员会，2004）。于是，陈铭德和邓季惺积极招募人才，筹集资金，先后在重庆、成都、南京、上海、北平等地分别设立报馆，成为当时报界极具发展潜力的民营报业公司。南京《新民报》于 1945 年 10 月 10 日复刊，这是南京复刊的第一家民营报纸。1946 年 1 月 1 日，南京《新民报》晚刊创刊。这样，《新民报》已经有重庆、成都、南京等三地六版了。尽管规模扩大了，办报的区域也扩展了，但陈铭德和邓季惺并没有就此停下来，而是马不停蹄地继续筹备北平版和上海版《新民报》。经过几个月的筹备，1946 年 4 月 4 日，《新民报》北平版创刊；1946 年 5 月 1 日，《新民报》上海版创刊。这样，《新民报》拥有了五社八刊的规模，八刊的总销量达到 12 万份，成为当时全国知名的民营报系，见表 1。与《申报》的横向式扩张不一样，《新民报》完全走的是内生式扩张之路，靠自力更生，不断积累，"一跃而成为中国最大的民营报业集团，创造了中国报业发展史上的奇迹"（杨雪梅，2008）。

表 1　《新民报》五社八版分布

时间	地点	主要工作人员
1938 年 1 月 15 日	重庆版	张恨水、张友鸾、张慧剑、赵超构等
1941 年 11 月 1 日	重庆《新民报》晚刊	
1943 年 6 月 18 日	成都版（华阳版）《新民报》晚刊	总编辑赵纯继，经理邓季惺，张友鸾、张慧剑、赵超构担任主笔、言论、副刊、新闻等采编工作
1945 年 2 月 1 日	成都版（华阳版）《新民报》日刊	
1945 年 10 月 10 日	南京版复刊	邓季惺、张友鸾、程大千、郑拾风、曹仲英、宣谛之、浦熙修、郁风、叶冈等
1946 年 1 月 1 日	南京《新民报》晚刊	
1946 年 4 月 4 日	北平《新民报》	邓季惺、张恨水等

时间	地点	主要工作人员
1946 年 5 月 1 日	上海《新民报》晚刊	总主笔赵超构、总编辑程大千、张慧剑、夏衍、吴祖光、袁水拍先后任副刊《夜光杯》主编

从 1945 年 10 月 10 日到 1946 年 5 月 1 日,在短短的半年多时间内,陈铭德和邓季惺在南京、北京、上海三地创办了 4 个版报纸,这种能力和魄力为人称道。民国时期,南京、北平和上海都是报业发达的大城市,报纸竞争非常激烈,陈铭德和邓季惺要管理这么多的报纸,主要得益于陈铭德的知人善任和邓季惺的管理有方。陈铭德和邓季惺夫妇配合意识强,各具优势。陈铭德善于网络人才,社会资源丰富,能够很好地运用其社会资本,为《新民报》各版的发展确定了战略方向和人才、社会资源;邓季惺擅长报业经营,对报社的管理有条不紊。在他们齐心协力地配合下,《新民报》的系列报纸很快走上现代化企业的运行轨道。《新民报》上海版刚创办的时候,经营效益很差,第一年亏损 4 亿元,甚至依靠邓季惺从南京提一皮箱现金去维持报纸运营。此后,由于报馆员工齐心协力,上海版扭亏为盈。陈铭德和邓季惺之所以创办《新民报》上海版,主要是从报业发展战略的角度来考虑的。首先,上海是国际大都市,其国际化程度高,经济发达,报业发达,对于陈铭德和邓季惺来说,这是能够立足报业市场,获得一席之地的需要;其次,上海人文荟萃,信息流动量大,能为《新民报》其他几个版提供大量有价值的信息;最后,在上海设立报馆有助于为其他城市的报馆提供纸张和印刷材料。由此可见,陈铭德和邓季惺在上海布点的意义不仅仅是影响上海的舆论,而是为其五社八版提供可靠的信息、廉价的材料等,同时也为提升《新民报》的公信力和影响力奠定了基础。

比起一般的民营报纸来说,新民报系管理相对科学。该报的五社八版职工总数超过 300 人,经营管理人员占据 50% 左右。报馆被管理得有条不紊,尤为称道的是该报系的总管理处,充分发挥其综合管理职能,起到了管理中枢的作用。新民报系在南京设立了新民报股份有限公司总管理处,陈铭德任总经理,下设稽核、业务、秘书和供应部。并在各分社派驻稽核，常年审查各分社的财务运行情况，每月向总管理处汇报。其汇报事项主要包括七个方面：会计报表之审查情况、库存现金之审查情况、库存材料之审查情况、广告发行业务之审查情况、副业方面之审查情况、印刷方面之审查情况、办事手续之审查情况。由于该报系管理较为规范，实行严格的会计制度，所以很少出现贪污渎职情况。在发行上，尽力拓展发行范围，该报重庆版在车船能够到达的地方设立分销处。该报实行订户卡片制度，相当于给每个订户建立了简单的档案。这样，既能够掌握报纸发行情况，又能为后续订购奠定基础，有助于稳定订户。

3. 转型发展：时局变化，公私合营

1948 年 7 月，《新民报》南京版因违反"出版法"被国民党当局查封。1949 年 7 月 23 日，《新民报》成都版被国民党反动派武力接收，报馆的主要负责人被捕。国民党利用报馆的设备继续出版"伪新民报"，读者极为不满。"伪新民报"出版的时间不长，报馆原有的物资储备耗尽之后即告停刊。1949 年 6 月，《新民报》南京版复刊，1950 年 1 月 18 日，《新民报》成都版复刊，但由于两地报馆均遭到了国民党当局的破坏，原有资源已被消耗，报纸维持了几个月最终难以支撑，宣告停刊。《新民报》重庆版复刊后继续出版时间较长，在继续出版 2 年 2 个月后因经济困难于1952 年 2 月 11 日自动停刊。《新民报》北京版于 1949 年 10 月复刊，后来经营了 3 年 3 个月。1952 年 3 月，陈铭德、邓季惺与北京市人民政府达成协议，后者收购了《新民报》的资产，用于办《北京日报》，《新民报》的员工也一并转入《北京日报》。这样，到 1952 年 4 月，《新民报》的五社八刊只剩下上海《新民报》晚刊了。

二 民营报业集团化建设的特点

民国时期，部分民营报人展现出一定的魄力，在国内政治环境不稳定的情况下，锲而不舍地推动报业集团化建设。民营报业的集团化运作并非来自报人的凭空想象，而是参考了国内外报业以及相关行业的经营方略：一是国外报业集团化发展给中国报业发展带来可资借鉴的经验；二是国内相关产业的集团化发展为民营报业发展提供了一定的参考。民营报业集团化建设表现出以下特点。

（一）竞争力与影响力：集团化建设的两大目标

民国时期，一些知名的民营报业老板对国外的报业经营状况比较了解，尤其是对欧美发达国家报业发展的考察与借鉴，直接影响着中国报业的发展。中国报界也不断关注国外报业发展状况，这对中国民营报业发展起到一定的引领作用。如 1949 年，《报学杂志》专门报道美国印第安纳的报界大亨普廉购买新闻报，与自己手中的明星报合并，巴黎的两家报纸合并。这表明，在发达国家，报业集中趋势正在加剧（塔布衣夫人，1948）。一些有抱负的民营报人，力图通过民营报业集团化建设达成两大目标，即提高报业竞争力、提高媒介的影响力。

对于多数民营报纸来说，上述两种经营发展目的兼而有之。不过，各家报纸会在其发展规划中有所侧重。有的报纸重视报纸的盈利水平，有的报纸重视报纸的社会影响力。如新记《大公报》《文汇报》《新民报》等民营报纸的主要目标并不是赚钱，而是力图通过新闻报道提升报纸的影响力。而当时的多数民营小报以及部分民营大报很重视报纸的盈利能力和盈利状况，其主要发展规划就是立足于赚钱。当然，在民营报业经营中，这两大目标并不能截然分开，民营报业的竞争力提升了，其报业影响力也会不断提升。而报纸影响力较大的民营报纸，其发行量也相对较大，报业竞争力也随之提升。

民营报业集团化建设的两大目标往往是相辅相成的。报纸经营水平和盈利水平提高了，竞争力也随之提升，在此基础上建设的报业集团，其经济效益较好，为报纸影响力的提升奠定了物质基础。民营报纸新闻舆论影响力大，其发行量自然会攀升，广告也纷至沓来，报业经营与盈利水平也会不断提升。但是，民国时期，民营报业集团化建设往往很难两者都能实现。因为，经济实力强、舆论影响力大的报业集团，往往会引起国民党当局的警觉，其规模扩张会受到一定的限制，最终导致集团发展受阻。

（二）内生式与外延式：集团化扩张的两种方式

纵观民国时期民营报业发展过程，可以看出，民营报业集团化建设并不多见，主要因为当时的政治条件、经济发展等因素并不适合建设报业集团。中国民营报人企图模仿西方发达国家通过兼并其他报纸实现规模扩张，最终做大做强报业集团，这种思路在中国很难行得通。民营报业集团化建设有两种路径：一是内生式扩张，二是兼并重组。较少报纸采取兼并重组的发展模式，史量才的《申报》是其中的典型，他希望通过兼并《新闻报》走上集团化发展的道路，但是他遇到极大的阻力，尽管占有了《新闻报》的股份，但他也不得不做了较大让步。张竹平想沿袭史量才的思路，刚迈开步子，即被国民党当局叫停。成舍我的世界报系、陈铭德的新民报系、新记《大公报》的各地不同版面等，均走的是以内生式扩张为主的道路。陈铭德和邓季惺夫妇经历了多年的办报实践，他们对中国报业发展史有一定的认识。他们认为，"在中国的新闻史上，特别是民间的私营报纸，在有了一定的基础之后，它的发展往往是在自身繁衍的基础上扩大，而不是如同国外的大的报业集团，采取兼并的方式，来组建报业托拉斯"（新民晚报史编纂委员会，2004）。

纵观民营报业发展的历程，可以看出，主要有两种具体的内生式规模扩张路径：一是通过报馆所具有的人力、资产和业务，提高报纸的竞争力，扩大报纸的市场份额，来实现规模扩大、销售和利润增加的目的；二是报馆在长期的经营中积累大量的流动资金、固定资产和人力资源，在此基础上另外创办报纸，从而实现规模扩张和利润提升的目的。民国时期，新记《大公报》、成舍我的世界报系、陈铭德的新民报系均采用过上述两种内生式发展路径。并且，这两种扩张路径一般是前后相继，互为支撑的。在民营报纸发展的初期，报社通过自身的力量不断提升发行量，赢利稳步增加，这属于前期的内生式扩张，为后续的发展积累了资本和资源。随着规模的不断扩展，在条件允许的情况下，民营大报采取异地办报的方式进一步拓展规模，从而向现代报业托拉斯迈进。不过，需要说明的是，有些民营报纸所采取的异地办报方式，并不仅仅是从经济绩效方面来考虑的。如新记《大公报》《新民报》等民营大报，其异地办报既有时局方面的因素，也有新闻信息传播方面的考虑。

民营报纸集团化建设所采取的两种发展模式是根据报纸所处的内外部环境而定的。一般来说，内生式扩张发生在民营报纸发展的初期到中期。

这时候，民营报纸的规模不大，所掌握的资源较少，还不能同市场中的大报相抗衡，因而不能过于张扬。更为现实的是，初期的民营报纸处于积累读者资源和广告客户资源的时期，所需要的市场空间较小，仅仅依靠一些区域性市场或者某一细分市场即可维持报馆发展。同时，初创的民营报纸也不具备向外扩张的实力。因此，采取内生式扩张方式更为妥当。当民营报纸经济实力和综合竞争力不断增强以后，很可能会采取异地扩张的方式来提升整个报纸的影响力。也有一些报纸会选择兼并重组的方式来拓展规模，以提升报业集团的竞争力。

民营报纸规模扩张的两种途径各有利弊。内生式扩张风险较小，可操控性较强，一般不会引起竞争对手的过度警觉，具有一定的隐蔽性，便于报纸积聚力量。内生式扩张是民营报纸利润积累的结果，这一扩张模式具有连续性，伴随着民营报纸发展的始终，是民营报纸兼并重组的基础。但内生式扩张会受到许多条件的限制，如报业发行市场的饱和度、报纸的竞争力等，其规模拓展的速度较慢，拓展的边界也是有限的。相比较而言，兼并重组的方式能够在极短的时间内拓展民营报业集团的规模，能够增强民营报业集团的实力，其拓展的边界较广。但是，兼并重组的扩张方式属于外延式扩张，其风险较大，具有不可控性和不确定性。史量才设想收购《新闻报》，通过兼并重组扩张报业规模。他也预料到兼并不可能一帆风顺，但他没有想到兼并过程极其复杂。先是汪氏兄弟极力反对，接着国民党当局想尽办法干预此事，致使史量才做出让步。其结果是，尽管史量才收购了《新闻报》，但他并不能从根本上控制该报。成舍我想在多个城市出版《世界日报》的梦想难以实现，《新民报》的扩张也遭遇各种困境。由此可见，兼并重组的扩张模式极其复杂，不仅涉及民营报纸的经营问题，而且还会涉及报纸的舆论问题，其最大的制约力量来源于政治。对于民营报馆来说，一旦扩张失败，对报馆的影响较大，甚至会损耗报馆原有的基础，导致利润下降。因此，多数民营报纸会谨慎处理兼并重组这一方式，不到条件成熟的情况下，不会轻举妄动。当然，对于少数发展到一定阶段的民营大报来说，在依托内生式扩张的同时，也会积极探索兼并的可能性。尽管史量才并没有实现其理想的报业托拉斯之梦，但是他积极推动报业兼并，在中国报业经营史上留下了深深的印记。

（三）"夹生饭"与"肥皂泡"：集团化建设的两种结局

国民党当局对民营报馆组织结构的扩张表现得比较敏感，民营报业经营受到极大的限制，这是民营报业托拉斯幻灭的重要原因。在缺乏稳定的社会基础和发达的工商业经济基础的情况下，民营报业没有自由发展的环境，只能在夹缝中生存，最终只能在国民党当局的限制、摧残中放弃报业集团化建设行为。无论是成舍我、陈铭德的内生式扩张策略，还是史量才的横向兼并策略、张竹平的联盟式合作策略，均受到政治力量的限制，具有雄才大略的民营报人不可能完全摆脱政治力量的制约。国民党当局不仅用政治手段限制新闻托拉斯的发展，而且还打着"民主主义"旗号，以"节制私人资本"为由，制约新闻托拉斯的发展。成舍我和陈铭德采取异地扩张的方式做大了报业规模，但是总是在不同的节点受到国民党当局的限制，导致集团化建设受阻。史量才的同城兼并行为引起国民党当局的不满，国民党当局干预此事，迫使史量才做出让步。最终，当时国内两家经营最好的民营报纸《申报》和《新闻报》名义上归史量才管理，实际上，史量才对《新闻报》的新闻业务并不能过问，甚至史量才都不能迈进《新闻报》的大门一步。纵观民国时期报业经营史，可以看出，"中国资产阶级报业，终其在大陆存在的历史，也始终未能形成一个新闻托拉斯体系"（新民晚报史编纂委员会，2004）。

如果按照市场的规律来运作，史量才完全有能力组建欧美那样的报业集团。但是，在当时中国的政治、军事格局之下，民营报纸不可能做到大而强，更不可能强大到敢于主导舆论的程度。因此，当史量才怀揣宏图大略，力图构建中国首屈一指的报业航母的时候，国民党当局马上"顺应民意"，坚决地打破了史量才的报团之梦。史量才兼并《新闻报》的初衷是想在新闻业务和报纸经营等方面完全控制该报，仅凭汪氏兄弟的反对，还不足以破坏史量才的远景规划，因为史量才还可以采取循序渐进的方式来控制《新闻报》。除此之外，史量才还可以另辟蹊径，收购其他的民营报纸，构建自己的报业帝国。然而，国民党当局的干预，让民营报业兼并超出了企业经营的范围，变成了一种企业行为与政治干预的复杂局面。史量才原以为自己可以在报业领域大展宏图，但最终迫于政治压力，他只能做出让步，他所打造的报业集团只能成为自己并不期待的"夹生饭"。

之所以出现这种情况，主要原因在于报纸行业属于新闻舆论的发动机，国民党当局不可能让私人在舆论领域为所欲为。国民党中央宣传机构在1938年就大肆宣传"一个政党、一个领袖、一个主义、一个军队"，民营报纸则奉行"不偏不倚""超党派""不党、不卖、不私、不盲"等信条，显然不利于国民党当局统一思想。如果报纸的宣传处于中立或者偏左的基调，就会严重扰乱国民党当局的部署，给其统治带来不利。因此，从政治稳定性的角度来讲，国民党当局采取各种手段阻挠民营报纸组建报业集团，完全符合其统治需要。民国时期，那些对社会舆论和国家机器运转影响较小的领域，其企业集团建设受到的干扰往往较小。民国时期，民营资本维系的纺织、面粉、烟草、水泥等企业集团获得了良好的成长机遇，如大生企业集团的经营业务涉及纺织、农垦、航运、食品等领域，拥有40多家企业，控制着2480万两白银的资金总额，成为当时中国最大的民营资本企业集团（大生企业编写组，1990）。荣氏企业集团的经营业务涉及棉纺织业和面粉工业，20世纪30年代中期，其总资产达到8555万元（上海社会科学院经济研究所，1980）。其余的如周学熙企业集团、永安纺织印染公司、刘鸿生企业集团、永久黄集团、通孚丰工商金融企业集团等在不同领域具有较大的竞争优势，这些企业集团的兼并重组较少受到来自政治力量的干扰。国民党当局重点控制的民营企业领域主要包括金融业、报业等，这些都是事关国家机器能否正常运转的关键领域，国民党当局绝不会轻易放弃。

新民报系所秉承的"中间偏左，遇礁即避"的方针并不能保证其不触礁，除《新民报》成都版和重庆版之外，其余几个城市的《新民报》被迫先后停刊。成舍我曾经满怀希望地规划蓝图，建设与世界接轨的民营报业托拉斯，最终成为一场空。张竹平苦心构建的联营框架也难以幸免，张竹平最终被逐出报馆，"四社"几乎拱手送与国民党。这样，一个即将冉冉升起的报业集团，成了国民党国家资本主义发展模式的一部分。由此可见，民国时期，民营报人均不可能放开手脚建设报业集团，那些力图打造民营报业集团的报人最终发现，他们的宏伟目标不过是一个个美丽的"肥皂泡"。

三　民营报业集团化建设的力量博弈

（一）主体力量：身单力薄，缺乏根基

民国时期，民营报纸走集团化建设之路并非一帆风顺。从国民党当局的管理角度来看，集团化建设导致对言论的垄断和舆论的控制，这是国民党当局不愿意看到的现象。因此，国民党当局会想尽一切办法阻止报业托拉斯化。国民党当局对民营报业集团化运作的管控充分说明了这一问题。从新闻从业者的角度来讲，多数记者、编辑并没有机会亲历国外报业托拉斯的运作，不了解报业托拉斯能够给报馆员工带来怎样的实际好处，也就是说，业界对这一问题的认识并不是很充分，只有少数具有前瞻性的报馆领导大力提倡报业托拉斯化，因此，报业托拉斯化在业界的认同度并不高。对于普通民众来说，他们更不可能了解报业托拉斯化的优势与不足。当国民党当局公开反对报业托拉斯化的时候，只有极少数人是报业托拉斯化的坚定支持者和践行者，多数人抱着无所谓的态度。因此，民国时期，报业托拉斯运作难以推行下去，最终导致流产，这是当时政治、经济与文化环境决定的。民国时期，民营报业的经营主体是中国民族资产阶级，他们的发展受到了时代环境的影响，存在先天的不足。在经济上，民族资产阶级没有形成与外国资本和国家资本相提并论的实力；在政治上，民族资产阶级的地位没有得到有效的巩固，其政治话语权相对较小。因此，民族资产阶级在经营民营报业的时候，往往限于身单力薄的境地，存在明显的短板。

（二）舆论力量：呼声微弱，缺乏支持

民国时期，民营报业托拉斯的发展并没有引起舆论的共鸣与支持。对于报业托拉斯的组建，各界见仁见智。储玉坤（1945）认为："本来报纸评论的功能，仅在引导舆论，走入正轨，现在被操纵在少数资本家的手里，刊载千篇一律的评论，如何能尽量发挥报纸引导舆论的功能呢？不仅如此，而且言论自由也变成了'徒托空言'了。"因此，报业的托拉斯化，

即"现在报业的一大危机"（储玉坤，1945：28）。老唐（1934）认为，当时中国报业发展的主客观条件均不支持实行托拉斯化，硬走托拉斯化是一种畸形的发展模式。20世纪30年代，中国报业"发生托拉斯化的客观条件——企业的嫉妒发展——还没有具备，怎能谈到事实上的托拉斯化呢？""在主观的立场上说，报纸是负有启迪民智，扶助社会教育的使命的。而现代的中国一般民众，他们治识的幼稚和缺乏，是不容讳言的事实。"报纸是最好的教育者，其在国民教育中发挥独特的作用，因此，中国的报纸"应当有所觉悟，而不应托拉斯化，专谋利益的独占……是要在以一般民众的利益的前提下，去努力创造新的灿烂的环境"。托拉斯化必然导致报纸"专事营利忽视人民知识"，同时也会摧毁地方报纸，导致小报停办，工人失业（老唐，1934：156）。可见，即便是当时的新闻研究者，对民营报业托拉斯的认识也不太深入，普通民众对民营报业托拉斯更是缺乏认知，不可能在舆论上和行动上支持组建民营报业托拉斯。

（三）制约力量：多重打压，缺乏掩护

民国时期，民营报业集团化建设遇到多重困难。首先，政治力量左右着民营报业的发展。报纸是观点纸，尽管民营报纸重在经营，对于时事政治的态度表现得不像国民党党报和政府机关报那样明确，但是处于政治漩涡中的报纸不可能保持沉默。因此，民营报纸"因言获罪"者颇多。一些主持正义的民营报纸因为得罪国民党当局遭受各种处罚。对于实力雄厚，有一定话语权的民营报纸，国民党当局尤为警惕。史量才、张竹平、陈铭德、成舍我等人力图建设报业托拉斯，国民党当局不可能充当旁观者。因为一旦报业托拉斯实力壮大，影响力随之增大，国民党当局更难控制报纸的言论，这是民营报业集团化建设受阻的终极原因。其次，民营报业总体上是代表民族资产阶级利益的，民族资产阶级发展与成长并不顺利。民国时期，民族工业发展主要体现在部分轻工业方面，重工业极为薄弱，没有形成完整、独立的工业体系。部分主要的工业部门中外资占据重要地位，自给自足的自然经济仍然占有相当大的比例。民族工业、商业等行业与民营报业的发展存在紧密的关系，上述行业的快速发展为民营报业提供了广告以及信息需求。而近现代中国民族资产阶级发展缓慢在一定程度上影响

了民营报业集团化建设的推进。最后，民国时期，战乱纷争的军事格局影响了民营报业集团化建设。军事力量的不断冲击，导致物价上涨，物质供应不足，民营报业所需的印刷、纸张等资源短缺。并且，国民党当局排斥异己的行为，往往对一些民营报纸造成致命打击。在多重力量的打压下，一些民营报纸被迫退出市场，民营报业发展缺乏稳定的外部环境，处于畸形发展之中，这是民营报业集团难以成型，并最终退出历史舞台的主要原因。

参考文献

[1] 〔美〕本杰明·M. 康佩恩、〔美〕道格拉斯·戈梅里：《谁拥有媒体？大众传媒业的竞争与集中》（第三版），詹正茂等译，中国人民大学出版社，2006。

[2] 储玉坤：《现代新闻学概论》（第 2 版），世界书局，1945。

[3] 大生企业编写组编《大生系统企业史》，江苏古籍出版社，1990。

[4] 方汉奇主编《中国新闻事业通史》（第二卷），中国人民大学出版社，1996。

[5] 甘家馨：《中国各大报经营实况》，《苏衡》1936 年第 17～18 期。

[6] 金瑞本：《申报与史量才》，《浙江青年》1934 年第 1 卷第 2 期。

[7] 老唐：《中国报馆应否托拉斯化》，《新闻学期刊》1934 年。

[8] 秦绍德：《上海〈新闻报〉股权风波》，《新闻大学》1988 年第 1 期。

[9] 汝津：《工厂调查：上海申报馆参观记》，《经济汇报》1923 年第 2 卷第 2 期。

[10] 芮明杰、方统法：《相关多角化发展战略的另一种诠释——兼评两种相关多角化战略理论》，《财经研究》2000 年第 3 期。

[11] 上海社会科学院经济研究所编《荣家企业史料》，上海人民出版社，1980。

[12] 〔法〕塔布衣夫人：《报业集中趋势益显，美法四大报近分别合并》，《报学杂志》1948 年第 1 卷第 2 期。

[13] 新民晚报史编纂委员会编《飞入寻常百姓家：新民报——新民晚报七十七年史》，文汇出版社版，2004。

[14] 杨雪梅：《陈铭德、邓季惺与〈新民报〉》，中华书局，2008。

[15] 喻国明：《变革传媒：解析中国传媒转型问题》，华夏出版社版，2005。

国家经济发展战略下中国广告产业发展方式转型[*]

杨 雪[**]

摘 要：随着市场环境与传播环境的不断变化，现代广告业正面临第三次转型。中国广告业也正面临着一次重大转型。国家经济发展战略是中国广告产业转型的重大背景与推动力。在这一背景下，中国广告产业发展方式的转型成为必然选择。中国广告产业一直处于粗放式经营与低集中度状态，并且由"三密集"产业逐渐沦为劳动密集型产业。这种低集中度的市场结构造成了中国广告市场过度竞争现象，不仅严重扰乱市场的正常秩序，而且也造成中国广告产业利润率的极为低下。本文通过对中国广告业发展方式的检讨，提出中国广告产业转型的两大选择，一是从一般服务业到文化创意产业的广告产业发展定位，二是实现集约化经营与规模化发展。

关键词：国家经济发展战略 中国广告产业 发展方式 文化创意产业

自党的十七大开始，一直到党的十八大，国家颁布的一系列国家经济发展战略对中国广告业发展起着至关重要的作用。其中，转变经济发展方式、加快发展现代服务业和大力发展文化创意产业这三项尤为重要。作为和经济联系最为紧密的产业之一，这三项内容成为中国广告业转型

---

* 本文系作者主持的湖北大学 2014 校青年科学基金项目（项目编号：520 - 098393）"新媒体环境下中国广告产业转型研究"的阶段性成果。

** 杨雪，湖北大学新闻传播学院讲师，博士。

面临的重大经济背景。在这三方面的宏观经济背景下，中国广告业的发展并未符合国家发展规律，遭遇到诸多问题，因此，转型成为不可避免之选择。

一　国家经济发展战略：中国广告产业发展方式转型的宏阔背景

（一）从转变经济增长方式到转变经济发展方式

我国提出转变经济增长方式这一方针由来已久。1982 年党的十二大提出，把全部经济工作转到以提高经济效益为中心的轨道上来，这是党中央提出转变增长方式的开始；1987 年党的十三大提出从以粗放经营为主逐步转到以集约经营为主的轨道；1995 年党中央提出"九五"计划建议，强调了积极推进粗放型经济增长方式的转变；2005 年，党中央"十一五"规划建议，进一步提出了加快转变增长方式，并且将其写进了 2007 年党的十七大报告。但是，我们可以看到，20 多年过去了，我国经济增长方式依然粗放，主要依靠投资拉动经济增长。

2013 年，"十二五"规划建议明确提出了"以科学发展为主题""以加快转变经济发展方式为主线"，并提出了加快转变经济发展方式的"五个坚持"的基本要求。经济发展的内涵比经济增长更广泛、深刻，它强调经济系统由小到大、由简单到复杂、由低级到高级的变化，是一个量变和质变相统一的概念，不仅包含生产要素投入变化，而且包括发展的动力、结构、质量、效率、就业、分配、消费、生态和环境等因素，涵盖生产力和生产关系、经济基础与上层建筑各个方面。经济发展包含经济增长，但经济增长不一定包含经济发展（周叔莲、刘戒骄，2007）。转变经济发展方式主要是指以高能源消耗、高资源消耗、高污染为代价，转向以低能源消耗、低资源消耗、低环境污染为前提。转变经济发展方式的最终目的，是推动国民经济又好又快发展，为进一步改善民生、促进社会和谐打下坚实的经济基础。

国家工商行政管理总局在促进经济发展方式加快转变的意见中针对广

告业提出，要大力促进广告业转变发展方式，加大政策扶持力度，把广告业列入重点发展的产业，支持广告企业跨行业、跨地区、跨媒体和跨所有制进行资产重组，拓展广告产业新的增长点。

（二）加快发展现代服务业

现代服务业是伴随着信息技术和知识经济的发展产生的，用现代化的新技术、新业态和新服务方式改造传统服务业，创造需求，引导消费，向社会提供高附加值、高层次、知识型的生产服务和生活服务的服务业。

1997 年 9 月党的十五大报告首次提出要"加快发展现代服务业，提高第三产业在国民经济中的比重"，这一提法明确将现代服务业定位于第三产业。2006 年 3 月 16 日发布的《中华人民共和国国民经济和社会发展第十一个五年规划纲要》明确提出加快发展现代服务业的方针，"坚持市场化、产业化、社会化方向，拓宽领域、扩大规模、优化结构、增强功能、规范市场，提高服务业的比重和水平"，从政策层面上规划了我国现代服务业的发展。同时，该纲要首次将广告业定位问题纳入国家级规划中，把广告业纳入商务服务业之中，把"推动广告业发展"列入"加快发展服务业"的规划范围中。[①]

2007 年 3 月 19 日国家发布了《国务院关于加快发展服务业的若干意见》，初步确定了我国服务业发展的总体方向和基本思路。2013 年，党的十八大报告中再次强调："推进经济结构战略性调整。这是加快转变经济发展方式的主攻方向。必须以改善需求结构、优化产业结构、促进区域协调发展、推进城镇化为重点，着力解决制约经济持续健康发展的重大结构性问题。推动战略性新兴产业、先进制造业健康发展，加快传统产业转型升级，推动服务业特别是现代服务业发展壮大。"

根据罗斯托服务经济理论，中国目前正恰好处于经济起飞和走向成熟的中间过渡阶段。在这一阶段，现代服务业开始逐渐成为国民经济的主导，现代服务部门成为推动经济增长的主要力量。从世界水平来看，现代

---

① 参见国务院《中华人民共和国国民经济和社会发展第十一个五年规划纲要》，2006 年 3 月 16 日发布。

服务部门的产出增长对 GDP 的贡献超过 40%，远远大于其他产业和部门，其在 GDP 中的比重呈逐年上升趋势。其中，发达国家的比重超过一半，发展中国家也基本上能在 30% 以上。

由此可见，加快发展现代服务业是我国经济在新时期面临的重要战略选择，是减少经济增长中资源损耗的迫切需要，也是提高产业竞争力、优化产业结构的有效途径。广告业作为现代服务业的重要组成部分，要在加快发展现代服务业的背景下实现转型。

（三）大力发展文化创意产业

全球文化创意产业每天创造的价值约为 220 亿美元，而我国目前的人均文化消费水平仅达到了发达国家的四分之一，以文化产业为代表的"新兴服务业"并未发挥出应有的作用。2009 年 9 月国务院常务会议审议通过《文化产业振兴规划》，这一规划的出台将推动未来文化产业成为中国的支柱型产业。作为我国第一部文化产业专项规划，《文化产业振兴规划》提出的政策措施和保障条件非常具体，它的通过标志着发展文化产业已经被上升到国家战略层面，从国家层面确认了文化产业在我国经济系统中的重要位置。规划明确指出广告产业与文化创意、影视制作、出版发行、印刷复制、演艺娱乐、文化会展、数字内容和动漫等并列为国家重点文化产业，广告被列入了第一梯队的重点文化产业。

笔者认为《文化产业振兴规划》的提出是国民经济产业结构调整的需要。这一规划的发布标志着文化产业从一个战略性产业提升到国家战略的层面，意味着文化产业的产业壁垒将逐步消失，文化消费将成为新的消费热点，对于调整国民经济产业结构具有重大而深远的意义。

二 中国广告产业发展方式的历史检讨

（一）粗放式经营与市场低集中度

1. 中国广告业长期保持着粗放式经营方式

自 1979 年中国广告市场重开以来，中国广告业一直保持着强劲的增长态势。从 1981 年的 11.8 亿元①，发展到 2013 年的 5019 亿元②，广告经营总额已经超过了 5000 亿元人民币。短短 30 年的时间，广告经营额增长了423 倍以上。从广告支出总量对比上来看，中国的广告支出额已经位居世界前十位，实力正在逐渐增强。2008 年，中国以占全球广告支出市场份额3.5% 的比例仅次于美国、日本、英国。2011 年中国广告支出增长率高达18%，2012 年也达到了 14.5%。

20 世纪 80 年代初期，广告市场刚刚重开，正在发展中的广告业对整个国民生产总值（GDP）的贡献是微不足道的。比如 1985 年，广告产业对中国国民生产总值的直接贡献率还不到 0.1%。但随着广告产业的迅速发展，广告产业的重要性逐渐显现出来，仅从广告产业对国民经济的直接贡献来看，自 1996 年起，广告产业占中国国民生产总值的比重就超过了0.5%，其中，在 2004 年，广告经营额在 GDP 中所占的比重更是超过了0.9%，随后，广告经营额每年在 GDP 中都保持着较大的比重，在整个国民经济中也占有了重要的地位，见表 1。

表 1　1981～2013 年中国广告经营总额增长状况③

单位：万元

年份	广告经营总额	年份	广告经营总额
1981	11800	1991	350892.6
1982	15000	1992	678675.4
1983	23407.4	1993	1340874
1984	36527.88	1994	2002623
1985	60522.53	1995	2732690
1986	84477.74	1996	3666371
1987	111200.3	1997	4619638
1988	160211.9	1998	5378327
1989	199899.8	1999	6220506
1990	250172.6	2000	7126632

① 参见《中国广告年鉴》1986 年卷，第 26 页。
② 参见《2009 年中国广告业统计数据报告》，《现代广告》2010 年第 4 期。
③ 数据来源：各年份广告年鉴中的统计数据。

续表

年份	广告经营总额	年份	广告经营总额
2001	7948876	2008	18895600
2002	9031464	2009	20410322
2003	10786800	2010	23405000
2004	12646000	2011	31255529
2005	14163487	2012	46982800
2006	15730000	2013	50191500
2007	17410000		

从中国广告业的发展现状来看，中国广告业一直保持着高增长的发展态势，但是，我们也注意到，中国广告业一直走的外延式、粗放式的增长道路。我们以 2012 年为例，2012 年中国广告经营额达 4698.28 亿元，比 2011 年增长 1572.7271 亿元，增长率为 33.47%。广告经营单位与从业人员继续稳步增长，全国共有广告经营单位 37.8 万户，比 2011 年同期增加 8.1 万户，增长 21.42%；广告从业人员为 217.8 万人，比上年同期增加 5.08 万人，增长 23.4%。① 从这组对比数据中我们可以看出，2012 年广告公司数量增幅比上年约高出 21.4 个百分点，广告公司从业人员约高出 23.4 个百分点，广告经营额的增幅为 33.47 个百分点。从这组对比数据中可以看出，2012 年中国广告行业依然遵循的是一条依靠数量增长带动产业增长的经营方式，这种粗放式的经营格局一直未曾改变。粗放式经营方式在广告市场开放初期是一种必须和必然，能够迅速扩大广告市场、提高经营利润。但是，当中国广告市场开始逐步步入成熟阶段时，诸多的问题便暴露出来：经营单位迅速膨胀造成经营质量参差不齐，直接导致市场内部竞争加剧，形成中国广告市场"高度分散、高度弱小"的局面。

2. 中国广告市场结构的低集中度

市场集中度是指在某一特定产业中市场份额控制在少数大企业手中的程度，它反映了特定某个产业的市场竞争和垄断程度。关于市场集中度，一般均采用产业经济学中贝恩教授所建立的分析模型，依照同一产业领域

---

① 参见《2009 年中国广告业统计数据报告》，《现代广告》2010 年第 3 期。

居前八位的企业所占的市场份额来分析其市场类型。按其分类标准，CR8＜40％、40％≤CR8＜45％、45％≤CR8＜75％、75％≤CR8＜85％、CR8≥85％，分别属于原子型、低集中寡占型、中（下）集中寡占型、中（上）集中寡占型、高集中寡占型。其基本理论假设为：集中度与利润率之间呈正相关关系，市场集中度越高，利润率也会相应提高。

目前，发达国家广告市场的集中度大体都在40％＜CR8＜70％，基本属于中（下）集中寡占型。1992年，中国广告市场的集中度CR8为9.53％，发展到2006年为15.68％，总体呈现上升趋势。根据中国广告协会历年发布的统计数据，应用市场集中度的模型来研究，我们可以计算出1994～2009年中国广告产业的绝对市场集中度情况。数据显示，我国广告产业在2007年之前都处于一种完全竞争的原子型市场结构中，到2007年，同一产业领域居前四位的企业所占的市场份额（CR4）达到24.72％，CR8为41.63％。这显示我国广告业市场集中度开始由原子型市场结构逐渐发展成为低集中寡占型市场结构。到2008年CR4值为25.43％，CR8值为42.95％。由此可见，我国广告产业目前正处在由一种高度分散、高度弱小的原子型的市场结构向低集中寡占型市场结构过渡的时期。到了2009年，我们通过计算得出，CR4值为24.2％，CR8值则下降为40.7％，集中度略微下降。这一变化与2008年9月爆发的全球性金融危机有关，金融危机的爆发使国家遭遇创伤，实体企业的经营下滑，严重依赖于经济发展的广告业遭遇到21世纪以来最为严峻的环境考验，最直接的结果是导致广告公司业绩滑坡。从上述数据中我们看出，虽然2009年我国广告市场集中度略有下降，但是并不影响市场结构的变化，我国广告产业正在向低集中寡占型的市场结构过渡，这类市场的特点是市场上广告公司仍然较多，开始出现较低的市场集中现象。

高市场集中度意味着广告公司拥有较高的竞争力水平，相应的，低集中度意味着广告公司的竞争力水平较低。因此，与广告产业发达国家相比较，我国广告业发展还有很大差距，如2002年美国广告行业前四大广告集团的市场占有率就已高达69.4％，属于中（下）集中寡占型市场结构。对比之下我们不难看出，中国广告产业市场低集中度的现象依然十分突出。

（二）由"三密集"产业沦为劳动密集型产业

1. 广告产业本属于知识密集型、技术密集型、人才密集型的"三密集"产业

服务经济是人类经济发展历经农业经济、工业经济之后的新型经济形态。在世界经济快速发展的今天，世界各国的经济都正在经历或已经完成从"工业经济"到"服务经济"的结构转型。正是由于知识与技术在经济生活中的重要性不断攀升，因此，在从机器的大工业时代向服务经济转变的过程中，知识与技术成为现代服务经济不可替代的优势。以专业知识和技术为基础的知识密集型服务业的重要作用也日益凸显出，据统计，美国知识密集型服务业对其 GDP 的贡献率高达 50%，韩国也达到了 22.1%（Kong-Rea Lee，2003）。

广告业是现代服务业的重要组成部分，广告公司是通过展现策划创意、媒介推广、整合营销传播等专业能力来提供智力服务的企业，由此可见，广告产业属于知识密集型、技术密集型、人才密集型的"三密集"高利润产业。

2. SCP 范式与中国广告产业的过度竞争

贝恩教授在《产业组织》一书中详细地分析了产业组织理论研究的核心 SCP 范式：结构—行为—绩效（Structure – Conduct – Performance，缩写为 SCP）。SCP 分析框架的主要观点在于结构、行为、绩效之间存在着因果关系，即市场结构决定企业在市场中的行为，而企业行为又决定市场运行的经济绩效。同时市场行为和市场绩效也能反过来影响市场结构。纵观我国广告市场，广告产业的低集中度以及低壁垒进入，使得广告产业存在明显的过度竞争，从而使行业利润微薄。2012 年广告公司研究报告表明，2012 年与 2011 年相比，上半年营业额增长的被访广告公司比例同比下降13.3 个百分点，达 52.9%，略高于 2009 年的 48.5%；营业额下降的被访广告公司比例同比上涨 10.8 个百分点。2012 年上半年税后纯利润增长的被访广告公司占 47.7%，与 2011 年同期相比下降 12.3 个百分点；被访广告公司税后纯利润下降的比例为 24.2%，高于 2011 年 10.6 个百分点。税后高利润的广告公司主要是一些跨国广告公司，可见，我国多数广告公司平均利润率低下，生存环境并不乐观。

3. 中国广告业沦为劳动密集型产业

粗放式经营方式与低集中度最终都会给中国广告业带来诸多困难。2012 年，中国专业广告公司 37.8 万户，广告经营总额 4698.28 亿元，户均广告经营额仅为 124.1 万元，如果以最高 15% 的平均利润率进行计算的话，那么中国广告公司的户均利润仅为 18.6 万元。可见，中国广告公司的发展状况虽然正在逐渐好转，但是整体依然处于高度分散与高度弱小的局面。据中国广告协会发布的数据，2012 年度中国广告公司营业额前 100 位排序，经过统计计算，2012 年排名前 100 位的中国广告公司营业总额为 11923077 万元，占 2012 年中国广告市场经营额的 25%，排名前 10 位的广告公司营业总额为 5637651 万元，占 2012 年中国广告市场经营额的 12%。也就是说，排名前 100 位广告公司的经营额中有一半是排名前 10 位的广告公司贡献的。可见，余下的广告公司所占经营额的比例更是少得可怜。

我们还需要注意的是，在 2012 年度中国媒体单位广告营业额前 100 名排序中，经过计算，前 10 位媒体单位的广告经营额为 6156731 万元，远高于我国广告公司（非媒体服务类）前 10 位 3847302 万元的营业额。这也说明了我国粗放式经营与低集中度在广告市场显现出的另一个深层次问题：强媒体、强企业和弱广告公司的市场格局。伴随着我国广告公司高度分散、高度弱小的状况，广告资源的过度分散导致规模经济和范围经济难以在短时期内形成，在外资广告公司的强势冲击下，中国广告公司的生存将日益艰难。纵观参与营销的市场三方力量走势，广告公司处于明显被动位置，广告主和媒体占据了主动。如宝洁公司停止与媒介代理合作，自己给自有品牌做广告，可口可乐第一个向广告公司提出将服务模式改为按效果付费。

劳动密集型产业主要是指生产依靠大量使用劳动力，对知识和技术的依赖程度较低，属于低附加值的生产活动，增值能力非常有限。从前面的论述中我们看出，中国广告市场虽拥有庞大的广告公司群体和广告从业人员，但创造的平均利润极低，同时渐失行业中的主导力量，地位正被边缘化，中国广告业已经开始由知识密集型、技术密集型、人才密集型的"三密集"产业沦为劳动密集型产业。

三 中国广告产业发展方式转型的两大选择

（一）从一般服务业到文化创意产业

国家工商行政管理总局、国家发展和改革委员会于 2008 年联合发布《关于促进广告业发展的指导意见》，该意见明确指出：知识密集、技术密集、人才密集的广告业是现代服务业的重要组成部分，是创意经济中的重要产业，在服务生产、引导消费、推动经济增长和社会文化发展等方面，发挥着十分重要的作用，其发展水平直接反映一个国家或地区的市场经济发育程度、科技进步水平、综合经济实力和社会文化质量。广告产业位于当前 13 大创意产业之首，具有知识密集型、高附加值、高整合性特点，是通过开发知识和突出创意来创造出社会财富和就业机会的经济活动，同样属于智能经济的范畴。

文化产业是国民经济中的重要产业，从 2003 年起，我国文化产业增加值增幅高于同期 GDP 增幅 5 个到 6 个百分点，增长势头明显快于一般经济领域。作为文化创意产业中的支柱产业，广告产业在我国文化创意产业的发展中扮演着重要角色。2009 年我国文化产业增加值为 8400 亿元左右，快于同期 GDP 的现价增长速度 3.2 个百分点，占同期 GDP 初步核算数的比重为 2.5% 左右。2006 年至 2009 年，广告经营总额占文化产业增加值的比重分别为 30.7%、27.7%、24.8%、24.3%。广告经营额占文化产业增加值近 1/4，是文化产业中名副其实的主导产业。

2009 年，《文化产业振兴规划》的发布给沉寂中的中国广告业增添了一抹亮色。对于广告业而言，《文化产业振兴规划》确实是一剂兴奋剂。那么，《文化产业振兴规划》到底对广告业起多大作用？广告业该如何利用国家经济发展战略推动自身的转型呢？笔者认为，重点在以下几个方面。

第一，政府除发布相关政策扶持外，还应由各级政府及相关部门成立专门的文化产业工作组，对我国文化产业发展进行跨部门协调。我国传统媒体虽然发展迅速，规模庞大，但是其结构依然是行政化结构，这种发展结构不仅很难持续发展，而且对中国广告业的未来发展也会形成制约。目前《文化产业振兴规划》中对于传统媒体的涉及并不明确，并未将电视、报业、广播、杂志等传统媒体列为重点支持的文化产业之中。广告业的振兴离不开媒体的发展壮大。因此，政府需要设置相关部门，协调传统媒体、新媒体以及广告业之间的关系。

第二，中国广告产业需要利用政策争取有利发展的资源。党的十七大报告强调要加快转变经济发展方式，遏制"三高"产业，实现社会经济的高效发展、低碳发展和可持续发展。《文化产业振兴规划》将加快发展文化产业列为转变经济发展方式的第一项，更是将广告业列入了第一梯队的重点发展的文化产业。中国广告业应该利用这些有利政策争取资源和支持。例如，《文化产业振兴规划》中提到"充分调动社会各方面力量，加快推进具有重大示范效应和产业拉动作用的重大项目""统筹规划，加快建设一批产业示范基地，发展具有地域和民族特色的文化产业群"。广告业界和学界应该深入研究和策划，有针对性地推出广告业项目，争取能够入选政府支持的各类文化产业振兴项目，得到政府的资源支持与政策支持。

第三，中国广告业应该利用《文化产业振兴规划》发布的契机，争取与各级政府进行沟通和对话，得到政府的理解和关注，消除大众对中国广告业的行业歧视。受众大多对广告业有误解，认为广告是虚假的、骗人的或是不需要技术和知识的行业。中国广告业应该利用这个机会和政府合作，推出真正能代表广告业的领军人物进行传播，力图扭转社会对广告业的误解和刻板印象，推广广告业的核心价值（陈刚，2009）。

第四，中国广告业加大推广力度，增强对资本的吸引力，争取资本进入，形成广告创意产业集群。比如英国伦敦是世界创意之都、英国文化创意产业的中心，全球最大的广告集团WPP、BBH等广告公司都驻扎在伦敦。《文化产业振兴规划》中提到"统筹规划，加快建设一批产业示范基地，发展具有地域和民族特色的文化产业群"，中国广告业应利用这个契机形成资源、人才、信息市场，发挥最大价值。

第五，重视对广告创新型人才的培养和教育。《文化产业振兴规划》强调要着力加强对领军人物和各类专门人才的培养，注重对海外文化创意、研发、管理等高端人才的引进，为我国文化产业发展提供强有力的人才保障。广告业的准入门槛较低，企业和从业人员的资质标准还未完全成型，这导致广告业结构失调，形成"劣币驱逐良币"的恶性竞争现象。广告本身涉及创意、策划、整合营销传播等多个方面，在保存传统的传播技术和传播手段的同时，还面临着新媒体、新技术的挑战，广告产业充分反映了知识密集、人才密集以及技术密集的特征。因此，广告业迫切需要培养和教育创新型人才。

（二）集约化经营与规模化发展

1. 转变经济发展方式实现广告业集约化经营

在我国，广告业在过去的 30 年中依靠资源消耗性投入，呈现高速增长的状态；但是，当高速增长到一定时期后，受到资源和部门的制约，最终产业增长会受到限制。中国广告业拥有庞大数量的广告公司与广告从业人员，大规模的资源投入却形成了本土广告公司的高度分散、高度弱小的情况，这种粗放式经营方式严重制约着中国广告业的快速健康发展，其面临着向集约化经营的转型。可见，中国广告业目前存在的严重问题，不是经营总额的问题，而是发展方式的问题。

产业集约化经营是指产业发展以资源优化配置和有效使用为原则，产业组织结构趋于优化，并能够持续发展的动态过程。当产业处于集约状态时，其产业内大、中、小企业共生互补，产业集约度较高，资源配置效率达到最大。在商品经济社会，资源配置的基本原则就是效益最大化，用最少的资源创造出最大的社会财富。

中国国家经济发展战略强调转变经济发展方式，其中重要的一点就是以高能源消耗、高资源消耗、高污染为代价，转向以低能源消耗、低资源消耗、低环境污染为前提实现经济的高速增长。进而言之，转变经济发展方式主要是实现从粗放式增长向集约式经营的转变。我们知道，广告业本是知识密集、技术密集、人才密集的三密集型行业，现在亟须改变目前高投入、高增长的状况，用最少、最合理的资源配置实现广告业的增长，实现由粗放式经营向集约化经营的转型。

2. 集约化经营扩大产业规模，实现规模化发展

规模优势竞争可以说是企业生存与发展的必然趋势，在 21 世纪，随着经济全球化与数字信息化的发展，企业间竞争更为激烈，规模化成为当代企业必不可少的选择。对于中国广告业而言，面对跨国广告集团的挤压和数字技术的推进，也必须走规模化发展之路。

一般来说，产业实现集约化经营的重要特征就是产业具有较高的产业规模结构效率：既包括产业内单个企业的规模经济水平较高，也包括产业内企业之间的分工协作水平较高。产业经营的集约化发展，能够使市场上的主要企业实现规模经济效益，并提高产业集中度。我国广告产业的规模不合理，主要企业的规模经济效益不高，产业集中度低，亟须实现产业集约化经营。产业集约化的发展最终可以提高产业集中度，实现规模经济和范围经济，最终由集群化走向规模化发展，这是中国广告产业发展方式转型的必经之路。

参考文献

[1] 陈刚：《喜忧参半——对文化产业振兴规划与中国广告业的未来发展的思考》，《广告大观》（综合版）2009 年第 9 期。

[2] 周叔莲、刘戒骄：《从转变经济增长方式到转变经济发展方式》，《光明日报》2007 年 12 月 25 日。

[3] Kong-Rea lee（2003）. Knowledge Intensive Service Activities（KISA）in Korea's Innovation System［R］. Paris：OECD Report.

党报广告价值的现实困境和未来取向[*]

黎　明　郑雪丽[**]

摘　要： 近年来受到都市报及新兴媒体的冲击，我国各级党报无论是在报纸发行上还是在广告经营上都遭受巨大的挑战，广告市场份额和经营收入逐年下降。党报广告价值的实现关乎党报的市场化生存和发展，也是市场经济体制下必须面对和思考的问题。本文将党报置入媒体价值演进的整体框架中进行探讨，从党报广告价值的结构出发，对党报的市场生存状况和广告经营现状进行分析，尝试指出党报持续生存和未来发展的核心价值取向，即通过对党报权威性和公信力的培育与转化，以及受众群体规模的扩大和结构的优化，构筑党报和广告客户之间的广告价值关系。

关键词： 党报　媒体　价值　广告价值

党报的价值包含两个层面：新闻传播层面的价值（媒体价值）和广告传播层面的价值（广告价值）。从新闻传播视角看，媒体价值是具有特定属性的媒体对于受众主体需要的意义关系。媒体本身及其属性构成价值的客观基础，受众主体的需要则体现价值的主观尺度，即受众对媒体的价值评判和价值选择。不难看出，就媒体向度而言，新闻传播层面的价值只与党报作为一张报纸本身有关：它在内容、版式、角色定位等方面的好坏直接决定了受众主体是否选择它来满足其信息需要。新闻传播层面的价值是

［*］　2014 年湖北省教育厅人文社会科学研究项目（项目编号：14Y003）"新媒体环境下党报的价值取向与未来发展"。

［**］　黎明，传播学博士，湖北大学新闻传播学院副教授，湖北大学"湖北文化产业研究创新团队"成员；郑雪丽，湖北大学新闻传播学院硕士研究生。

广告传播层面党报价值的根本所在。"皮之不存，毛将焉附"，没有媒体价值，何来受众；没有受众，何来广告价值。但反过来说，广告传播层面的价值不仅是把报纸本身办好——尽管这是广告价值的基础，而且还涉及党报作为一个媒体组织的广告运营。

一 党报广告价值的结构

报纸媒体的运营一般遵循"二次售卖"模式。作为市场化生存的党报同样如此：第一次售卖，即将报纸内容和信息卖给受众，实现党报的政治目标和新闻传播目标，同时为第二次售卖提供基础；第二次售卖则是把第一次售卖所产生的受众卖给广告商，获取党报运营的大部分利润，实现党报的市场化生存。

如图1所示，实际上，第一次售卖就是党报新闻传播层面的价值的实现，这种价值即媒体价值，也就是党报作为新闻媒体的价值属性（权威性、公信力、接近核心信息源）对受众主体的信息需要的满足。第二次售卖就是党报广告传播层面的价值的实现，这种价值即广告价值，它根植于

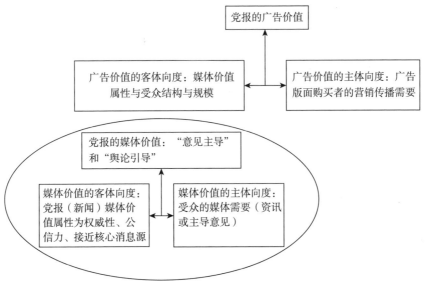

图1 党报广告价值结构关系

党报作为广告信息发布媒体的价值属性（这里的价值属性不仅包括党报作为新闻媒体的价值属性，而且在媒体价值中作为主体的受众通过第一次售卖而和党报联系在一起，因而这里也成为党报广告价值属性的组成部分）与广告商（广告版面购买者）的营销传播需要的价值关系之中。这两个层面的价值互相依存、互相影响，媒体价值为广告价值提供媒体特性和受众基础，广告价值的实现反过来为新闻价值提供持续运营所需的资金和利润。

简单地说，党报的广告价值实际上是具有特定属性的党报与广告主的广告需要之间的满足关系。首先，它决定于其受众群体的规模（通常以发行量表征）；其次，其取决于受众群体的结构，一方面是高端读者的相对比例，另一方面，由于党报独特的发行方式，受众结构还包括公费订阅与自费订阅的受众比例；最后，也是最基本的，党报作为新闻传播媒体的价值，也就是受众的阅读价值，它既是党报广告价值的构成部分，同时也是影响前两个方面（受众群体的规模和结构）的关键因素，而"意见主导"和"舆论引导"媒体价值的实现，有赖于党报优势媒体价值属性（权威性、公信力、接近核心消息源等）的发挥。

二 党报广告价值的衰减和市场化生存的困境

20 世纪 80 年代初以来，中国社会进入改革开放的新阶段。在党和国家的工作重心转向经济建设的整体氛围中，急剧扩大的市场需求带动了报业的繁荣，中国报业进入一个大发展时期。20 世纪 90 年代，伴随报业市场化的进程，晚报与都市报开始勃兴与崛起，对党报的生存产生了冲击。

这种冲击表现为市场化报媒较之党报，能更好地满足受众主体多元化的信息需要。由于党报通常是日报，晚报一直被视为其补充。都市报一般创办于中心城市，以核心市区的各阶层市民为读者对象，以报道都市生活为特色，也被称为市民生活报。虽然在其发展的中后期，晚报和都市报都强调要嫁接党报的优势，通过重大时政和经济新闻的权威发布和评论，向"舆论引导"和"意见主导"方面进行价值扩张，以提升其社会影响力。但无论如何，不管是晚报还是都市报，市场化媒体的核心价值都立足于资讯提供，注重报道的趣味化、大众化、通俗化和实用化，以大量的社会新闻、体育新闻、文化新闻、娱乐新闻、文艺副刊以及有关日常生活的实用资讯满足受众主体多元化的信息需要，这是传统党报无法做到的。

为应对市场化报媒的挑战，党报开始扩张其媒体价值。然而除《广州日报》《南方日报》《人民日报》等少数报纸之外，多数党报价值扩张的做法并不那么成功。不成功的原因笔者在上文中已有分析，这里不赘述。总之，党报的扩展价值无法与市场化报媒竞争，传统生存的核心价值又跟不上特定历史条件下受众主体的新的需要。除成功的少数外，多数党报进退两难、裹足不前，无可避免地产生价值衰减问题，受众主体经其价值评判，选择其他媒体来满足其对资讯、意见和舆论的信息需要，从而消解自身与党报之间的价值关系，这在党报的现实运营上表现为两个层面。

从微观层面来看，读者群被众多媒体瓜分，不断缩减，尤其是自愿订阅读者群的缩减。党报的传统发行主要依靠政府的红头文件，以公费订阅为主，一般均超过 80%，甚至更高。显而易见，较之依靠行政命令的摊派式征订，自费订阅读者更能体现党报的媒体价值和真实影响力。从广告价值的角度说，受众的结构、订阅方式所代表的阅读意愿，是媒体最重要的广告价值属性。自费订阅读者，尤其是大中城市的自费订阅读者的广告价值最高。但据中国记协 2000 年的一份调查，从征询读者自费订阅报纸的角度，列出包括党报在内的 14 类报纸，让读者来自愿进行选择，党报被排在第 10 位。读者在报刊上自愿选购所列出的 14 类报纸时，党报被排在第 13 位（刘梓良，2001）。

由于受众缺乏自费订阅意愿，随着报业的市场化程度加深和政策环境的调整变化，公费订阅率一旦下降，在整体层面上便体现为发行量的持续下滑。调查显示，我国 31 家省级党报从 1990 年的 31.49 万份，一路下滑到 1994 年的 28.66 万份，直至 1999 年的年均发行量的 23.91 万份。其中，1994 年比 1993 年减少 2.09 万份，降幅达 6.8%。在 1994～1999 这 6 年中，省级党报的平均发行量减少 4.75 万份，降幅达 16.57%。以 1990～1999年这 10 年为论，则共下降了 24 个百分点。截至 2002 年，这一数量更是跌至平均只有 22.10 万份。中央和地市级党报的情形也大抵如此（杨磊、孙业，2001）。党报的发行量不仅从历时态看呈持续走低趋势，而且在与市场化报媒的同期发行量的横向对比中同样形成鲜明对照。据世界报业协会 2003 年 6 月公布的报告：《扬子晚报》发行 165 万份，《齐鲁晚报》发行 85 万份，《大河报》发行 60 万份，《钱江晚报》发行 60 万份，《楚天都市报》发行 121 万份。而这些市场化报媒所归属的党报《新华日报》《大众日报》《河南日报》《浙江日报》《湖北日报》的发行量均只在 30 万份左右（王武录，2014）。根据世界报业协会 2008 年 6 月公布的报告，2008 年世界日报发行量前 100 名排行榜中，中国的报纸除《人民日报》《参考消息》《广州日报》《南方日报》外，入选的中国报纸全是都市报和晚报，发行量最低的《金陵晚报》公布的数字也是 70 万份。①

就党报的媒体价值而言，其价值属性无法与新的历史时期受众主体的"舆论引导"和"资讯提供"需要相对接，党报媒体价值的衰减导致了受众主体消解了与党报的价值关系，而转向其他市场化报媒，使其发行量持续下降。这样，党报媒体价值的主客体两方面情况——媒体价值属性无法凸显其优势、受众分流——相结合，正好构成了党报广告价值的衰减，无法满足广告客户的营销传播需要，广告客户经由价值判断，纷纷选择转向市场化报媒，这就导致了长期以来党报广告经营收入的逐步萎缩。

从近几年的报纸广告额度排名来看，除《广州日报》仍保持近年来遥遥领先的地位外，其他排名靠前的报纸均为市场化报媒。从党报与综合都市类等市场化报媒在我国报刊市场所占的广告份额来看，2004 年，我国综合都市类报刊的广告刊登额为 371.24 亿元，占报纸广告总量的 74.91%，党政机关报的广告刊登额为 54.53 亿元，占报纸广告总量的 11.00%（张晓虎，2007）。党报不仅在广告总额上远远落后于都市类市场化报媒，而且更严重的是，从 20 世纪 90 年代以来，其在广告收入增长速度上明显低于市场化报媒，两者的广告收入增长曲线之间呈现一个逐渐扩大的裂口。进入 21 世纪以来，这种状况并没有好转，党报与都市报之间在广告收入的差距继续扩大。至今，这种趋势仍然没有停止的迹象。

这样，党报市场化生存的困境呈现恶性循环：在市场化报媒的冲击

① 世界报业协会 2008 年 6 月 5 日于瑞典哥德堡发布，参见《2008 年世界日报发行量前 100 名排行榜》，陈中原译，《新闻记者》2008 年第 7 期。

下，党报媒体价值的衰减—受众消解与党报之间的价值关系，受众分流—发行量持续下滑—广告价值衰减—广告经营收入减少—党报作为新闻媒体的运营难以为继—媒体价值进一步衰减。

三　党报广告价值的核心取向

党报的广告价值在它作为广告信息发布媒体和对广告客户的第二次售卖中得到实现，为党报的市场化生存提供所需的资金。那么，要摆脱党报的市场化生存的困境，必须使党报对于广告客户而言，具有可资利用以满足其广告传播需要的价值特性。因此，党报广告价值的核心取向可以被拆解为两个问题：首先，从主体向度看，广告客户对广告信息发布媒体的核心需要或者要求是什么，价值评判和价值选择的标准何在？其次，从客体向度看，作为广告信息发布媒体，党报相比其他市场化报媒，有什么样的优势广告价值属性能更好地满足广告客户的需要？

尽管现代广告运动和研究已发展出种种对于广告媒体进行测量和评价的工具、方法和指标，如 DAGMAR 模式、到达率、覆盖率、千人成本等。但从本质上说，广告客户对广告信息发布媒体的价值评判和价值选择的核心，最后都可以被归结为对该媒体的发言力和发言率的渴求。因为媒体的发言力和发言率和广告客户进行广告传播的终极目标即销售量和市场占有率（相对销售量）之间通常具有某种稳固的相互关系。美国的市场研究者们通过对某些产品的长期量化研究发现：对于既有产品，"广告发言力及其占有率"与"销售量以及市场占有率"两者之间是 1∶1 的关系；而对新产品，它们在市场导入期内由广告的发言力所达成的市场占有率，甚至可以维持到导入期之后，其比例大致在 1.5∶1 到 2∶1 之间。总之，媒体的发言力和发言率在某种程度上决定了在这一品类中，该产品在消费者心中的占有率，从而与市场占有率或某品牌的销售占有率相关联。媒体的发言力和发言率是广告客户对广告信息发布媒体的核心需要，媒体要建立与广告客户之间的广告价值关系，就必须通过比其他媒体更具优势的广告价值属性，来更好地满足广告客户的这一需要。

作为广告信息发布媒体的党报，它的广告价值有赖于自身优势的广告价值属性。而党报的广告价值属性主要包括党报作为新闻媒体的媒体价值属性和通过第一次售卖而和党报联系在一起并成为党报价值属性一部分的受众群体。因此，要满足广告客户对党报的媒体发言力和发言力占有率的渴求，就其广告价值的客体向度而言，必须依赖于党报优势媒体价值属性（即上文中我们探讨的权威性和公信力）的培育与转化以及受众群体规模的扩大和结构的优化。在这个意义上，我们可以说，党报广告价值回归的核心取向应该是通过对党报权威性和公信力的培育，在与市场化报媒的竞争中，凸显党报与受众之间"舆论引导"和"意见主导"的媒体价值关系，并通过锁定高端受众和扩大发行，将这种媒体价值关系变为实实在在的受众结构和规模，进而在广告价值层面将党报的权威性和公信力及其在质和量上都具有优势的受众转化为广告客户所需要的媒体发言力和媒体发言力占有率，最终构筑党报和广告客户之间的广告价值关系。

作为党报的优势媒体价值属性，同时也作为党报广告价值属性的组成部分，党报的权威性和公信力的培育笔者在上文中已有涉及，也就是"在新的媒体环境下，面对受众主体新的需要，在保持党报公信力、权威性等媒体特性和政治逻辑不变的情况下，对党报'舆论引导'和'意见主导'的核心价值在更高层面上的回归"。具体而言，是以新闻分析与评论，时政、财经、科教类等重大新闻，重要政策、法规、观点等的权威发布与解读，对社会热点难点、重大题材、政策和事件，进行包括过程、背景、影响以及评述在内的深度报道和跟踪报道等方式，来发挥、培育和保持其权威性和公信力。

转化则是把党报的权威性和公信力通过广告经营变现的过程。从广告价值的角度，它是指把党报的公信力、权威性等优势媒体价值属性，转化为党报在广告传播层面的价值属性优势，搭建党报作为主流媒体面向高端的权威信息发布平台，以在和广告客户之间广告价值关系的构筑上相比其他市场化报媒更具有竞争的市场优势，赢得与党报地位相称的市场份额和经济效益。

在现实运营层面，这种转化的具体途径主要包括以下方面。通过党报的资源优势和政治优势，结合社会热点与党和政府的工作重心，组织和主办官方排行榜、高峰论坛、会展等权威性商业公共关系活动，由此形成社会议题和话题集群，并带动传统平面广告的投放；有些行业是社会消费和关注的重点，这些行业也恰恰是投放广告的主要客户，因此可将党报权威性和公信力的媒体价值属性延展到与之相关的行业副刊，如地产、金融、旅游、汽车等，为这些行业的客户提供具有集聚效应的高端传播平台，既实现了党报的广告价值，同时从媒体价值来看也是党报"资讯提供"的信息服务价值的一部分。

党报广告价值还包括受众结构的优化和规模的扩大。而这是以培育党报的权威性和公信力，凸显党报与受众之间"舆论引导"和"意见主导"的媒体价值关系，搭建面向高端的权威信息发布平台为前提的。在此基础上，通过党报独特的发行和经营策略，将党报的媒体价值变现为实实在在的受众结构和规模。具体而言，在党报作为一个媒体组织的发行和广告运营层面，对受众群体的质和量的提升的主要策略是锁定高端受众和扩大发行，在锁定高端受众的基础上扩大发行，在扩大发行的过程中锁定更多的高端受众，两个方面相辅相成、互为助力。

参考文献

［1］刘梓良：《一项具有重要意义的研究成果——写在〈全国省级党报现状与改革途径新探索〉问世之际》，《新闻记者》2001 年第 11 期。

［2］杨磊、孙业：《我国省级党报的现状与走势—全国省级党报基本情况调查报告上》，《新闻记者》2001 年第 8 期。

［3］王武录：《关于党报的几个问题》，人民网，http://www. people. com. cn/GB/14677/22114/42004/42009/3062297. html，2016 年 3 月 21 日。

［4］陈中原：《2008 年世界日报发行量前 100 名排行榜》，《新闻记者》2008 年第 7 期。

［5］张晓虎：《06 中国报刊广告市场盘点与 07 趋势分析》，http://info. research. hc360. com/2007/03/06145532263. shtml，2016 年 3 月 2 日。

［6］张英军、贾岳：《新时期党报功能定位及增强影响力探讨》，《中国记者》2006 年第 3 期。

［7］丁柏铨：《党报当前发展中值得探讨的几个问题》，《新闻爱好者》2002 年第 1 期。

［8］乔云霞、张金凤：《注重经营管理增强党报竞争力》，《河北大学学报》（哲社版）2004 年第 3 期。

商业广告中的"我"研究

——"个体化"理论的视角

乔同舟　汪　蓓[*]

摘　要： 本文着力于探究商业广告话语和中国社会个体化进程的关系。借助"个体化"理论的视角和话语分析的方法，研究发现：通过明示和暗示，借助以"我"为中心，以"能"为旗号，以"他者"为反衬，自我型广告成功地塑造出了以"个体化"为特征的青少年"自我"形象。通过广告语的不断询唤，"我"得以从国家和集体主义话语中脱嵌而实现"个体化"。但广告所促成的"个体化"之"我"，实则裹挟在消费主义文化之中，在促进自我意识觉醒的同时，也引发了个体欲望的膨胀，消费者的自由和独立是虚幻的，可能导致个体化发展走向歧途。

关键词： 个体化　商业广告　自我　自我型广告　消费主义

一　"个体化"理论视角下的广告话语

在中国近 20 年的商业广告中，"我"出现的频率越来越高。"我有我的滋味""我就喜欢""我的地盘，听我的""我行，我路"……这些以第一人称进行呼告的广告，多具以下特征：基于消费者的视角和口吻，彰显消费者的价值观，尤其强调"自我"（Self）。本文称之为自我型广告。为

---

[*]　乔同舟，华中农业大学广告与传播学系讲师，武汉大学新闻与传播学院博士生；汪蓓，武汉体育学院新闻与传播学院讲师。

什么是"我"？而不是"你"、"他"或者"我们"？第一人称"我"的广泛出现，意味着什么？广告文本和形象的这种变化，潜藏着怎样的社会心理和时代表征？鉴于现有文献从消费主义视角研究广告的虽多，但对"自我"的探讨很少，本文尝试借助"个体化"（Individualization）理论的视角进行考察。

在贝克（Ulrich Beck）等人的"个体化"理论中，"自我"是一个核心概念。个体化被贝克（2011：39）定义为个人脱离集体成为流动个体，建构自我身份的过程。重要的是，个体从传统中脱嵌，却未能再嵌入，反而置身于充满不确定性的风险社会中。社会的个体化与现代社会风险的上升紧密相伴，正是贝克的"第二现代性"的特点。在这个意义上，"个体化"意味着"不再重新嵌入的抽离"。阎云翔研究发现，在中国的个体化进程中，国家管理扮演着关键角色，但民主文化和福利制度的欠发达，以及个人主义的发育不充分，使中国的个体化同时呈现第一现代与第二现代的状况（阎云翔，2012：342～345）。和贝克、阎云翔等人一样，其他学者关于"个体化"的研究大多着眼于国家和社会的作用（熊万胜、李宽、戴纯青，2010）。但正如汤普森（Thompson J. B）所言，"自我"的形成实则是一个符号工程，媒体借助其丰富的符号资源和超越时空的社会能量，通过对象征形式及其社会意义的生产与传播，深刻影响着现代人的自我形成（汤普森，2005：329～339）。现代人的个体化一方面具有反思性，同时又有依赖性，受制于媒体的符号资源和话语机制（马杰伟、冯潇潇，2011：74～75）。而广告则是重要的媒体符号资源之一，作为一种共享的仪式性传播，通过近乎惯例式的无休止重复，广告获得了宗教般的魔力——单个广告的经济效果也许并不明显，但众多类似广告的累积，具有了强大的社会文化效果（詹姆斯·特威切尔，2006：34～54）。既然广告魔力如此巨大，那么商业广告中对"自我"的张扬，是否充当了消费者"个体化"的话语机制？自我型广告在推动个人消费和提供功利化的个人主义修辞方面，有何作用和影响？

为了回答以上问题，本文拟梳理中国大陆市场解禁以来的广告，搜罗其中的自我型广告作品，作为研究样本，以"个体化理论"为视角，通过话语分析（Discourse Analysis）的研究方法，考察商业广告中的

"我"及其意识形态功能，进而探究商业广告话语和中国社会个体化进程的关系。

本文通过两个标准界定"自我式"广告：其一，广告中包含有代表个体消费者的"我"；其二，广告话语以消费者为中心，而非产品，更多地诉诸品牌理念而非产品属性。对广告作品的话语分析，内容上，以广告语为主，兼顾广告文案和设计符号；时间上，对 1998 年之后的广告，做全面梳理，1998 年之前的广告，则主要用"中国广告流行语"，并以《中国广告年鉴》为补充。如此分析的理由如下：第一，"广告是词语的生涯"，读广告语或标题的人数平均是读广告正文人数的 5 倍，广告语或标题占一则广告所花费用的 80%；第二，中国广告市场解禁距今虽有 30 多年，但互联网诞生以前的广告，因缺乏成熟的传输和存储技术，传播范围有限，而每年的广告流行语就是作品代表性和社会影响力的反映。在 1998 年，互联网三大门户诞生，传输与存储技术成熟，网络开始进入平民生活，一些深受网民喜爱的广告开始被传到网上，而广告语的网络流传，也是其社会影响的反映。按照以上思路进行分析，可大致反映出中国商业广告话语及其现实反响的变迁。

二　商业广告所呈现的"我"

（一）何时出现"我"

在梳理前 20 年的中国广告流行语[①]时发现，在中国广告市场解禁以后的很长一段时间，商业广告中的主角是产品，广告的口吻以产品为导向，消费者仍处于从属地位。这一时期的广告主要有以下几种类型。

其一，诉诸产品质量和特性。如：

西铁城领导钟表新潮流，石英技术誉满全球。（西铁城，1979）

---

① 本文引用广告语来源：《20 年高歌猛进——中国广告流行语（1979－2000）》，《国际广告》1999 年第 8 期；《中国市场流行广告语回顾》，载何佳讯、卢奉宏《中国营销 25 年》，华夏出版社，2004，第 183～195 页。

质量至上有夏普。（夏普，1984）

飞利浦——尖端科技的标志。（飞利浦，1986）

精美耐用，全球推崇。（西铁城表，1986）

容声，容声，质量的保证。（容声冰箱，1989）

要开一流车，江西五十铃。（五十铃，1990）

新飞广告做得好，不如新飞冰箱好。（新飞电冰箱，1992）

好空调，格力造。（格力空调，1997）

其二，诉诸爱国主义精神和情感。如：

将以卓越的电子技术，对中日友好做出贡献。（SONY，1979）

走中国道路，乘一汽奥迪。（一汽，1994）

以产业报国，以民族昌盛为己任。（长虹，1994）

坐红旗车，走中国路。（红旗轿车，1996）

中国人的生活，中国人的美菱。（美菱冰箱，1997）

太阳更红，长虹更新。（长虹电视，1996）

长城永不倒，国货当自强。（奥妮洗发水，1996）

中华永在我心中。（中华牙膏，1997）

海尔，中国造。（海尔，1998）

其三，诉诸对美好生活的追求与向往。如：

岁岁平安，三九胃泰的承诺。（三九胃泰，1992）

叩开名流之门，共度锦绣人生。（上海精品商厦，1992）

走富康路，坐富康车。（富康汽车，1993）

羊羊羊，发羊财。（恒源祥，1994）

踏上轻骑，马到成功。（轻骑摩托，1994）

共创美的前程，共度美的人生。（美的电器，1994）

播下幸福的种子，托起明天的太阳。（种子酒，1997）

喝汇源果汁，走健康之路。（汇源果汁，1997）

食华丰，路路通。（华丰方便面，1997）

福气多多，满意多多。（福满多方便面，1998）

也有少量广告立足消费者角度，或者以消费者为中心。但这些广告主要关注的是"我们"，是一个集体，而不是"我"；突出的是产品的社会作用和集体评价，而不是个体需求及其使用感受，依然没有"自我"。比如：

为人民服务，为大众计时。（铁达时表，1980）

一切为用户着想，一切为用户负责。（海信电视，1983）

用了都说好。（达克宁霜，1990）

让一亿人先聪明起来。（巨人脑黄金，1994）

款款"神州"，万家追求。（神州热水器，1995）

大家好，才是真的好。（好迪，1997）

总结来看，这段时期的广告，有如下四个特征。第一，惯于宏大叙事，政治意味浓厚。强调企业的社会责任、产品的社会价值，以此激发消费者的爱国情怀，广告语离不开"中国""民族""产业""时代""人民"等大词。第二，以产品为中心。诉诸质量的广告自不必言，即便是诉诸爱国情怀和美好祝福的广告，仍是在突出产品对社会进步和大众生活改善的作用，仍是基于产品视角。第三，广告语多为口号，标语痕迹明显。第四，消费者身影渐次浮现，但仍然模糊，而且是群像。

最早具有个体消费者视角的广告应当是 1991 年的贝克啤酒，提出"喝贝克，听自己的"口号，但浅尝辄止，"我"呼之欲出仍然隐而不彰。直到 1997 年，李宁的新广告语"把精彩留给自己"以及单数第一人称叙事的系列广告，才明确赋予消费者绝对的主体地位。之后，以消费者为中心的"自我型"广告越来越多。

（二）"我"的呈现方式

对 20 世纪 90 年代末以来商业广告的统计结果显示"我"在商业广告

中的呈现，主要有两种形式："明示自我"和"暗示自我"。

1. 明示：直接现身的"我"

此类广告在自我型广告中比重较大，其广告语模拟消费者的口气说话，表达的是消费者的心声、主张，但同时又暗含了品牌理念和企业文化。

由表1可见，明示自我型广告具有如下特征：第一，体现以"我"为主；第二，句式多为主动语态，以"主谓"结构和"动宾"结构为主，突出"我"的能量和能动性；第三，口气斩钉截铁，不容置疑；第四，不再关注产品具体功能，而是直接诉诸消费者的形象、个性和精神需求。从意义传达来看，广告中极力展示目标消费者鲜明的自我认知与期许，更像是消费者面对社会的呐喊和宣言，个体独立和自由的姿态得到淋漓尽致的张扬。

表1　自我型广告的话语特征与表现形式

广告语	句式特征	品牌	品类	表现形式	目标群体
我的地盘听我的	我……我……	动感地带	通讯		青少年群体
我就喜欢	我就……	麦当劳	饮食		青少年群体
我有我主张	我有我……	雪碧	饮食		青少年群体
我有我的滋味	我有我……	伊利优酸乳	饮食		青少年群体
酸酸甜甜就是我	……就是我	蒙牛酸酸乳	饮食		青少年群体
我运动，我存在	我……我……	李宁	服装		青少年群体
我选择，我喜欢	我……我……	安踏	服装		青少年群体
I can play	I can	匹克	服装	明示自我	青少年群体
On my way	…my…	德尔惠	服装		青少年群体
勇敢做自己	……做自己	361°	服装		青少年群体
我是凡客	我是……	凡客诚品	服装		青少年群体
我有我的方式	我有我……	唐狮	服装		青少年群体
我为自己代言	为自己……	聚美优品	电商		青年群体
要爽由自己	……由自己	可口可乐	饮食		一般大众
自有我主张	有我……	索尼相机	相机		青年群体
我行，我路	我……我……	斯巴鲁	汽车		青年群体

续表

广告语	句式特征	品牌	品类	表现形式	目标群体
穿什么，就是什么	（我）＋动宾短语	森马	服装		青少年群体
让改变发生	（我）＋动宾短语	李宁	服装		青少年群体
JUST DO IT	（我）＋动宾短语	耐克	服装	暗示自我	青少年群体
非一般的感觉	（我）＋偏正短语	特步	服装		青少年群体
不走寻常路	（我）＋动宾短语	美特斯·邦威	服装		青少年群体

　　凡客诚品的广告可谓这种自我型广告演绎的极致。它选择韩寒和王珞丹这两个特立独行的明星进行代言，围绕两人量身定做的文案，采取直抒胸臆的表达方式，用 80 后、90 后的日常语言，强调我"不是什么旗手，不是谁的代言"，我"没什么特别"，但我又"很特别"，因为，"我只代表我自己"。这几乎是新一代人的内心独白，因而一出现就受到追捧，引起了"凡客体"的流行。比如：

《凡客诚品·王珞丹篇》

爱表演，不爱扮演；

爱奋斗，也爱享受；

爱漂亮衣服，更爱打折标签。

不是米莱，不是钱小样，不是大明星，

我是王珞丹，我没什么特别，我很特别，

我和别人不一样，我和你一样，

我是凡客。

《凡客诚品·韩寒篇》

爱网络，爱自由，

爱晚起，爱夜间大排档，爱赛车，

也爱 59 元的帆布鞋，我不是什么旗手，

不是谁的代言，我是韩寒，

我只代表我自己。我和你一样，

我是凡客。

雪碧的广告则更直接，以目标消费者的口气，直抒胸臆——我就是我，不必在意别人的看法，我有我主张，我有我风采。

《我有我主张·我已经 14 岁篇》

我已经 14 岁，而不是 10 岁！

我不是小孩子了！我懂得分辨对和错，

什么可以做，什么不可以做！

我懂得自己照顾自己，

我懂得自己挑选朋友！

不要当我是小孩子，我已经长大了！

——阿 DEE 十四岁

2. 暗示：隐含主体的"我"

此类广告的广告语中没有直接出现"我"，但广告语中体现的消费行为和心态，广告所展示的精神需求与生活方式，甚至广告语中包含的语气，都暗示了隐在话语之后的"我"的存在，看似无我，实则"自我"意识更加明显。

表 1 也揭示了暗示自我型广告的共性：话语内容更像是广告主角的自白，多为动宾和动补结构，强调动作的发出和行为的干练；语句短促有力、斩钉截铁，"我"的能量通过言外之意体现。从表 1 的对比中也可看出，暗示自我型广告，更多的是用行为和生活方式去彰显自我的与众不同。如李宁的"让改变发生"，美特斯·邦威的"不走寻常路"……

耐克堪称暗示型"自我型"广告的典型，用年轻女性自我审视的方法，传达女性要自尊自强的观念，唤醒女性内心深处被压抑的自我。虽然用的是第二人称"你"，但所表达的仍然是作为消费者的"我"的心声——活给自己看，自己的事情，自己决定。

《耐克·你决定自己穿什么篇》

找出你的双脚，穿上它们

跑跑看，跳一跳……用你喜欢的方式走路

你会发现所有的空间都是你的领域

没有任何事物能阻止你独占蓝天

意外吗？你的双脚竟能改变你的世界

没错，因为走路是你的事

怎么走由你决定

当然，也由

你决定自己穿什么

（三）"我"是谁：以80后、90后青少年为主体

如表1统计所示，喜欢制造自我型广告的品牌多为服装、饮料和通讯品牌。其目标消费者，即广告中描摹的"我"，又主要瞄准80后和90后青少年。

为什么广告中的"我"主要指向了他们？从消费社会学的角度看，这群人处于成长和叛逆期，自我意识开始觉醒，拒绝被标签化，喜欢新奇、充满变化和挑战的生活方式，不愿受制于传统约束和父母管教，渴望脱离依附而独立，以个体之我登上社会舞台。站在营销的角度，他们属于舍得花钱的一类人，而运动服装和饮料则是在他们生活中占比重最大的外显性消费品。更深入地看，自我型广告流行的时段和80后、90后的青春期具有同步性，和消费主义进入中国，以及中国社会的个体化进程也基本一致。更为关键的是，80后、90后还是中国的独生子女的一代。

由是，中国自我型广告中所塑造的自我形象，构成了80后、90后青少年成长中"自我"的镜像。

（四）"我"的形象特征：个体化

在中国传统文化中，主体"我"的身份只有在对象关系中才能被加以描述，所以"我"的属性就特别复杂。这种状况在自我型广告中得到了改观，广告塑造出来的"我"，不再被关系定义，而是具有了独立自觉的个体化特征。从表1的案例来看，这种"个体化"主要体现在以下三个方面。

第一，以"自我"为中心，强调自我意识，彰显"我"的独特性。这些自我型广告，调用各种话语资源，从不同角度暗示消费者：我是独一无二的，独立自主的；我有自己的空间，不需要他者承认，更不容他者侵犯；我能独立决策，也能独立完成目标；我，要自我评估，更要自我支配。例如，动感地带的系列广告，"喜欢什么，就选什么""谁敢给我玩花样""欢迎进入年轻人的通讯自治区""亮出特权身份，就在动感地带"，就是在从不同侧面，塑造"M－Zone人"的自我。再如雪碧的广告，"我是31A！平胸又怎么样了，谁在乎？很多超级模特都是平胸啦！她们不照样很漂亮，很性感！有个性，有个人风采就是'型'！不用管别人是如何的看法！"也不断强调，有了"自我"，就不必活给别人看。

第二，以"能"为旗号，极力塑造自我的征服感和超越感，张扬"我"的魅力和能量。这些广告不停地召唤消费者：我能成为强者，我能活得精彩，我能证明自己，我可以让改变发生。这种口号，既是实力的展示和炫耀，更是决心和信念的表达。为什么"我能"？征服感和超越感从何而来？此乃广告语埋下的伏笔，答案隐藏在广告正文和促销行为中："能"的实现是以具体品牌为工具的——我之所以能，是因为我拥有了某个品牌。我能"不走寻常路"，是因为我有美特斯·邦威；只要有了福克斯，我就可以"活得精彩"。品牌消费构成了"自我"张扬的充分条件。

第三，以"他者"为反衬。为了极力表现自我的独立性和独特性，此类广告都预设了一个参照系——复数的"他者"，如"有人""家长""大人""男人""他们""别人"等。如耐克的广告用自我审视的方法，传达自尊自强的观念，唤醒女性内心深处被压抑的自我："'标准三围'是男人窥视女人的借口/36、24、36则是男人虚荣程度的量化/男人就是这样用女人的身材布下陷阱/然后光明正大地骚扰/别赞助男人好色/把男人的观点从女人的曲线上驱逐干净/因为，对女人而言/三围只是买衣服时的尺寸罢了。"这种审视和唤醒，正是通过"男人"的反衬实现的，女性的自我形象也因此更加明显——摆脱他者束缚，看重个体价值和自我梦想，注重当下的生活享受和个人体验。

三 个体化的"我"：被询唤与被裹挟

通过以上话语策略，自我型广告成功地塑造出了个体化的"自我"形象。这时候，广告中的自我还只是受众的"镜像"。自我的个体化，最终是通过广告话语将受众询唤（Interpellation）为消费主体来实现的。

（一）自我的询唤与个体化的实现

广告作为一种商业话语，追求的是销售商品，但广告要想把话语转化为受众的行动，它必须发展出影响受众观念、刺激受众欲望的话语技术（王儒年，2007：328）。如前所述，自我型广告所描摹的"我"，是处于叛逆期的青少年，这个群体有摆脱依附、获得独立、彰显自我价值的精神需求，自我型广告所倡导的个体化观念，恰恰为他们提供了针对性的话语资源。广告具有"自我达成的预言"功能，广告的诱惑性传播，通过不断询唤，会让消费者想象自己就是广告中使用某品牌的那个"我"，借助心理代入，模仿广告中的理念和行为方式。消费者所想象或认为的那个"我"，事实上是由广告创造出来的，并非真实生活境遇中的我。一旦消费者按照广告所说的去做，广告所假设的也就变成了现实。这正是意识形态运作的机制：通过话语把个人询唤为主体，同时又使之屈从于意识形态的物质实践（张一兵，2002）。网上有一个广为流传的段子，可从侧面反映出自我型广告的价值观，已经逐渐内化为青少年的行为方式了：

> 某学生翻墙被校长捉住，校长问："你为什么翻墙？"学生指着上衣说："美特斯·邦威，不走寻常路！"校长又问："这么高的墙你怎么翻过去的？"学生指着裤子说："李宁，一切皆有可能！"校长生气地说："翻墙的滋味怎样？"学生指着鞋："特步，非一般的感觉！"次日，学生从正门出，校长惊道："今天怎么不翻了？"学生指着全身说："安踏，我选择我喜欢！"校长怒："我要记你大过！"学生不满，问："为什么？我又没犯错！"校长冷笑："动感地带，我的地盘我做主！"

可见，广告话语已经成为青少年一代的口头禅，广告中对自我的宣扬，客观上为青少年的叛逆、挑战权威、挣脱传统枷锁以及"非正常行为"提供了话语资源和社会支持，为他们的个体化自我塑造提供了合法性。青少年消费者得以从国家主义和集体主义话语的束缚中脱嵌出来，成为独立自觉的个体。

（二）被消费主义裹挟的个体化

脱嵌之后的个体，置身于充满不确定性的风险社会之中，获得自由决策权的同时，也意味着要为自己的决策负责。"想做就做"，怎么做？"我行，我路"，路在哪里？广告告诉你，消费！这群亟须证明自己的个体必须通过不断消费，通过外在持有物建构自我身份、彰显个体能力。以"我"为中心的广告，为他们披上了合法化的外衣。

王儒年的研究发现，广告在为市民提供了丰富的认同资源的同时，还为他们提供了一套具有压迫性的话语，为消费者预设了各种不得不接受而事实上也乐意接受的社会角色；一旦接受了这种社会角色，就在自觉或不自觉地接受广告带来的消费观，自觉地按照广告为你开具的清单进行消费，因为你所接受的角色的成立，是依靠消费来支撑的（王儒年，2007：327）。在这个时候，消费开始成为一种标志、一种语言，可以确定一个人的社会地位。事实上，我们渴望得到的根本不是物品本身，而是它们所具有的意义。而给物品附加价值、添加意义，正是广告的核心功能（詹姆斯·特威切尔，2006：15、45）。至此，商业逻辑渗入生活的每个领域，以漫无节制的消费欲望和消费癖好取代特定而明确的需求。消费成为生活的中心，成为自我存在的意义。

可见，广告和传媒在扩大消费者视野，增加其流动机会，使其脱嵌于传统和家庭，实现个体化的同时，又把他们纳入新的社会类别之中。通过市场细分和消费鼓动，广告紧密地把消费和身份相连，不断规训消费者：我是谁，我应该成为谁，我应该消费什么。流动的、处于不确定状态的消费者，为了继续找到自己的社会位置，不自觉地被诱惑俘虏。这种自我，看似独立自由，实则没有选择权——选项已定，消费者的自由就是在既定的选项中做选择，甚至没有不选的权利。消费者将自身代入广告语境的同时，也负载了一种社会评价的压力，即镜中我。自我形象需要借助他者之镜得以显现，广告在这里做了巧妙的转换，俨然成为他者的代表，不断地告诉消费者：消费吧，你的拥有物可以证明你的身份，你要想成为什么样的人，就要消费什么。消费者的自我被外在拥有物绑架，被裹挟在消费主义文化之中，被消费主义彻底驯化与收编。这时候的消费者，又重新沦为"消费公众"，丧失了真正的理性和独立性，仍无法转换成真正意义上的公民。

（三）裹挟之下的可能后果

进一步来看，通过对自我的塑造与对消费者的询唤，自我型广告在彰显自我价值、促进自我觉醒、帮助自我脱嵌于传统和集体方面功不可没；但其被裹挟在消费主义之中，也导致了中国消费者的个体化进程有误入歧途之风险。

首先，自我型广告所张扬的个人权利，是通过消费来解决的，并非真实的权利。广告在促使消费者越来越自我的同时，却使其注意力被集中在消费和个人享受上，忽视了对真正的现实权利的追求。

其次，自我型广告宣扬单一的成功观念，推崇消费至上，导致拜金主义和享乐主义的泛滥。这种虚幻的单向度的个体化，是一种未完成的个体化。很显然，如果没有其他方面的成功，那么即便"穿什么"也不"是什么"。

最后，自我型广告的消费主义观念，只关注自我，却忽视了社会责任，一旦通过询唤的方式被消费者模仿，将导致无公德个体的形成。例如，森马的广告"我不关心地球变暖，只要我好看"，就是一例。

四 结语

本文分析了近 20 年以表达自我为主题的商业广告话语及其意义。研究表明，20 世纪 90 年代末以来的"自我型广告"，不仅与中国的个体化进程相同步，而且更在个体化进程中扮演着重要角色。自我型广告塑造的消费者自我形象，是一种"个体化"之我，这种个体化，虽帮助消费者摆脱了国家主义和集体主义意识形态，但又被裹挟进消费主义文化之中，从而导致了个体化发展可能走向歧途。

当然，本文无意于夸大广告和消费主义在消费者"个体化"方面的影响。很显然，中国社会的个体化进程主要是由国家推动的，本文想说明的是，商业广告虽非主力，但其意识形态作用不容忽视。进而言之，如果说是国家和社会结构把个人推向社会，促使其脱离集体身份，走向"个体化"，那么商业广告则是通过塑造消费者的观念，为国家的做法提供合法性。它在形塑"自我"镜像、建构自我身份的同时，也在不断潜移默化地影响消费者对生活现状的归因："我"能决定"我"的一切，所以，我的成功、失败、快乐、痛苦，都是因为我。当个体将所有遭遇的发生都从自身寻找原因的时候，结构、制度、政策、组织等就成功地实现了脱责。这也在提示我们，尽管广告无法完全操控消费者，但其可能引起的社会后果仍值得重视。

参考文献

［1］何佳讯：《中国营销 25 年》，华夏出版社，2004。

［2］马杰伟、冯潇潇：《媒体现代：传播学与社会学的对话》，复旦大学出版社，2011。

［3］〔英〕汤普森：《意识形态与现代文化》，高铦译，译林出版社，2005。

［4］王儒年：《欲望的想象——1920 – 1930 年代申报广告的文化史研究》，上海人民出版社，2007。

［5］〔德〕乌尔里希·贝克：《个体化》，李荣山等译，北京大学出版社，2011。

［6］熊万胜、李宽、戴纯青：《个体化时代的中国式悖论及其出路》，《开放时代》2010 年第 10 期。

［7］阎云翔：《中国社会的个体化》，上海译文出版社，2012。

［8］〔美〕詹姆斯·特威切尔：《美国的广告》，屈晓丽译，凤凰出版传媒集团，2006。

［9］张一兵：《阿尔都塞：意识形态理论与拉康》，《学习与探索》2002 年第 4 期。

大健康产业背景下医药企业的品牌延伸

章　俊*

摘　要： 健康观念的更新和老龄化社会的到来，大健康产业面临着前所未有的机遇，未来将成为中国最重要的支柱产业之一。国内各大知名品牌纷纷涉足，其中尤以医药品牌为甚。鉴于自身实力和中国国情，它们无一例外地选择了品牌延伸。但品牌延伸有利有弊，是一柄双刃剑。本文认为大健康产业下医药品牌延伸成功的关键在于产品的相关度与品牌定位的虚与实。品牌定位偏实则产品延伸需要较高的相关度，而如果企业想要大跨度地延伸则需要品牌定位偏虚，即品牌定位具有较大的包容度。

关键词： 大健康产业　医药企业　品牌延伸

一　大健康产业方兴未艾

自阿里巴巴集团主要创始人马云讲出"下一个世界首富将出现在健康产业"的预言后，越来越多的人意识到 21 世纪将是一个大健康产业极大发展的时代。2013 年 10 月国务院印发的《关于促进健康服务业发展的若干意见》指出，到 2020 年，我国健康服务业规模将达到 8 万亿元。[①]

据统计，在欧美等发达国家，健康产业占据国民生产总值的比重普遍

---

* 章俊，湖北大学新闻传播学院讲师，传播学博士。

① 《健康产业展会带动大健康产业双喜临门》，中华网，http://news.china.com /finance/ 11155042/20150205/19282201. html，检索日期：2016 年 5 月 21 日。

超过 15% ，而在我国该行业目前仅占 4% ~ 5% ，处于起步阶段。^① 专家们普遍表示，改革开放以来，小康与健康没有实现同步，健康产业有所滞后，而随着人们保健意识的提高、老龄化社会的到来，中老年群体的健康、职场人群亚健康状态有增无减、"看病难、看病贵"、儿童身心健康等问题日益凸显，与人们越来越追求健康生活的需求产生了矛盾，因此，消费拉动健康需求的潜力非常巨大，健康产业的黄金时代萌芽已经出土，未来前景光明。大批企业纷纷看好诱人的市场前景，争相斥资，迫切希望能迎合大健康产业市场发展的春风，分得一杯羹。

二 知名品牌纷纷布局大健康产业，进行品牌延伸

2013 年初，阿里巴巴集团主要创始人马云斥资 10 亿元建设医疗产业网上第三方平台——河北慧眼医药科技有限公司医药平台，获得了第三方网上药品交易牌照，迈出了实现自己医疗梦的第一步。苹果公司研发智能耳机检测健康等消息也时有传出。中国人寿也"借道"出手，"大健康、大养老"战略布局已强势启动，全方位杀入医疗健康领域。国内手机"性价比之王"小米也于 2013 年 9 月与天津九安医疗签署投资协议，小米将向其增资 2500 万美元，共同打造移动健康云平台 iHealth。方正集团也已按捺不住，未来将依托北大医疗产业园等资源，进一步延展健康产业链，欲打造医疗界航母。^② 2014 年 11 月 25 日下午，上海国际会议中心，光明食品集团旗下大健康产业品牌光明九斛堂九大核心产品正式全新亮相。此次公开亮相，标志着光明食品集团进军国内高端保健食品领域，也意味着光明"大健康"战略迈出了重要而坚定的一步。^③

受益于中国经济的快速发展及老龄化社会的到来，以中草药饮料、中

---

① 《健康产业展会带动大健康产业双喜临门》，中华网，http://news. china. com/finance/11155042/20150205/19282201. html，检索日期：2016 年 5 月 21 日。
② 《健康产业展会带动大健康产业双喜临门》，中华网，http://news. china. com/finance/11155042/20150205/19282201. html，检索日期：2016 年 5 月 21 日。
③ 戴忱：《大企业布局大健康产业》，《南京日报》2012 年 3 月 14 日，第 B4 版。

药日化品、中药保健品等为代表的中药衍生品行业已逐步成熟，成为引领大健康产业壮大的中坚力量。

2004 年，天士力集团董事长闫希军做出战略规划，在做强现代中药的基础上向"治未病"领域前移，以实现"五个一"工程为基本目标，即做优一盒药、一瓶水、一杯酒、一袋茶、一个健康管理与服务系统，全面进军大健康产业。①

我国传统医药中的两大"名门"——同仁堂和片仔癀，也利用品牌和资源稀缺性积极向药妆领域进军。同仁堂推出了同仁本草系列化妆品和立字号产品。片仔癀也推出了"皇后牌"与"片仔癀"两个化妆品品牌，以及片仔癀牙膏。②

除此之外，有着 400 多年品牌历史的马应龙，推出马应龙眼霜系列。江中药业也进行了业务转型，连续推出了"初元"及"参灵草"两款保健品。东阿阿胶推出的"桃花姬"系列产品，也是向大健康领域延伸的尝试。③

传统药企进军大健康产业具有天然的优越性。首先，中药企业具备品牌优势，如同仁堂、片仔癀、云南白药、东阿阿胶、王老吉等是几百年来中华医药文化积淀的典型，品牌效应已深入人心。医药生产的高技术、严管理、重功效的特点，为中药企业塑造了可信赖的形象，使中药企业的衍生品更易获得消费者认可。其次，中药企业具备研发及质量优势。中医讲究"药食同源"，在完善的研发体系和质量控制下，中药企业从药品到食品的跨越几乎不存在技术壁垒，且可以从草本或动物中提取有益成分，放大中药衍生品在日化品、保健品或其他市场上的发展空间。

---

① 李珊珊、张同：《掘金大健康产业》，和讯网，http：//news. hexun. com/2012 - 07 - 24/143914950. html，检索日期：2016 年 5 月 21 日。

② 李珊珊、张同：《掘金大健康产业》，和讯网，http：//news. hexun. com/2012 - 07 - 24/143914950. html，检索日期：2016 年 5 月 21 日。

③ 李珊珊、张同：《掘金大健康产业》，和讯网，http：//news. hexun. com/2012 - 07 - 24/143914950. html，检索日期：2016 年 5 月 21 日。

三 以云南白药和王老吉为例看
医药品牌的品牌延伸

在这一轮药企进军大健康的浪潮中，云南白药、广药集团是动作较大的两大品牌，先后开发出功能型饮料、药妆、保健品等带有大健康属性的消费品。

云南白药是中国中成药中的一个百年品牌。1902年，云南名医曲焕章成功研制"云南白药"。1971年，云南白药厂正式建立，以生产云南白药为主。一直以来，云南白药专注于止血疗伤用药市场，"伤科圣药、止血秘方"的消费认知是其最宝贵的心智资源，但这个市场空间十分有限。在这个基础上，云南白药开创了"含药的创可贴"的新品种。云南白药创可贴在产品设计理念上进行创新，把具有良好止血愈合效果的云南白药加入使用方便、易于携带的创可贴产品中，开发小创口产品市场。与其他创可贴相比，云南白药创可贴在止血的功能外，又额外添加了促进伤口愈合的功能，打开创可贴后，伤口不会泛白，在效果上优于其他产品。"含药的创可贴"的品类创新和"有药好得更快些"的品牌定位帮助云南白药创可贴迅速成长，销售额从2001年的3000万元飙升至2008年的近3亿元，超越创可贴市场冠军的长期保持者邦迪，成为行业领导者。2010年云南白药创可贴销售额已经达到12亿元①。

云南白药依靠其强大的品牌优势，不断推出新产品，其于2004年又成功推出了云南白药牙膏。众所周知，我国牙膏市场具有高度垄断和激烈竞争的双重特点，毫无日化产品销售经验和渠道的云南白药，毅然推出一支售价高到20多元的云南白药牙膏。许多业内外人士认为这是注定失败的事，但事实证明云南白药的这一品牌延伸策略是成功的，从2004年到2008年短短5年，云南白药牙膏销售总额突破11亿元。2008年，云南白药牙膏进入全国牙膏市场销售额前5名，也成为功能性牙膏的第一品牌。2011年，云南白药的营业利润高达113.12亿元，仅云南白药牙膏的销售

---

① 黄静：《品牌营销》，北京大学出版社，2014，第166～167页。

额就达 11.6 亿元。2012 年第四届中国最具竞争力医药上市公司 20 强评选结果显示，云南白药位居第四①。

广药集团从 2011 年起启动"王老吉"品牌扩张之路，在 2012 年 3 月宣布成立广药王老吉大健康产业公司，构建出 500 亿元资金打造的"大健康产业"战略。在大健康产业战略的主导下，王老吉通过授权白云山制药推出王老吉百世康绞股蓝饮料，授权广药集团推出王老吉固元粥、莲子绿豆爽、月饼等产品，向食品、保健品、药酒、药妆等多个领域延伸扩展。由此不难看出，广药集团对王老吉的吸金能力预期非常高②。

品牌延伸的美丽"光环"使许多企业难挡诱惑，许多企业都希望通过品牌延伸来拓展自己的市场空间，王老吉也不例外。然而品牌延伸并非一劳永逸的点金之术，也不是一个用之不竭的宝藏。事实上，品牌延伸是一把双刃剑，合理的品牌延伸是企业发展的加速器，使企业一本万利；不合理的品牌延伸则可能是企业发展的滑铁卢，使企业面临巨大的风险③。

与国外跨国公司普遍采取多品牌战略的情形有所不同的是，国内企业多偏爱统一品牌战略。这是由国内企业的现状、市场环境所决定的。中国企业普遍规模不大、资金实力不雄厚、品牌管理经验不足，在这种情况下，实行低成本扩张的统一品牌战略，是大多数企业的现实选择。

尤其是在大健康产业。除了存在大量病人，我国亚健康人群规模较大，人口老龄化发展很快。以人口老龄化为例，我国从 20 世纪末开始进入老龄化社会，目前 60 岁以上人口接近 2 亿。2030 年我国将迎来老龄化高峰，老龄人口将超过 3 亿，将是全球人口老龄化程度最高的国家④。

也就是说，除了上述因经济实力、品牌管理水平的限制，传统医药品牌在扩张之路上毫无意外地走上了品牌延伸而不是品牌的多元化的道路，大健康产业下特殊的消费市场特点更是让它们不得不相继选择了品牌延伸。从前面的论述中，我们可以看到，大健康产业的重度消费人群是中老年人。中老年人在消费时，和网络时代成长起来的年轻人不同，他们更看

---

① 黄静：《品牌营销》，北京大学出版社，2014，第 166～167 页。
② 黄静：《品牌营销》，北京大学出版社，2014，第 174 页。
③ 黄静：《品牌营销》，北京大学出版社，2014，第 174 页。
④ 闫希军：《积极发展大健康产业》，《人民日报》2013 年 9 月 26 日，第 7 版。

重权威而不是个性化的体验，尤其是健康消费。因此，品牌自身的魅力和影响在大健康产业里就被额外重要地凸显出来，在这种情况下，依托母品牌的光环去发展子产品，而不是另起炉灶培育一个新的子品牌，就成了当下中国医药品牌涉足大健康产业更具优势和更现实的选择。

品牌进行延伸受到诸多方面因素的影响，其中最关键的一点就是母品牌的定位。母品牌的定位要清晰，这是毋庸置疑的，但是往往被许多品牌延伸者忽略的很重要的一点是，母品牌能够成功进行品牌延伸还与母品牌定位的虚与实相关。所谓母品牌定位的实，指的是品牌定位过分偏向产品功能性方面，比如王老吉的"怕上火，喝王老吉"。这个定位当然是相当清晰的，再加上到位的营销传播，如今已在中国家喻户晓。但因为定位过分强调产品功能，所以这个定位虽然清晰可也过实。过实的定位在进行品牌延伸的时候就必须十分注意延伸产品功能的相关性。当延伸产品的相关度足够高，延伸产品的成功性才可能足够大；否则，则极容易引起消费者认知心理的冲突，从而导致产品延伸的失败。比如王老吉在消费者心目中已经根深蒂固地成为"凉茶"的代名词，而将其延伸到食品、保健品、药酒、药妆等多个领域，就严重稀释了王老吉"凉茶"的专属性，稀释了王老吉"预防上火"的品牌诉求。这样的品牌延伸只能导致王老吉曾经拥有的凉茶优势消失殆尽，最终什么都不是。

而与之不同的是，云南白药第一次广为人知的品牌延伸是"含药的创可贴"。从前面的案例陈述中，我们可以看到，这是一次具有较高相关性的品牌延伸。依托原母品牌强大的"伤科圣药、止血秘方"的消费认知，品牌延伸取得了巨大成功，老品牌再次焕发青春。云南白药第二次成功的品牌延伸是进军高端牙膏市场。这次相对于第一次的品牌延伸，动作更大，跨得更开更广，但依然取得了不俗的业绩。细究下来，我们可以发现有如下原因。第一，虽然此次云南白药品牌延伸是跨越了行业界限，由医药制品到日化，完全进入一个全新的领域，但其背后的产品诉求从创可贴的伤口愈合到牙膏的疗愈牙龈出血，都有"止血"这一暗含的共同脉络。可见虽是跨行业跨领域，但云南白药并不是毫无章法、随意迈出大步。第二，从品牌定位来说，云南白药品牌在消费者心目中除"伤科圣药、止血秘方"的认知外，还和同仁堂一样，具有百年中药老品牌的认知。而恰恰是这后一个定位的认知，给予了云南白药相比王老吉更多自由的品牌延伸空间。因为相比于"预防上火"的王老吉定位，"百年中成药品牌"的云南白药定位显然要更虚一些。当然，这与两个品牌的发展历史相关，云南白药许久以来，在中国市场上就有较高的知名度，随着时间的沉淀，人们对其的认知慢慢由"伤科圣药、止血秘方"积淀为"百年中药老品牌"。再加上两次极为成功的品牌延伸，随着市场领域的拓展，人们对其品牌定位的认知也渐渐丰富。而王老吉为大众所熟知也就近些年的事，而且走的是英雄产品带动母品牌的路子，因此人们对王老吉的认知也就主要依托英雄产品为线索来进行。从某种程度上讲，子产品和母品牌的认知是重叠的，这就势必造成人们对母品牌的认知比较具体、比较实在。

由此看来，王老吉想要借助品牌已具备的高知名度进行品牌延伸，除应先进行高相关度的产品延伸外，若欲像前述案例那样进行全方位的大健康产业拓展，恐怕在进行产品延展上市之前，应先在相关消费者心中注入更多品牌价值、企业文化理念的认知和教育，使其不仅仅停留在"预防上火"的认知上。也就是说，虽然都是王老吉，但其应通过相应的营销传播建立起"王老吉"的两个层次及含义：一个是作为子品牌的王老吉，它是"预防上火"凉茶的代名词，这是近些年王老吉企业已经建立起的品牌资产；另一个是作为母品牌的王老吉，经过新的宣传和教育，它在公众心目中除了"不上火"，还应有着更多、更宽泛的含义。而这个含义是什么，将由企业根据品牌的文化、价值理念以及品牌未来的发展规划来植入。这是将品牌定位由实到虚的提升过程。这一点，类似于台湾"中华"汽车由商务车进军私家车的做法。"中华"汽车曾是台湾商用车第一品牌，在进行了几轮"阿爸的肩膀是我的第一辆车"、《妈妈的皱纹篇》——"世界上最长的路写在妈妈的脸上"等的传播后，这一系列"以真情上路"为策略的宣传，成功地在台湾民众心目中树立起"中华汽车是温馨家用车"的认知。之后企业才顺势向市场投放子品牌"菱帅"私家轿车，一举取得成功，顺利由商用车市场延伸到家用轿车市场，甚至在一年后连续几年荣登私家轿车销售冠军[①]。

---

① 何佳讯：《广告案例教程》，复旦大学出版社，2002，第 227 页。

一个拳头产品拓展一方市场，成就一家有影响力的企业，甚至使其上市的范例在医药领域不胜枚举。在大健康产业的诱人大蛋糕面前，众多医药品牌纷纷进行品牌延伸是情理之中的事情，但正如本文所论述的品牌延伸有风光亦有风险一样，各企业应慎重而行。

媒介教育交流

《文化与传播研究》2017 年卷

网络与新媒体教学创新

——中国传媒大学广告学院的实践

周　艳　刘　珊 *

摘　要： 本文是中国传媒大学广告学院新媒体系在网络与新媒体教学方面的经验总结。从专业定位、课程体系搭建、教材建设、实验室筹建等方面新媒体系开展积极探索，制定了差异化的专业定位，以"基础＋专业＋外联＋实践"的体系化课程建设和有特色的实验室建设等专业建设措施支撑教学与实践，近年来在传媒和营销传播领域的教学科研上取得明显优势。

关键词： 网络　新媒体教学　传媒教育　教学创新

2010 年，根据教育部专业调整的发展需求，加之之前广告学院一直在培养新媒体专业的硕士和博士，中国传媒大学在广告学院设立了新媒体系，开始招收本科生，本科的教学由此开始。最初定位为新媒体与信息网络学（网络经营方向），2012 年，根据教育部专业调整和实践情况将专业名称调整为网络与新媒体学（网络经营方向），目前在校本科生超过 130人，硕士和博士为 21 人。作为中国传媒大学广告学院最新的一支力量，新媒体系从零开始，在课程体系搭建、教材建设、实验室筹建、科研力量培育方面都做出了许多探索，也收获了一些有益的经验。

一　差异化的专业定位

办专业首先要结合实际情况确定专业方向，网络与新媒体学是一个二

---

* 周艳，中国传媒大学广告学院广告与新媒体学系教授；刘珊，中国传媒大学广告学院广告与新媒体学系讲师。

级学科，各个高校可能在专业定位上侧重不同，而我们的专业依靠的是传媒大学，更根植于广告学院，我们的特点和优势在于新媒体传播的运营与管理，而不是新媒体的传播理论与相关技术，所以我们的新媒体系就结合了实际条件，制定了差异化的专业定位，即新媒体传播运营与管理。这样的定位一方面迎合了业界对于新媒体运营管理人才的需求，另一方面也突出了广告学院专业信息的策划、运营和管理的特色，与其他高校新媒体专业形成差异。

基于这样的专业定位，我们的培养目标就强调运营和管理，培养学生掌握新媒体的网络运营、内容信息集成、产品设计策划、终端运营、互动营销、数据分析与应用、用户需求管理等知识和技能。

在就业方向上，新媒体系为学生确立了互联网新媒体、广播电视新媒体和移动新媒体三大基本就业方向，学生可以从事这些新媒体领域的内容产品策划、数据调研分析、线上内容的运营、互动广告营销服务及新媒体终端的业务开发和市场推广等领域的实际工作，就业时也有了更广的选择面，中国传媒大学和其广告学院一直以来在传媒和营销传播领域的就业优势也能够有所体现。

二 体系化的课程建设：基础 + 专业 + 外联 + 实践

课程体系搭建的目标最终是为了培养学生的各方面素质，提升相关能力。所以，在课程体系搭建之初，就应当考虑到最终的培养目标，并且与之紧密结合。因为是新的专业，而且为了让学生在学习过程中掌握更多的技能，达到培养目标的要求，在具体的课程设计上就需要有一定的创新和突破。新媒体系在课程体系设计上目前体现了基础 + 专业 + 外联 + 实践的四个基本原则。

（一）基础课程

基础课程做到了衔接传播学、广告学、公共关系和视觉传达等具有广告学院特色的课程内容，发挥广告学院教学的传统优势。目前新媒体系的基础课程既包括新媒体概论、广告概论、传播学概论、公关关系概论、新媒体社会学、新媒体产业规制等，也包括市场营销、经济学、媒介经营管理等基础性学科知识，并设计了调查统计分析、多媒体制作和网页编辑、视觉传达训练等更偏向方法与工具学习的课程内容。

（二）专业课程

在专业课的设计上，主要是从培养方向和就业目标的角度出发，设计了几个专业板块的内容：网络融合与新媒体、新媒体内容策划与上线管理、新媒体产品设计与运营、终端与新媒体运营、互动营销、大数据分析与应用。这些课程从网络、内容、产品、营销、终端、用户需求、数据管理等专业角度展开了丰富的内容，同时，某些重点板块的教学从课程、软件学习、实验室实践等不同角度进行支撑，而所有的专业课程都从互联网新媒体、广播电视新媒体、移动新媒体三个产业视角展开。这样的一个专业课程体系建设的探索不是一步到位的，是我们在五年的专业教学实践中不断完善、不断修正的，需要我们有创新的视角，有勇于承担的师资团队。这些专业课程，都注重对国内外新媒体各个领域运营案例的梳理和研究，使得学生能够接触到大量一线案例的丰富资料，避免了教育流于书本和理论知识传授的窠臼。

（三）外联课程

在外联课程的设计上，新媒体系较为侧重对业界现实的关照，专业成立 5 年以来已经和十余家机构进行了课程合作。例如，与全球知名的媒体代理机构群邑合作了新媒体传播策略课程，与昌荣传播合作了互动营销传播课程，与百度合作了产品设计、搜索营销专题课程，与搜狐合作了视频营销课程，与 ADmaster 合作了大数据挖掘与应用课程，与阿里巴巴合作了电子商务营销传播课程，与央视索福瑞以及尼尔森网联合作了媒体传播与广告数据监测专题，与联想、中兴、华为等合作了终端运营专题等。这些课程有的就在老师日常授课时进行合作，有的则专门开设了专题课程集中训练，加入了软件操作和案例训练部分，还有的则是利用了小学期的机会，进行完整的学习训练。

（四）实践课程

在实践课程设计方面，新媒体系主要依托于实验室建立的契机，让学生在动脑的同时也能够进行"动手"的训练。例如，在大数据分析与应用实验室中进行数据应用、数据可视化等相关软件的学习；在互动营销案例库基地实验室中完成案例搜集与解析的训练；在学院的高清演播室和手机电视台中进行新媒体内容策划、编辑和上线管理的训练；在智能手持终端实验室中进行手机、OTT 电视盒子、PAD、阅读器、游戏机等智能终端设备的测评和分析。

三 特色的实验室建设：支撑教学与实践

广告学院新媒体专业，根据课程与教学的要求，建设了一些具有特色的实验室，这些实验室的建设一方面服务于本科的教学，另一方面也拓展了在新媒体内容、产品、终端、大数据等领域的社会合作，而年轻的师资力量更是在实验室建设和对外合作中，强化了科研能力，补充了教学资源，具有较强创新性与独特性。

新媒体专业的特色实验室进行了如下设计。

（一）内容板块的实验室

为了让学生更好地学习新媒体的内容制作、生产、编辑、包装、上线等一系列流程，内容板块的实验主要依托于中国传媒大学高清演播室和手机电视台两个部分打造。在高清演播室与手机电视台的互相配合之下，学生可以掌握新媒体内容策划与管理的全面知识。从构思意义、选择容器、采集元素、组织关系、加工符号、包装集成到媒介传播，每个环节都可以亲身参与。同时也对内容创作采集、内容集成、内容加工、内容审查、内容销售、内容传播、内容接收和内容评测的全流程以及流程背后的技术支持有了更加充分的理解。

其中手机电视台的实践工作可以按照移动媒体的传播特点让学生学习到策划、拍摄、制作和包装等新媒体内容运作相关的知识；其自有的媒资管理部分则是按照业界标准，采用先进的手机媒体媒资管理操作系统，进行内容存储、转码、发布等全流程在线操作；终端应用层面则可以让学生通过现有技术平台将内容分发与推送至 Symbia、IOS、Andriod 三大主流智能手机平台，并且获取反馈结果。

（二）产品板块的实验室建设

产品板块的实验室的主要功能是将案例训练、外联课程以及业界实地访谈结合在一起，让学生在产品设计相关软件学习的基础之上，能够对选定的新媒体产品案例进行充分的调研和分析，形成产品案例库，同时进一步提出产品优化的建议和设计，同时也给了学生进行新媒体产品设计和开发的机会与可能。

在软件学习上，新媒体专业已经探索性地开设了对 AXURE、UXPIN、JUSTINMIND、PROTOTYPING ON PAPER 等软件的讲授，让学生能够模拟产品设计，绘制原型图并制定设计方案。

（三）智能终端板块的实验室建设

在新媒体产业中，终端本身是一个非常重要的环节，也是可以影响到整个产业链条发展的产业组成部分，因此，掌握终端测评与分析的方法、能力，对于新媒体专业的学生来说，也是十分必要的。在广告学院新媒体专业的课程设计当中，在终端层面的讲授主要集中在终端运营的知识与理论上，实验室用于让学生进行实践性质的运用和锻炼。

目前该实验室的建设可以支持多屏幕分组展示的同时进行，同时购置了市场上主流的各类智能电视及机顶盒、智能手机及平板电脑、电子阅读器、Xbox 等家庭娱乐终端设备、智能穿戴式设备等。学生可以自由使用各种终端设备进行观摩和考察，并根据教师的讲授内容进行有方向、有规律的测评分析，并提出终端产品的优化设计和建议。

（四）新媒体数据分析与应用实验室建设

目前新媒体产业中的一个重要热点就是大数据，所以这也成了众多高校新媒体专业课程开设的一个重点。然而，与其他高校从数据结构、数据处理软件学习的角度出发进行的大数据课程设计不同的是，广告学院新媒体专业的大数据课程更加侧重于学生对新媒体机构如何运用大数据，如何通过大数据技术优化内容、产品、服务、营销、传播、用户研究等领域，以大量海内外的实际案例作为课程内容之一，翔实地介绍大数据在新媒体领域的运用以及未来趋势。所以，数据分析与应用实验室的建设，是在课程知识学习的基础之上，向学生讲授部分软件的学习，并且引入业界机构的数据库与数据处理软件，让学生能够学到更加前端的数据知识，而不是侧重于底层软件的编写和开发。

目前，除百度、谷歌等机构的开放数据软件之外，新媒体数据应用实验室还引入了包括阿里妈妈、Admaster、秒针系统、尼尔森网联、央视索福瑞等公司的数据库和数据分析系统，让学生能够全方位地了解业界数据使用的现实情况，并且能够掌握业界主流的数据分析系统和软件，更有利于他们将来的求职与就业。

四　结语

中国传媒大学广告学院在 2015 年年初举办了第一届全国新媒体高等教育的论坛，与会的高校超过 100 多所，可以预见今后一段时间内，新媒体专业将越来越普遍地成为高校新闻传播类专业的一个新的细分方向，全国的高校也在积极开办新媒体专业。

广告学院新媒体系的专业设计是从新媒体运营与管理的角度出发，更注重学生在新媒体的策划、运营、管理、分析、全流程把控等"运营"方面的能力锻炼。广告学院新媒体专业的设计与定位、课程体系的搭建、实验室的建设都是具有一定创新性的，侧重对学生能力的培养。

第一，提升学生的基础学习能力，所以在课程设计上会充分考虑新媒体基本理论与概念相关的内容，包括新媒体与传播、新媒体运营模式、新媒体市场发展特征、新媒体与信息社会等。

第二，对学生专业能力的培养，在课程设计上会考虑到学生的实践能力，包括新媒体内容与产品策划、新媒体的大数据分析和应用、新媒体的互动营销传播活动执行等。

第三，根据业界的实际工作需要，设计了一些相关的工具与软件学习课程，包括产品原型设计工具、数据库管理和数据可视化工具、互动营销应用工具、互联网和移动媒体的视频编辑制作工具等。

第四，要求学生掌握一些基本的方法，包括问卷调查、内容分析、深度访谈、小组访谈、实地考察等，这些方法的掌握和能力的锻炼会落实到日常的课程学习以及相关活动中。

媒介素养教育的中国特色

江龙军[*]

摘　要：我国的媒介素养教育从西方引进，实践中并没有取得理想的效果，原因很多，也很复杂。笔者认为这主要是媒介素养教育没有与中国国情相结合。本文依托教育理论的基本框架，对比分析中西媒介素养教育的目标、对象、内容、方法，指出媒介素养教育的中国特色。

关键词：媒介素养教育　中国特色　大众传播

自陈力丹先生以"夏商周"为笔名于 1994 年将"媒介素养教育"介绍到中国以来，国内关于媒介素养教育的探讨持续不断。纵观国内媒介素养教育的研究与实践，应该说成绩斐然。但现实社会活动中的一些媒介乱象，像曾经流行的"人肉搜索"、正在重拳打击的"网络谣言"等，都反映出国民整体的媒介素养并不高。主要问题在哪？笔者以为，中国媒介素养教育没有与国情紧密结合，不具备中国特色。

媒介素养教育是为培养与提升全社会人使用大众传播媒介的素养，与其他的教育一样，主要包含目标、对象、内容与方法。

一　中国媒介素养教育的目标

媒介素养教育的目标是培养和提升受教育者的媒介素养。

---

* 江龙军，湖北大学新闻传播学院副教授。

（一）理论上，中国媒介素养教育的目标包含"态度"

媒介素养的核心内涵决定媒介素养教育的目标。

"媒介素养"始于1933年的英国，当时其主要指"甄辨和批判"（大卫·帕金翰、宋小卫，2000）大众传媒信息的能力。目前，在全球比较有代表性的概念是"媒介素养就是指人们对于媒介信息的选择、理解、质疑、评估的能力，以及制作和生产媒介信息的能力"[①]。西方国家媒介素养的核心是"能力"。

中国学者引进"媒介素养"，并结合中国的实际，认为"媒介素养就是指人们正确地判断和估价媒介信息的意义和作用，有效地创造和传播信息的素养"（张冠文、于健，2003）。"媒介素养就是指如何来有效地选择、利用、鉴别媒介的一些基本知识、技能和素质，使外在的丰富性的内容为我所用，而有效地鉴别和拒绝那些跟自己的旨趣不和的那些内容。"（喻国明，2016）相对于西方，中国的媒介素养的核心内容在继承"能力"的同时，还强调"正确"与"素质"，也就是正确的态度。

中国媒介素养教育的目标包含"能力"与"态度"。

（二）现实中，中国媒介素养教育的目标需要"态度"

中国三大传统媒体一直是党和政府的喉舌，其信息经过严格把关，以社会、国家、民族利益为出发点与落脚点。公众如果对其没有正确的态度，无条件地"质疑"，甚至"批判"，将不利于社会正确舆论的形成。当今中国，正处于改革攻坚时期，各种利益的博弈交织于社会的方方面面，如果没有正确的舆论支持，那么改革就难以推进，不利于中国梦的早日实现。

以网络为代表的新媒体，让公众由原先大众传播活动的单纯受者一跃成为受者与传者的统一体，进一步推动公众踊跃参与大众传播活动。"砖头"处处拍、"人肉"时时搜、谣言满天飞等，不管真假、好坏，怎么好

---

① 参见百度百科，http://baike.baidu.com/view/360750.htm?fr=aladdin，检索时间：2016年4月21日。

玩怎么干。这些都是公众缺乏正确态度造成的媒介乱象。

大众传媒活动是社会活动，参与者的能力固然决定其对社会的影响力，但参与者的态度是否端正则决定其影响赋予社会发展的能量是正还是负。能量的正负比大小对社会发展的影响无疑更重要。因此，在公众媒介素养中，"正确态度"比"能力大小"更重要。

中国媒介素养教育的目标不仅包含"培养与提升公众使用大众传媒的能力"，而且更应该凸显"公众使用大众传媒的正确态度"。

二　中国媒介素养教育的对象

媒介素养教育的对象是全社会所有的人。他们不分性别、年龄、职业、种族、地位等，只要是人，都是媒介素养教育的对象。青少年的主要任务是学习，理应接受媒介素养方面的教育；中老年人虽然已经具备一定的媒介素养，但媒介传播活动的快速发展，要求他们必须不断地学习，以适应媒介传播活动的新变化。总之，媒介素养教育是面向所有人的终生教育。这是世界各国的媒介素养教育对象的共性。

同时，国家间文化的差异，赋予各国民众不同的文化背景。中西方文化的差异集中反映在三个方面："人与自然的关系上——中国文化重视人与自然的和谐，而西方文化则强调征服、战胜自然"；"人与人的关系上——中国文化注重个人的职责与义务，而西方文化注重个人的自由和权利"；"民族关系上——中国文化的传统就是'协和万邦'，而西方文化讲究竞争、斗争，主张征服别的民族而统治世界"（李守福，2016）。媒介素养教育必须尊重受教育者的文化背景。如果中国的媒介素养教育，不顾中国公众的文化背景，照搬西方，强迫中国公众从"个人的自由和权利"出发，为"征服自然、世界"而使用媒介；那么这样的媒介素养教育不仅与中国的其他教育相冲突，而难以获得应有的教育效果，而且必将破坏中国现行的社会秩序，危害社会的稳定与发展。

中国的媒介素养教育只有尊重中国文化，才能真正培养与提升中国公众对受中国文化制约而生产的中国大众传媒信息的理解，才能将中国主流媒体的信息"作为常识的一种形式"来"共享"（阿雷恩·鲍尔德温等，

2004）。

中国媒介素养教育的对象是具备中华文化背景的中国人。

三　中国媒介素养教育的内容

媒介素养教育的内容是基于大众传媒的实际，大众传媒所刊播的信息是媒介素养教育内容的出发点与落脚点。媒介是一种传播工具，"其本身没有任何政治色彩与思想倾向。但如何运用媒介就涉及经营管理方式——媒介传播的制度问题"（黄匡宇，2009：17）。中西方不同的传媒制度决定了中西方主流媒体传播信息的视角不同，要求了中西方媒体受众的媒介素养构成的侧重因子不同，决定了中西方媒介素养教育的核心内容不同。

西方国家的传媒制度主要有"商业制度型"和"公共制度型"。美国主要是"商业制度型"，"媒体由财团（或个人）控制，是追求金钱的工具"。英国的媒介属于"公共制度型"，"媒体既不为政府所有，也不为商业财团所有，而是由国家特许的非营利性公司或社会各界的联合体进行管理"（黄匡宇，2009：17）。西方国家的大众传媒都不被政府直接控制，往往不仅不为政府服务，而且还常常批评政府，被称为"第四权力"。[①] 西方社会的立法、行政、司法与新闻传媒等四种权力是相互制衡的，西方媒介素养教育如果要求公众相信媒介信息，则必将招致其他三方的反对。因此，"质疑"甚至"批判"自然成为西方媒介素养教育不可或缺的内容，甚至是核心内容。

中国的传媒制度是"国营制度型"。"媒体由政府控制，从人事调配、传播内容到经费支付，均由政府的有关部门负责管理。是党、政府和人民的喉舌。"（黄匡宇，2009：17）中国大众传媒的传媒制度和社会属性决定其要遵循"党性原则"，必须"坚持为人民服务的根本立场""坚持为社会主义服务的政治方向""不断提高为党和国家工作大局服务的自觉意识"（成美，2009：89～102）。这充分说明，在中国共产党的领导下，中国大

[①]　参见百度百科，http://baike.baidu.com/view/5019460.htm?fr = aladdin，检索时间：2016年4月23日。

众传媒所传播的信息，是符合人民的利益。中国媒介素养教育内容的重点不是"质疑"，更不是"批判"，而是"理解"①。

同时，以网络为代表的新媒体技术的发展，不仅打破了原来大众传媒的行政区域界限，形成了"地球村"，而且让大众传媒成为全世界信息共享的平台（所有人都可以在大众传媒上获取与发布信息）。新型大众传媒传播的信息良莠不齐，让人对其难辨真假、难分好坏。不过只要有正确的态度，从人民、国家、民族的利益出发，有效地选择、利用这些信息，新型大众传媒还是能为我所用。因此，在中国媒介素养教育的内容中，"态度"尤为重要。

中国媒介素养教育内容的重点是"理解"，核心是"态度"。

四 中国媒介素养教育的方法

以全球范围看，媒介素养教育的方式是以学校教育为基础、以家庭教育为辅助、以社会教育为主体的现代科普教育。但各国的主要方法并不完全相同。

中国媒介素养教育的目标与内容都强调"态度"，这决定了其方法以正面引导为主、以负面监督为辅。新型大众传媒的诞生与发展，对西方社会媒介环境的影响很小，但对中国媒介环境的影响较大。在中国当今社会，公众经常可能接触使用的大众传媒，不仅有经过严格把关与控制的主流媒体，而且还有几乎没有任何把关和控制的非主流媒体。在中国媒介素养教育的过程中，只有将主流媒体融合到教育全过程中，才能培养受教育者使用媒介的正确态度。

在学校教育过程中，教师自觉将主流媒体作为媒介素养教育内容的正面材料来源，而将非主流媒体作为负面材料来源，指导受教育者区分不同属性的媒体，引导他们自觉使用主流媒体。

在家庭教育过程中，通过家庭核心成员的言传身教，使用媒体时优先

---

① 参见百度百科，http://baike.baidu.com/view/360750.htm?fr=aladdin，检索时间：2016 年 4 月 21 日。

选择主流媒体，引导家庭所有成员养成通过主流媒体获取信息、享受娱乐、陶冶情操的习惯。

在社会教育过程中，中国主流媒体只有占领大众传媒的主要阵地，才能赋予公众使用主流媒体的更多机会，相对减少使用非主流媒体的概率，让主流媒体信息成为社会的公共话题。同时，运用法律法规，惩罚违规违法使用媒介的行为，给受教育者以警戒。

通过将中国主流媒体贯穿媒介素养教育全过程的方法，不仅能让受教育者在接受媒介素养教育的过程中，直接通过主流媒体获得于己、于人、于社会、于国家、于民族均有利的信息，而且还能从中感受到中国传媒的精神——为人民服务，并将这种精神贯彻于自己的传媒活动中，真正提升受教育者的媒介素养。

总之，中国媒介素养教育虽然始于引进，但不能照搬，必须与中国的实际相结合。在教育目标上，注重"能力"，更注重"态度"；在教育对象上，要充分考虑中国文化背景；在教育内容上，重点是"理解"，核心是"态度"；在教育方式上，将中国主流媒体贯穿于教育的全过程。让中国的媒介素养教育具备中国特色。

参考文献

[1]〔英〕阿雷恩·鲍尔德温等：《文化研究导论》，陶东风等译，高等教育出版社，2004。

[2]成美等：《新闻学概论》，高等教育出版社，2009。

[3]〔英〕大卫·帕金翰、宋小卫：《英国的媒介素养教育：超越保护主义》，《新闻与传播研究》2000年第2期。

[4]黄匡宇：《广播电视学概论》，暨南大学出版社，2009。

[5]李守福：《中西方文化传统的差异、根源及其影响》，http://www. barbierrd. nom. fr/Lishoufuchi. pdf，2016年4月21日。

[6]喻国明：《中国传媒产业发展现状与趋势》，http://blog. sina. com. cn/s/blog_ 5fad 9b5f0100d0qa. html，2016年4月21日。

[7]张冠文、于健：《浅论媒介素养教育》，《中国远程教育》2003年第7期。

《文化与传播研究》征稿启事

  《文化与传播研究》是湖北大学新闻传播学院主办的学术性丛刊，关注国内外新闻传播的重大理论与实践问题，追求多元的学术思想和高质量的学术品位，同时关注当下传媒面临的新问题、新挑战，体现当代传媒发展的新趋势。主要栏目有：新媒体传播、政治传播、媒介融合与发展、媒介文化、媒介伦理研究、社群传播以及环境、健康、食品安全等重要社会议题的传播研究。

  本刊每年定期公开出版。现面向新闻传播学界以及相关人文社会科学研究者征稿。凡探讨新闻或传播问题而未经发表的学术论文，均欢迎投稿。稿件字数在 5000～8000 字，每年 1 月 30 日征稿截止。

  投稿邮箱：HDXC2014@126.com。收件人：黄月琴老师或路俊卫老师。为提高工作效率，来稿请注明"文化与传播研究投稿"。

  一、投稿须知

  1. 来稿体裁包括研究论文和书评文章。

  2. 论文必须是原创性研究，书评文章宜以当年国内外重要学术著作为评论对象，以 5000 字为限。

  3. 作者务必按本刊的论文体例写作投稿。（详见下文附录格式规范）

  4. 来稿一经录用，本辑即享有刊登和出版的权利。作者不得再把作品投稿至其他出版物。

  5. 本刊编辑委员会对论文刊登与否有最终决定权。本刊不设退稿服务，请作者自行保留底稿。

  二、《文化与传播研究》来稿格式规范

  1. 论文封面（首页）

  （1）根据匿名评审的要求，有关作者的所有信息只能出现在论文的封面中。封面需注明论文题目和所有作者的姓名、任职机构、职称、联络地址、电话、传真、电邮等。请确保所提供信息的准确性，以便能接收样书。

（2）获得研究基金资助的论文应以"［基金项目］"作为标识注明项目名称，并在圆括号内注明项目编号。基金项目排在作者简介之后。

2. 摘要

摘要包括中文摘要、英文摘要、中英文关键词等。中文摘要以 300 字为限，应包括研究问题、目的、方法、发现等。英文摘要以 450 字为限，应包括研究问题、目的、方法、发现等。中英文关键词各不超过 5 个。

3. 正文

（1）子目

标题位置：置中，用黑体字。子题位置：靠左对齐。

次级子题位置：靠左对齐，以阿拉伯数字（1、2、3……）标示。

（2）段落

每段首行空两格（即第三个字位）。段落之间空一行。正文字体为 4 号宋体，行距 1.5 倍。

（3）标点

标点须全角输入。使用中式标点符号，""为平常引号；''为第二级引号（即引号内之引号）；《》用于书籍及篇章标题，如《新闻学研究》。

（4）数字

一般数字（如日期、页码、注释号码、百分比等）采用阿拉伯数字。标题中的数字图表号码、中国传统历法日期等采用中国数字书写。

（5）引文

1）直接引述，须加引号，并用括号注明引文出处。

例 1："……"（方汉奇，2004：3~4）

例 2：陈力丹（2015：3~4）指出："……"

2）引文较长，可独立成段，无须引号，但每行要空出四格，上下各空一行，并在适当位置注明引文出处。

3）间接引述，须标明出处。

例 1：于建嵘（2007）认为……

例 2：其他学者亦有类似见解（例如，孙旭培，1999；袁军、韩运荣，

2000；祝建华，2001；陈卫星，2011）。

4）引文有多个出处，一般以出版年份排列，并以逗号分隔。

（6）翻译

征引外国人名、外文书籍、专门词汇等，可沿用原名。若采用译名，则须在正文首次出现处，附上外文原名于括号内。

（7）注释

1）注释附于正文之后、参考文献之前。正文注释用阿拉伯数字编号，如 1、2、3……置于标号符号后的右上角。

2）注释内引文形式与正文同。

（8）图表

1）标题置于图表上方，注记置于下方。

2）图表置于文中适当位置，超过一页者一般附录于参考文献之后。

4. 参考文献

（1）仅需罗列文稿曾征引之文献。

（2）中西文书目并存时，先排中文，后排西文。

（3）中文作者（或编者）以姓氏笔画排序；英文作者（或编者）以字母次序排列。中文作者（或编者）用全名，英文作者（或编者）姓在前，名缩写于后。

（4）同一作者的著作，按出版年份排列，新著在前，旧著在后。若出自同一年份，则在年份后标示 a、b、c，如（2002a）、（2002b）、（2002c）。

（5）文献数据一般包括作者姓名、出版时间、标题、卷/期数、页数、出版地、出版社等。

（6）范例

1）期刊论文

例1：祝建华（2001）：《中文传播研究之理论化与本土化：以受众及媒介效果整合理论为例》，载《新闻学研究》，第 68 期，第 1～22 页。

例2：Huang, Y. H. (2000). The personal influence model and gao guanxi in Taiwan Chinese public relations. Public Relations Review, 26, pp. 216 – 239.

例3：（作者多于一位）Grunig, J. E. , Grunig, L. A. , Sriramesh, K. , Huang, Y. H. , & Lyra, A. (1995). Models of public relations in an international setting. Journal of Public Relations Research, 7 (3), pp. 163 – 187.

2）研讨会论文

例1：徐美苓（2004 年 7 月）：《新闻乎？广告乎？医疗风险信息的媒体再现与伦理》，"中华传播学会 2004 年学术研讨会"论文，澳门。

例2：Peng, B. (2003, May). Voter cynicism, perception of media negativism and voting behavior in Taiwan's 2001 election. Paper presented at 2003 International Communication Association Annual Conference, San Diego.

3）书籍

例1：雷跃捷（1997）：《新闻理论》，北京：中国传媒大学出版社。

例2：单波，石义彬，刘学（编）（2011）：《新闻传播学的跨文化转向》，上海：上海交通大学出版社。

例3：国务院研究室课题组（2006）：《中国农民工调研报告》，北京：中国言实出版社。

例4：Grunig, J. E., & Hunt, T. (1984). Managing public relation. New York：Holt, Rinehart & Winston.

例5：（文集）Sheppard, B. H., Bazerman, M. H., & Lewicki, R. J. (Eds.). (1990). Research on negotiation in organizations. Greenwich, CT：JAI Press.

4）文集篇章

例1：汪琪（2004）：《全球化与文化产品的混杂化》，载郭镇之（编），《全球化与文化间传播》（第 240 ~ 254 页），北京：北京广播学院出版社。

例2：Grunig, J. E. (1992). Communication, public relations, and effective organizations：An overview of the book. In J. E. Grunig (Ed.), Excellence in public relations and communication management (pp. 1 – 30). Hillsdale, NJ：Lawrence Erlbaum Associates.

5）译著

例1：约瑟夫·斯特劳巴哈，罗伯特·拉罗斯（2002）：《信息时代的传播媒介》（熊澄宇等译），北京：清华大学出版社。（原著 Straubhaar, J., & LaRose, R. [2000]. Media now：Communication media in the information age［2nd ed.］. Belmont, CA：Wadsworth.）

例 2：Laplace, P. – S.（1951）. A philosophical essay on probabilities（F. W. Truscott & F. L. Emory, Trans.）. New York：Dover.（Original work published 1814）

6）学位论文

例 1：李艳红（2004）：《弱势社群的公共表达——当代中国市场化条件下的城市报业与"农民工"》，未出版博士论文，香港：香港中文大学。

例 2：Wilfley, D. E.（1989）. Interpersonal analyses of bulimia：Normal-weight and obese. Unpublished doctoral dissertation, University of Missouri, Columbia.

7）报纸

例 1：林鹤玲（2001 年 10 月 30 日）：《媒体如何摆脱政治纠葛?》，载《中国时报》，第 15 版。

例 2：《明报》（2000 年 7 月 26 日）：《报评会成立，接受私隐投诉》，第 A5 版。

例 3：Schwartz, J.（1993, September 30）. Obesity affects economic, social status. The Washington Post, pp. A1, A4.

8）网上文章/文件

例 1：胡正荣（2003）：《后 WTO 时代我国媒介产业重组及其资本化结果》，引自中华传媒网 http：//academic. mediachina. net/article. php? id = 5149，检索日期：2010 年 2 月 14 日。

例 2：《人民日报》（2003）：《人民日报基本情况》，引自人民网

http：//www. people. com. cn/GB/21596/1842027. html，检索日期：2010 年 12 月 20 日。

例 3：Barboza, D.（2010）. China Passes Japan as Second – Largest Economy. Retrieved August 16, 2010, from http：//www. nytimes. com/2010/08/16/business/global/16yuan. html?_ r = 1.

9）其他范例请参考英文 APA 格式。

湖北大学《文化与传播研究》杂志编辑部

图书在版编目（CIP）数据

文化与传播研究. 2017 年卷 / 廖声武主编. —— 北京：
社会科学文献出版社，2017.5
ISBN 978 - 7 - 5201 - 0639 - 9

Ⅰ.①文… Ⅱ.①廖… Ⅲ.①文化传播 – 研究 Ⅳ.
①G0

中国版本图书馆 CIP 数据核字（2017）第 074895 号

文化与传播研究（2017 年卷）

主　　编 / 廖声武

出 版 人 / 谢寿光
项目统筹 / 周　琼
责任编辑 / 周　琼　于晶晶

出　　版 / 社会科学文献出版社·社会政法分社（010）59367156
　　　　　　地址：北京市北三环中路甲 29 号院华龙大厦　邮编：100029
　　　　　　网址：www. ssap. com. cn
发　　行 / 市场营销中心（010）59367081　59367018
印　　装 / 三河市东方印刷有限公司

规　　格 / 开　本：787mm × 1092mm　1/16
　　　　　　印　张：16. 25　字　数：247 千字
版　　次 / 2017 年 5 月第 1 版　2017 年 5 月第 1 次印刷
书　　号 / ISBN 978 - 7 - 5201 - 0639 - 9
定　　价 / 69. 00 元

本书如有印装质量问题，请与读者服务中心（010 - 59367028）联系